Franz Rapf · Alles über Aktien

Franz Rapf

Alles über Aktien

Das Erfolgshandbuch
des Stuttgarter Aktien-Clubs

Ullstein

© 1992 by Verlag Ullstein GmbH,
Frankfurt/M. · Berlin
Alle Rechte vorbehalten
Satz: Dörlemann-Satz, Lemförde
Graphiken: Erika Baßler
Druck und Bindung: Mohndruck, Gütersloh
Printed in Germany 1992
ISBN 3 550 07520 0

Gedruckt auf Papier mit
chlorfrei gebleichtem Zellstoff

Die Deutsche Bibliothek – CIP-Einheitsaufnahme

Rapf, Franz:
Alles über Aktien: das Erfolgshandbuch des Stuttgarter
Aktien-Clubs / Franz Rapf. – Frankfurt/M.; Berlin: Ullstein,
1992
ISBN 3-550-07520-0

INHALT

I. TEIL
BASIS

>»Alles Wissen
stammt aus der Erfahrung.«

Immanuel Kant

DIE PERSÖNLICHE
VERMÖGENSPLANUNG

Nichts schätzen die Deutschen mehr als Sicherheit, besonders, wenn es ums liebe Geld geht. Also wandern die meisten Spargroschen brav zur Bank oder Sparkasse. Die Anlageentscheidung fällt dort nicht schwer, denn:

Das Sparbuch ist sicher,

Festgeldkonten sind sicher,

Sparzertifikate und Anleihen sind sicher.

Aktien hingegen gelten gemeinhin nicht nur als unsicher, sondern als höchst gefährlich. Man könnte ja womöglich alles verlieren! Diese oder ähnliche Gedanken schwirren im Kopf des Durchschnittsanlegers herum oder suchen ihn sogar regelrecht heim. Weit über 90 Prozent aller Deutschen denken und handeln nach dieser Grundmaxime vermeintlicher Sicherheit. Hat man denn die verheerenden Auswirkungen unserer beiden großen Inflationen bereits vergessen oder verdrängt? Und wie steht es mit der permanenten schleichenden Inflation, gibt es die etwa nicht? Dennoch, die Deutschen sind Weltmeister im Sparen. Bei der echten, effizienten Geldanlage, die wirklich etwas abwirft, belegen sie hingegen die hintersten Ränge. Ursache dafür ist das fast schon neurotische beziehungsweise falsch verstandene Sicherheitsdenken. Für diese eifrige Sparergemeinde ist der Weltspartag ein viel wichtigerer Feiertag als alle anderen.

Ökonomisch gebildete Anleger wissen längst, daß der Wert des Geldes ständig sinkt, während Aktien, unter langfristigem Aspekt betrachtet, an Wert gewinnen. Selbst wenn man extreme Maßstäbe anlegt, erweist sich der Erwerb von Aktien à la longue als besonders sicher. Zugegeben, wer 1945 Aktien von Daimler-

11

Benz sein eigen nannte, war ein armer Hund. Nur: Stand der Besitzer von Bargeld besser da? Und wie sieht der Vergleich zehn Jahre später aus? Während der Bargeld-Fetischist mit etwas Geld in der Tasche klimpern konnte und vielleicht ein paar Hunderter auf der hohen Kante hatte, war der Aktionär ein gemachter Mann.

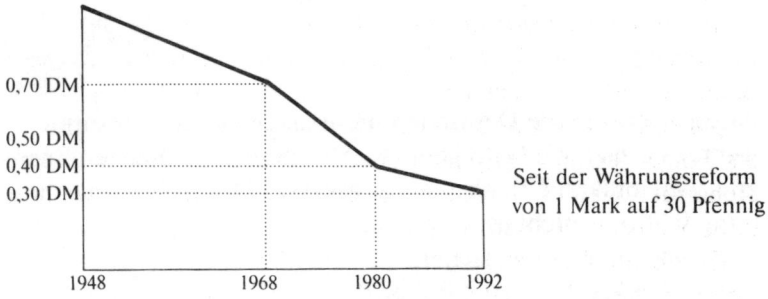

Seit der Währungsreform
von 1 Mark auf 30 Pfennig

Schleichende Inflation: Entwicklung der DM seit 1948

Deutsche Aktien (»FAZ«-Index)

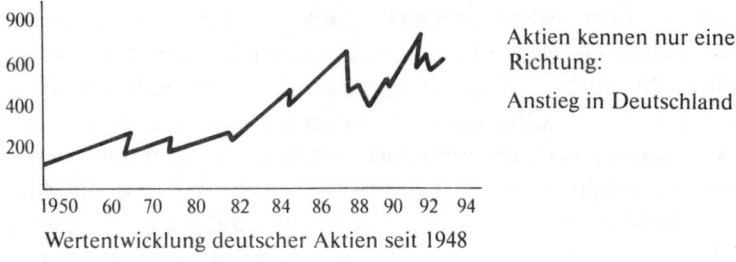

Aktien kennen nur eine Richtung:

Anstieg in Deutschland

Wertentwicklung deutscher Aktien seit 1948

US-Aktien (Dow-Jones-Index)

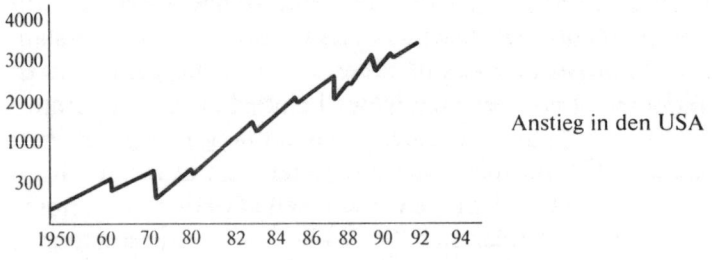

Anstieg in den USA

Wertentwicklung amerikanischer Aktien seit 1948

Sicherlich kann man nach den Gesetzen der Logik nicht zwingend davon ausgehen, daß die Entwicklung in Zukunft genauso fortschreitet. Der Blick zurück kann jedoch nicht falsch sein. Treffend sagt es der griechische Philosoph Polybios: »Nichts ist geeigneter, uns den rechten Weg zu weisen, als die Kenntnis der Vergangenheit.«

Der Vergleich spricht Bände und weist klar den Weg. *Aktien schlagen Geld! Langfristig immer!* Die Geschichte des Geldes ist identisch mit jener der Inflation. Jeder hellsichtige Investor wird daraus seine praktischen Konsequenzen ziehen. Auch ein großer Skeptiker kann die harten Fakten nicht leugnen, und er wird als Folge dessen wenigstens einen Teil seines zur Verfügung stehenden Geldes in Aktien anlegen. Und damit kommen wir zum nächsten Problem.

Es gibt im Leben Entscheidungen, die einem niemand abnehmen kann. Das betrifft die Wahl des Partners genauso wie die Planung des Vermögens. Natürlich gibt es in beiden Fällen wohlgesonnene Vermittler und Berater, wobei die Skala einen weiten Bogen umspannt, der alles zwischen »ernsthaft« und »überflüssig« umfaßt und einen gelegentlich sogar amüsiert. Die endgültige Entscheidung jedoch trifft immer der einzelne selbst. In eigener Verantwortung, als Ergebnis tiefen Nachdenkens in stillen Stunden, wägt man Chancen und Risiken ab. So lautet einer der obersten Grundsätze des erfahrenen Anlegers, der genau weiß, daß nur ihm allein der Gewinn zufließt, er aber auch umgekehrt den Verlust tragen muß.

Ob jung oder alt, eines sollte jeder Kapitalanleger tunlichst vergessen: die antiquierten Modelle der Vermögensverteilung. Sie spuken zwar noch in manchen Köpfen rum, und man findet sie gelegentlich immer noch in der Literatur; sie sind jedoch allesamt *statisch* und deshalb ungeeignet. Was soll zum Beispiel ein moderner Investor anfangen mit einer Formel wie

Das Auslaufmodell:
Statisch, starr und
deshalb unbrauchbar.

Weder läßt sich etwas gegen Immobilien oder Gold noch Aktien sagen. Gegen letztere schon gar nichts. Doch jedes statisch-rigide Modell versagt in einer Zeit, die an Dynamik kaum zu überbieten ist. Hinzu kommt ein noch nie dagewesener Individualismus, der in den verschiedensten persönlichen Lebensstilen seinen Ausdruck findet. Subtilste, der Persönlichkeit des Spekulanten entsprechende Anlagestrategien und -taktiken sind eine logische Folge dessen. Der Anleger unseres zur Neige gehenden Jahrtausends ist kein Massenmensch, sondern Individualist, dem seine eigene Lebensgestaltung, auch und gerade beim Thema Geld, über alles geht.

Individuell-dynamische Anlage Modelle

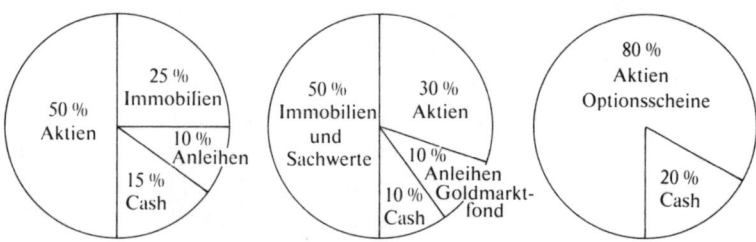

So ist es durchaus denkbar, daß sich jemand für 50 Prozent Aktien entscheidet und den Rest seines Vermögens in Immobilien, Anleihen, Cash u. a. anlegt. Ein hochspekulativer Börsianer fährt den Aktienanteil möglicherweise auf 80 Prozent hoch. Wer auch wollte einem auf dem sensiblen Feld der Kapitalan-

14

lage irgendwelche Vorschriften machen? Wie in allen wesentlichen Dingen des Lebens gibt es auch hier nur einen einzigen richtigen Weg: den eigenen!

Empfehlung: Stellen Sie Ihre gesamten Vermögenswerte zusammen und ermitteln Sie die Relation. Erstellen Sie dann Ihr ganz persönliches Konzept der Vermögensplanung, das viertel- oder halbjährlich, wenigstens aber einmal im Jahr überprüft werden sollte!

AKTIEN SIND
UNTERNEHMENS-ANTEILE

Aktiengesellschaften entstanden aus dem simpelsten Grund, den man sich vorstellen kann, nämlich aus Geldmangel. Es war einfach unmöglich, daß ein einzelner die im gesamten erforderliche Summe zum Bau von Eisenbahnen, Schiffen oder ähnlich gigantischen unternehmerischen Vorhaben bereitstellen konnte. Somit wurde die bedeutendste kapitalistische Errungenschaft aus der Armut geboren. Im ökonomischen Sinne sollte man natürlich besser von Knappheit sprechen.

Mehrere Finanziers schließen sich zusammen, wobei jeder nach seinen Möglichkeiten Anteile/Aktien übernimmt. Nach deutschem Recht müssen mindestens fünf Aktionäre ein Grundkapital von mindestens 100 000 DM aufbringen. Diese Summe sollte man aber nicht zu ernst nehmen, denn in der Praxis reicht das nicht einmal für einen Tante-Emma-Laden.

Neben dem Motiv der großen Kapitalaufnahme gibt es noch einen weiteren Vorteil, den Kapitalgesellschaften wie die AG sämtlichen Personengesellschaften (z. B. KG, OHG) und Einzelunternehmungen gegenüber haben: Die Gründer beziehungsweise die Aktionäre haften nur mit der von ihnen in Aktien investierten Summe; eine weitergehende, das Privateigentum betreffende Haftung ist ausgeschlossen. Im konkreten Fall einer totalen Pleite wird der Aktionär von dieser Regelung dennoch nicht entzückt sein, droht doch immerhin der Verlust des gesamten Aktien-Vermögens. Einziger Trost: Man kann sich die Aktien aushändigen lassen, einrahmen und im Wohnzimmer aufhängen. Bei schönen Exemplaren kommt dies einem unvergleichlich exklusiven ästhetischen Genuß nahe.

16

Aktien sind Wertpapiere. Der Besitzer einer Aktie, in der Börsensprache Inhaber genannt, ist Miteigentümer am Gesamtvermögen einer Aktiengesellschaft.

Ab dem ersten Tag, an dem man Aktien eines Unternehmens erwirbt, ist man auf Gedeih und Verderb mit diesem verbunden. Gehen die Geschäfte gut, weil beispielsweise die Produkte ausgezeichnet sind und das Management eine hervorragende Arbeit leistet, wird der Wert der Aktie steigen. Mehr und mehr Anleger wollen per Aktie an einer derart florierenden Gesellschaft partizipieren, aber nur wenige Aktionäre werden bereit sein, sich von ihren Qualitätspapieren zu trennen. Wie der Markt darauf reagieren wird, ist naheliegend. Die Aktienkurse werden natürlich steigen. Weshalb? Weil die jetzigen Aktienbesitzer aufgrund der starken Nachfrage fast jeden Preis verlangen können und ihn auch bekommen.

Beispiel: Sie haben Aktien eines Unternehmens gekauft, von dessen Zukunft Sie überzeugt sind. Ihr Einkaufspreis belief sich auf 400 DM pro Stück. Sechs Wochen später steht die Aktie beim Kurs von 440 DM. Sie schätzen die Chancen weiterhin als glänzend ein. Würden Sie die Aktie verkaufen? Wohl kaum! Damit verknappen Sie jedoch das Angebot an der Börse. Handeln die meisten anderen Aktionäre desselben Unternehmens ebenso, so ist die Kurstendenz weiter steigend.

Aktiengesellschaften werden von Menschen geleitet, die hin und wieder einmal etwas falsch machen. Nobody is perfect. Allerdings genügen ein paar gravierende Fehlentscheidungen des Managements, und das Unternehmen geht den Bach runter. Sie können sich folglich vorstellen, warum es bei den Hauptversammlungen der Aktionäre manchmal so turbulent zugeht. Je mehr man nach der Methode »Management by Chaos« verfuhr und in allen möglichen Geschäftsbereichen herummurkste, um so zünftiger sind die Auseinandersetzungen. Das ist nur allzu verständlich, da man schließlich Ihr Geld kaputtgemacht hat, falls Sie als Aktionär engagiert waren.

Rasch fällt der Kurs einer solchen zum Risikopapier gewordenen Aktie von, sagen wir, 400 DM auf 200 DM und verkommt zu einem reinen Hoffnungswert, wenn das »Schiff« nicht wieder auf Kurs gebracht wird.

Und was tun Sie nun, falls Sie zum Kurs von 400 DM eingestiegen sind?

Welch ein Glück, daß bis jetzt alles nur Theorie ist – doch eventuell schon morgen kann sich Ihnen eine solche Frage real und praktisch stellen. Deshalb ist es notwendig, sich gleich zu Anfang drastisch der zwei Seiten einer Aktie bewußt zu sein.

In Deutschland werden Aktien auf der Grundlage des Aktiengesetzes herausgegeben, das heißt, der Nennwert einer Aktie kann 50 DM, 100 DM oder ein Vielfaches von 100 DM betragen. Weitaus die meisten deutschen Papiere werden als 50 DM-Aktie gehandelt. Im Kursteil der Zeitungen findet man die Aktien-Notierung mit unterschiedlicher Kennzeichnung ausgedruckt, wie folgender Vergleich zeigt:

Auszug aus der »Frankfurter Allgemeinen Zeitung« (»FAZ«)

Bilf. + Berger 10	976	976/85	975–	980–
Brau u. Brunnen 5	386	385/80/82/378	389.50	378–
Brem. Vulkan 0	87.60	88.50/90.50/88.30/9.60	87.50	90,10
Buderus 9.55	430.50	431/2/3/1	431–bG	431–bG
*Casella 32	– –		1530–	1530–
Ceag 7	169	166	169–	166–
Comp. 200 14	501	522/17/20/525	501–	520–
Contigas 0	388	386/7/8	388–	386–
Continental 4	273	272/70.50	271.20	270.50bG
Daimler 13	761.40	761.40/56/57.50	761.50	757.90
Deckel 0	115	118/6G	115–	118–
dgl. VA 0	95	96/6.50/5/6	95–	96–
Degussa 7	331.80	336/9/4.80	329–	333–
Dt. Babcock 0	155.20	156/7.50/5.20/5.50	157–	156.30
dgl. VA 0	149	148.50/147	148–	148–
Didier 6	156	155.90/4/4.80	155.80	155.90
DLW 10	521	523/530	521–	524–
Douglas Hold. 12.5	554.50	553/50/50.50	552–	550–

(Die Kurse dienen lediglich Demonstrationszwecken und sind daher nicht aktuell.)

Bilfing. + Berger	10	982,00b	979,00b
Boss St. A.	20	650,00bG	650,00bG
Boss V. A.	21,5	541,00G	542,00G
Br. Ravbg. (100)	8	580,00G	580,00G
BSU (300)	25	365,00TB	365,00TB
Calw. D. (300)	30+18	975,00G	975,00b
Cassella (100)	32	1530,00G	1530,00G
DLW	10	524,00G	518,00b
Dürr	11	580,00b	580,00b
Essl. Masch.	7	990,00b	995,00G
Feldm. Nobel	30	506,00b	507,00G
Fuchs Pet. St. A.	6	201,00e	208,00G
Fuchs Pet. V. A.	7	140,20e	147,20b
Gehe	14	956,00b	955,00b
Goldschmidt	14	860,00G	860,00G
Heidelb. Zem.	11	925,00b	925,00b
Hoesch	10	257,00b	258,00b

Viele Zeitungen verzichten ganz auf die Markierung einer 50-DM- oder 100-DM-Aktie. Für den Kursvergleich ist dies jedoch nicht unwichtig. Der Anleger benötigt also weitere Informationsquellen (Banken, Sparkassen, Börsen-Informationsdienste), um den Nennwert und andere wichtige Einzelheiten in Erfahrung zu bringen.

Mehr praktische Effizienz wäre erreicht, wenn der Nennwert bei allen Aktien auf die gleiche Summe lauten würde. Dann könnte man die Aktienkurse noch besser vergleichen. Käme schließlich noch die generelle Reduzierung auf ein Zehntel des bisherigen 50-DM-Nennwerts hinzu, hätte man einen entscheidenden Durchbruch erzielt. Weshalb? Schauen Sie sich zum Beispiel den aktuellen Kurs der Deutschen Bank oder der Allianz-Aktie an und dividieren Sie ihn durch zehn. Plötzlich wird daraus eine Aktie, die sich jeder leisten kann – sogar mehrere Stücke davon. Eine echte Volksaktie entsteht. Das ist natürlich nur einer von vielen Wegen, die noch beschritten werden müssen, um den Aktienbesitz populärer zu machen.

WER AGIERT AN DER BÖRSE?

Zum Börsenhandel ist nicht jedermann zugelassen. Das ist eigentlich selbstverständlich, denn es bedarf eines großen Sachverstandes und ganz spezieller Fähigkeiten, um börsentäglich zum Teil beträchtliche Handelsvolumina zur Zufriedenheit von Käufer und Verkäufer abzuwickeln. Man kann prosaisch sagen, daß es ein harter Job ist, der Umsicht, Cleverneß und perfekte Kommunikation verlangt. Zartbesaitete haben in diesem rauhen Geschäft wenig Chancen.

Professionelle Akteure sind die Börsenmakler und die Vertreter der Banken/Sparkassen. Letztere nehmen Aufträge von Kunden oder von ihrem Institut entgegen, bearbeiten sie selbst beziehungsweise lassen sie durch einen Makler erledigen.

Bei den Börsenmaklern sind amtliche Makler und freie Makler zu unterscheiden. Der Staat hat ein Interesse daran, daß die Börsenkurse reell und zuverlässig ermittelt werden, und beauftragt zu diesem Zwecke amtliche Makler. Aufgrund der föderalistischen Struktur und der Tatsache, daß unsere acht Wertpapierbörsen in verschiedenen Bundesländern liegen, werden die amtlichen Makler von der jeweils zuständigen Landesregierung vereidigt. Darüber hinaus kann der Vorstand einer Wertpapierbörse freie Makler zum Handel zulassen. Wer den Kursteil seiner Tageszeitung betrachtet, bemerkt, daß dort zwischen Amtlichem Handel und Freiverkehr unterschieden wird. Und in der Tat werden die Kurse von zweierlei Akteuren festgestellt beziehungsweise notiert.

Liegen keine Aufträge vor, so sind die Makler arbeitslos. Wer an umsatzschwachen Tagen die Börse besucht, kann ein Lied davon singen. Die Makler stehen in den Gängen herum, langweilen sich und wissen nicht, womit sie die Zeit totschlagen sollen. Gemütlich ins Café gehen ist nicht drin, da eventuell das Telefon klingeln könnte, und die Stellung halten macht depressiv. In langen Baisse-Zeiten wächst die seelische Anspannung. Eigentlich sollten in solchen Phasen Psychologen und Psychotherapeuten zur Betreuung angestellt werden. Die Börsianer sind leider dagegen, da dies wieder voll auf die Spesen durchschlagen würde. So hart ist die Börsenwelt, kein Verständnis, keine Romantik, es geht eben nur ums Geld.

Ganz anders in Zeiten der Hausse. Dann schwappt die Börse über, es herrscht eine kaum vorstellbare Hektik. Wer den Handel nicht kennt und zum ersten Mal zusieht, hat den Eindruck, einen Haufen Verrückter und Irrer vor sich zu haben. Das kann man keinem verübeln, der das Geschrei und die Zeichensprache nicht zu deuten weiß.

DAS BÖRSENPUBLIKUM

Das wichtigste an der Börse sind die Auftraggeber. Sie sind zwar nicht vor Ort, da aber ohne sie nichts läuft, bilden sie das Publikum. Man muß zwischen professionellen und privaten Auftraggebern unterscheiden. Meistens erkennt man bereits an der Summe des angebotenen Volumens, wer wohl dahinter steht. Nur in wenigen Ausnahmefällen können die Privaten mit den Professionellen mithalten.

Professionelle Auftraggeber sind:
  Banken/Sparkassen
  Investmentfonds
  Kapitalanlagegesellschaften
  Kapitalbeteiligungsgesellschaften
  Pensionskassen
  Staat
  Unternehmungen
  Versicherungen
Private Auftraggeber sind:
  Kleinanleger
  Anleger mit großem Vermögen

Banken/Sparkassen handeln natürlich auch auf eigene Rechnung. Wer sich umschaut und die Bankenbeteiligungen analysiert, erkennt rasch, welch gigantische Aktienpakete in deren Depots ruhen. Da sie jedoch nicht immer ruhen, sondern auch mal unters Publikum gestreut werden, sorgen sie in solchen Fällen für erhebliche Umsätze. Wird der Adressat nicht sofort identifiziert, entsteht oft Unruhe, Gerüchte kommen auf, werden aufgebauscht und weitergetragen. Beim Verkauf können die

Kurse dabei ganz schön unter die Räder kommen, während sie beim Aufkauf kurze Haussen bescheren.

Irgendeiner der inzwischen zahlreichen Investmentfonds ist fast immer am Markt. Die Fondsmanager unterliegen einem ungeheuren Erfolgszwang, was manche zu ständigem Trading (Kaufen und Verkaufen) reizt.

Kapitalanlagegesellschaften betreiben zum Teil auch Fonds und beschaffen sich die notwendigen Aktien dazu natürlich an der Börse.

Kapitalbeteiligungsgesellschaften sind mehr an Aktienpaketen interessiert. Sie beteiligen sich an mehreren, sorgfältig ausgewählten Unternehmen und kaufen deren Aktien über die Börse auf. Wer derartige Aufkäufe riecht oder entdeckt, kann in jedem Fall mit einem ordentlichen Kursanstieg rechnen und davon profitieren. Das erfordert allerdings besondere Fähigkeiten, da diese Coups natürlich nicht in der Presse angekündigt werden. Und wenn dann die ersten Dementis in den Zeitungen stehen, sollte man ihnen nicht unbedingt glauben. Ein gehörig Maß an Nervenkraft und Energie ist erforderlich, bis letztlich der Gewinn eingefahren ist.

Pensionskassen, vor allem aus dem anglo-amerikanischen Raum, sind an den Weltbörsen sehr aktiv. Die meisten von ihnen waren bislang auch recht erfolgreich. Sie bevorzugen Wachstumswerte, die sie lange in ihren äußerst ansehnlichen Depots liegen lassen können. Dabei gewinnen sie doppelt, da sie zum einen beträchtliche Dividenden kassieren und steigende Kurse entweder zum Ausstieg oder zur Verschönerung der Bilanz nutzen können.

Für die Geldgier des Staates gibt es keinen Vergleich. Er kassiert nicht nur die viel zu hohen Steuern, sondern will auch noch das haben, was übrigbleibt. Aus diesem Grund geht er an die Börse und bietet uns Anlegern seine Bundesanleihen an, die ein echter Börsianer natürlich verabscheut. Da die Unwissenheit groß ist, bekommt er sie aber dennoch los – manchmal zwar schleppend, wenn der Zins nicht attraktiv ist, doch der Markt wird geräumt. Gelegentlich beglückt uns der Staat sogar mit Aktien. Das war etwa so mit Volkswagen, Veba oder VIAG. Es stehen noch einige Unternehmen auf der Liste, an denen Vater Staat beteiligt ist, doch will man damit noch nicht rausrücken. Da die Verschuldung jedoch drastisch zunimmt, bleibt für die Zukunft keine andere Wahl. Man wird sich von den geliebten Aktienpaketen trennen müssen. Die unternehmerische Tätigkeit des Staates ist sowieso nicht einzusehen. In der Spekulanten-Gemeinde brodelt die Gerüchteküche. Einige sind sich ganz sicher, das heißt, sie meinen es aus solidester Quelle zu wissen, daß die arg gebeutelten Lufthansa-Aktien bald in den Ring und somit auf das Börsenparkett geworfen werden.

Bekanntermaßen verfügen auch Wirtschaftsunternehmen, vor allem die Versicherungen, über große Depots. Den Aktienhandel wickeln sie über die Börse ab. Das Kartellamt schaut dabei besonders gerne den Versicherungen auf die Finger. Infolge des Allfinanz-Geschäfts kam es bereits zu mehreren Verflechtungen zwischen Versicherungsgesellschaften und Banken. Ob deren wechselseitigen Beteiligungen herrscht nicht überall Freude. Die Offenlegung der gehaltenen Aktienpakete hat für den privaten Kleinanleger den Vorteil, einmal hinter die Kulissen schauen zu können. Er sieht, welche Papiere sich in starker Hand befinden, und kann sich, wenn ihm die Aktie zusagt, ebenfalls beteiligen. Dieses Kriterium sollten Börsianer nicht unterschätzen.

Die privaten Auftraggeber sind schnell besprochen. Sie zerfallen lediglich in kleine und große. Eine exakte Grenze kann man definitorisch nicht ziehen. Wer aber unbedingt eine braucht, sei es zur Befriedigung der persönlichen Eitelkeit oder zur Bestimmung des eigenen Standorts, soll eine haben: Alles unter einer Million ist klein, also ist der Nichtmillionär ein Kleinanleger. Was darüber liegt, gehört zu den großen Vermögen. Für die Börsenwelt ist das jedoch nicht erheblich. Im übrigen kam an der Börse schon so mancher zu einem bescheidenen Vermögen, indem er zuvor mit einem gigantischen begann. Sich selbst zum Kleinstanleger zu degradieren gehört mit zum Schlimmsten. *Entscheidend ist also nicht, mit welchem Kapital man seine Börsenkarriere beginnt, sondern wie man am Ende dasteht.*

Wer sind nun diese sogenannten privaten Aktionäre? Was steckt dahinter? Lassen sie sich irgendwie fixieren? Durchaus; wenn man mehrere Statistiken durchleuchtet, ergibt sich folgendes Bild:

Angestellte und Beamte	ca.	36 %
Selbständige und leitende Angestellte	ca.	23 %
Pensionäre und Rentner	ca.	15 %
Arbeiter	ca.	10 %
Auszubildende, Schüler und Studenten	ca.	10 %
Hausfrauen	ca.	6 %

Diese Übersicht sollte aber nicht darüber hinwegtäuschen, daß es insgesamt viel zuwenig Aktionäre in Deutschland gibt. Mit einer Quote von knapp sechs Prozent der Bevölkerung hinken wir den meisten Industrieländern hinterher. Nicht zuletzt aufgrund der Ausgabe von Belegschaftsaktien wird die Zahl aber weiter nach oben gehen. Diese Beteiligungsmöglichkeit sollte noch mehr gefördert werden. Unternehmen und Staat können hier zusätzliche Zeichen in Richtung einer echten Vermögensbildung setzen.

Die obige Aufstellung zeigt ferner, daß Aktionäre offenbar ganz normale Menschen sind, die aus allen Schichten der Gesellschaft kommen. So mancher Kritiker, der aus politisch-ideologischen Gründen pauschal gegen Aktionäre loswettert, wird angesichts dieser Verteilung umdenken müssen. Oder will er etwa Rentner, Hausfrauen und Auszubildende als Abzocker, Ausbeuter und räuberische Börsenhaie bezeichnen? Das klappt nicht, denn es handelt sich um verantwortungsbewußte Menschen aller Altersstufen, die sich an der deutschen und internationalen Wirtschaft beteiligen. Daß sie geldsensibler als andere handeln, sollte man eher loben als tadeln.

SPARER – SPEKULANT – SPIELER

Eine ganze Reihe von Börsianern tut sich schwer mit dieser Begrifflichkeit. Viele, die mit Aktien spekulieren, wissen nicht, wie sie sich selbst genau sehen sollen, geschweige denn, ob sie von anderen richtig eingeschätzt werden. Manch einer fühlt sich als Spekulant gründlich mißverstanden, da dieses Wort außerhalb der Börsenszene gelegentlich mit einem negativen Beigeschmack verwendet wird. Was also sind wir?

Sparer sind wir alle. Denn bevor man irgendwelches Geld anlegen, investieren kann, muß es da sein. Diese wesentliche ökonomische Voraussetzung hat noch längst nicht jeder kapiert. Würde es sonst so viele Pleiten geben? Das Geld muß zunächst erarbeitet werden, das heißt, es muß eine tatsächliche Arbeitsleistung vorausgehen, falls man nicht in der glücklichen Lage ist, Geld als Einkommen aus einem Vermögen zu beziehen.

Die nächste und entscheidende Leistung liegt darin, nicht alles erarbeitete Geld sofort wieder auszugeben. Wem das nicht möglich ist, der scheitert bereits an der ersten Hürde. Glücklicherweise ist der Anreiz, auf Konsum zu verzichten, bei den meisten hierzulande groß, es wird gespart, weil man

1. für ökonomisch schlechtere Zeiten vorsorgt,
2. erst später konsumieren will,
3. eine Belohnung in Form von Zinsen erhält.

Ohne ausgeprägten Willen zur Leistung und zum Sparen sind effiziente Volkswirtschaften nicht aufzubauen. Der Egoismus des einzelnen fällt hier mit dem Nutzen für alle zusammen. Darüber hat uns bereits der Brite Adam Smith (1723–1790) mit seiner dreibändigen »Untersuchung über die Natur und die

Ursachen des Nationalreichtums« ein wunderbares Werk hinterlassen. Leider ist dieser Gesamtzusammenhang mit seiner zwingenden Logik noch nicht von allen Staaten und Volkswirtschaften verstanden worden. Das ist der Grund, weshalb sie eine echte Zukunftschance überhaupt nicht haben.

Sind genügend Reserven angespart worden, erreicht man die nächsthöhere Stufe des Anlegens: Geld wird unmittelbar in einen Wert verwandelt, von dem man annimmt, daß er in Zukunft eher steigt als fällt. Aus diesem Grund ist beispielsweise ein Auto, das man täglich benutzt, keine Geldanlage. Möglicherweise aber ein Oldtimer, der Seltenheitswert hat und damit steigenden Geldwert verkörpert. Unbestrittene Anlageobjekte sind unter anderem Grundstücke, Wohnungen, Häuser und Unternehmungen. Ein Haus, eine kleinere oder mittlere Firma zu besitzen ist einem einzelnen möglich. An Großunternehmen erwirbt man lediglich Anteile, also Aktien. Damit wird der Anleger zum entscheidenden Leistungsträger einer kapitalintensiven und marktwirtschaftlich orientierten Gesellschaft. Eine sichere und verbriefte Rendite, wie sie der Sparer erhält, kann er nicht erwarten, höchstens erhoffen. Chance-Risiko-Relationen, die dem Sparer fremd sind, erhalten plötzlich Gewicht! Aus dem ungestümen Zusammenprall von Chance und Risiko entsteht der Spekulant. Gleichzeitig ist dadurch das Geheimnis der Urknalltheorie über die Entstehung der Börse gelüftet.

Selbstverständlich will der Spekulant, den man in etwas abgestufter Form ebenso als Anleger oder Investor bezeichnen kann, Geld verdienen. Er ist Optimist und setzt auf die Zukunft. Seine überdurchschnittliche Wagnis- und Risikobereitschaft prädestiniert ihn zum Spekulanten. Kann man dieses Wort hier in negativem Sinne verwenden? Keineswegs, denn es hat ausschließlich positiven Gehalt. Der Spekulant ist bereit, Unternehmensanteile zu kaufen, und sichert dadurch Absatzmärkte und Arbeitsplätze. Sein Mut und sein Kapital retten Betriebe vor dem Zusammenbruch.

Spekulieren heißt unternehmerisch und zukunftsorientiert denken und handeln. Dafür will der Spekulant eine Risikoprämie, den Gewinn. Spekuliert er gut, bekommt er ihn. An das Scheitern mag er gar nicht glauben.

Zum besseren Verständnis und zur gezielteren Selbsteinschätzung lassen sich die verwendeten Begriffe auch graphisch ausdrücken. Manch einem wird so am ehesten deutlich, in welchem Lager er steht.

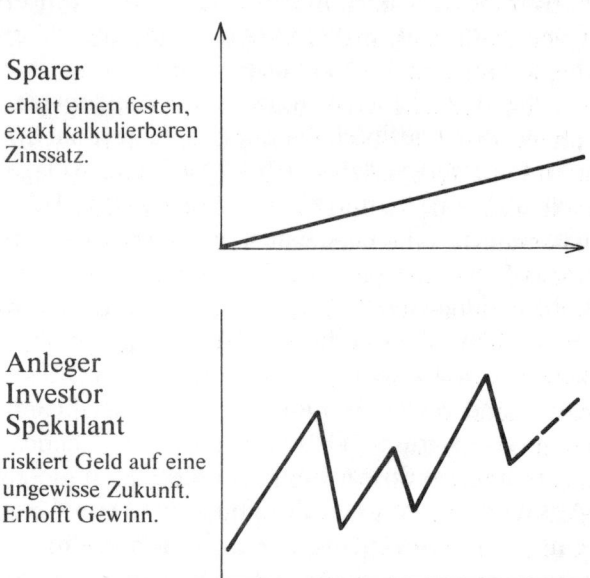

Sparer

erhält einen festen, exakt kalkulierbaren Zinssatz.

Anleger
Investor
Spekulant

riskiert Geld auf eine ungewisse Zukunft. Erhofft Gewinn.

Allein der Spieler paßt nicht ins Konzept. Er entzieht sich dem Zugriff rational-ökonomischen Denkens. Nur eine individualpsychologische Studie von der Art, wie sie Dostojewskij in seinem Roman »Der Spieler« vorgelegt hat, kann hier weiterhelfen. Eine feinnervigere Beschreibung gibt es nicht. Während ein ökonomisch geprägter Westler an dieser Aufgabe scheitern muß, hat ein tieffühlender, ergriffener und selbst von der Spielleidenschaft besessener Russe sie vollbracht. Mit geborgtem Geld gewann Dostojewskij 10 000 Francs beim Roulette, verlor die Summe aber sofort wieder. In Wiesbaden, wo er seine Karriere als Spieler begann, faßte er den Entschluß, eine Million zu machen. Damit wollte er dann seine Schriftstellerexistenz absi-

28

chern. In der Endstufe des Abstiegs klammert sich jeder Spieler an ein todsicheres System, so auch Dostojewskij. Als intellektueller Kopf erfand er natürlich seines selbst. Ergebnis: Er verlor alles!

Der Spieler hat keine Chance. Es ist sogar zu fragen, ob er sie überhaupt wirklich sucht. Er ist süchtig nach Ergriffenheit, Rausch, Exzeß und Selbstauflösung. Das Glücksspiel um Geld erweist sich dafür als geniales Medium. Barocke Säle, kostbare Teppiche, Kronleuchter, Champagner, schöne Frauen und dem Schein nach glückliche Menschen schaffen eine verführerische Atmosphäre, die den Spieler der Realität enthebt und ihn in eine Art aktiven Trancezustand versetzt.

Eigentlich kann es für derartige Hallen der Glückssucht kaum einen passenden Namen geben. Die Bezeichnung »Spielbank« gleicht dem fast schon perversen Versuch, der Spielsucht eine solide und vertrauensvolle Basis zu unterlegen. »Spielcasino« eignet sich schon besser, wenngleich »Spielhölle« zutreffender wäre, da dieser Terminus dem psychischen Zustand des Spielers am ehesten gerecht wird. Aber wer will den in der Praxis schon verwenden oder hören?

Wohlgemerkt, es ist nichts gegen den Besuch eines Spielcasinos einzuwenden. Wer hin und wieder etwas Nervenkitzel braucht und glaubt, die Börse böte ihm diesbezüglich noch zu wenig, der sollte hingehen. Man nimmt ein paar Hunderter oder Tausender, erlebt einen schönen Abend, der eben etwas teurer als gewöhnlich wird. Dieses bürgerliche Spielen hat mit der tiefsitzenden Spielsucht des echten Spielers nichts zu tun. Es hat jedoch auch nicht viel mit den Hauptakteuren unseres Themas zu tun, denn Sparer, Anleger, Investoren und Spekulanten sind, wie sich im Vergleich gezeigt hat, aus einem anderen Holz geschnitzt. Roulette, Black Jack und Automatenspiele haben für sie höchstens Unterhaltungswert.

DER AUFTRAG

Zwar kann die theoretische Spekulation auch reizvoll sein, reich werden ist dabei jedoch ausgeschlossen. Selbst die höchsten theoretischen Gewinne werden auf die Dauer langweilig. Schließlich ringt man sich zur Entscheidung durch, geht zur Bank/Sparkasse seines Vertrauens und eröffnet ein Wertpapier-Depot. Das ist zwar kein unbedingtes Muß, aber man kann niemandem empfehlen, Aktien zu Hause aufzubewahren, es sei denn, man hätte für absolute Sicherheit gesorgt.

Da ein leeres Depot wenig Freude macht, entschließt man sich zum Kauf von Aktien. Wenn der Kunde den Aktientitel und die entsprechende Stückzahl genannt hat, führt die Bank den Kaufauftrag »billigst« aus, das heißt, sie verpflichtet sich, die Aktie zum niedrigstmöglichen Kurs zu kaufen. Dafür gibt es natürlich keine hundertprozentige Gewähr. »Billigst« bedeutet auch, daß der Auftrag in jedem Fall ausgeführt wird – und zwar zu einem Kurs, der am aktuellen Handelstag festgestellt wird. Bei Kleinaufträgen meist zum Kassakurs, bei Großaufträgen innerhalb des variablen Handels, wo sich größere Kursschwankungen ergeben können. Niemand verwundert das, dauert der offizielle Börsenhandel doch drei Stunden, nämlich von 10.30 Uhr bis 13.30 Uhr.

Beim Verkauf einer Aktie mit dem Zusatz »bestens« verläuft die börsentechnische Abwicklung genauso klar und eindeutig. Das Papier wird zu einem der am Handelstag erzielten Kurse verkauft. Es leuchtet ein, daß der Kurs um 11.00 Uhr nicht identisch mit dem Kurs von 13.00 Uhr sein muß. An Börsentagen mit geringen Umsätzen dürfte die Abweichung minimal

30

sein, und der Anleger wird es gelassen hinnehmen, wenn er am nächsten Tag seiner Zeitung einen Kurs von 350,20 DM entnimmt, seine Abrechnung aber auf 350,60 DM lautet. Muß er aber 356,20 DM bezahlen, reagiert er beim Kauf empört, wogegen er beim Verkauf zu diesem Kurs natürlich erfreut wäre.

Starke Kursschwankungen sind ein Indiz für hektischen Börsenhandel. Entweder herrscht große Kaufeuphorie oder gewaltiger Abgabedruck. Wer generell vorsichtig ist und seinen Kauf- oder Verkaufskurs absichern will, sollte seinen Auftrag limitieren. Der Kunde nennt seiner Bank ein Limit, er setzt eine Grenze, bis zu der er bereit ist, eine Aktie zu kaufen oder zu verkaufen. Nennt er beim Kauf-Limit den Kurs von 349,00 DM, so darf die Bank zu jedem Kurs darunter, aber zu keinem Pfennig höher kaufen. Ist das Verkaufs-Limit auf 349,00 DM festgesetzt, ist man natürlich über höhere Kurse auf der Abrechnung erfreut, braucht aber auf keinen Fall einen Kurs unter 349,00 DM zu akzeptieren.

Dieser spezielle Service kostet den Kunden ein paar Mark. Die sogenannte Limit-Gebühr schwankt zwischen 5 DM und 15 DM pro Auftrag. Es gibt auch Institute, die gar nichts verlangen. Zu unterscheiden ist zwischen einem Tages-Limit, das nur für einen Börsentag gilt, und zwischen einem Monats-Limit, das erst am Monatsende erlischt. Wer weiterhin limitiert im Markt bleiben will, muß es dann erneuern.

Die Vorteile des Limits liegen auf der Hand. In erster Linie gehört dazu die beschriebene Kursabsicherung. Wer gerne und oft verreist, hat zudem den Vorteil, auch in seiner Abwesenheit an der Börse aktiv sein zu können. Selbstverständlich nur unter der Voraussetzung, daß die gesetzten Limits tatsächlich erreicht werden. Ist man länger unterwegs – etwa vier bis acht Wochen –, kann man nach einiger Börsenerfahrung die Chance nutzen, seine eigenen Phantasie-Limits zu testen. Bleiben wir bei der 350-DM-Aktie. In turbulenten Börsenphasen kann der Kurs auch einmal gewaltig einbrechen, deshalb setzen wir das Phantasie-Limit auf 307 DM oder sogar auf 298 DM beim Kauf und entscheiden uns im Falle des Verkaufs für einen Kurs von 391 DM. Nutzen Sie hier Ihre ganz persönlich ausgeprägten spielerisch-kreativen Fähigkeiten. Wie immer, kann es an der Börse viel Spaß machen, aber auch Ärger bringen. Ein sicheres Wissen gibt es, zum Glück, nicht.

Als nachteilig erweist sich ein zu tief oder zu hoch angesetztes Limit. Man bekommt die Aktie nicht, weil ein paar Pfennige am Kauf-Limit fehlten. Der Ärger ist riesengroß, da die Aktie danach rasant im Kurs ansteigt. Umgekehrt wird das Verkaufs-Limit nicht ganz erreicht, und man bleibt auf einem Paket Papieren sitzen, deren Kurs anschließend in den Keller fällt. Das ist die Limit-Falle, in die jeder Börsianer früher oder später einmal hineintappt.

Ratschlag: Statt eines Monats-Limits wählt man geschickter Tages-Limits aus. So ist man täglich am Ball und kann dynamisch reagieren. Bei engen und sehr volatilen Aktien mit großer Schwankungsbreite ist diese Vorgehensweise wichtig. Bei den marktbreiten Standardwerten sollte man sich hingegen fragen, ob man überhaupt ein Limit braucht. Will ich die Aktie oder will ich sie nicht, das ist die Frage. Auf ein paar Pfennig hin und her sollte es dabei nicht ankommen. Das ist nur bei einer sehr hohen Stückzahl von Bedeutung.

Wer sich mit seinen Limits innerhalb der 30 ausgewählten Aktien des Deutschen Aktien-Index (DAX) bewegt, hat noch einen weiteren Vorteil. Vorausgesetzt, er handelt mehr als 50 Stück ein und derselben Aktie, kann er vom sogenannten *Stop-Loss* Gebrauch machen.

Beim Stop-Loss-Auftrag gibt man einen bestimmten Mindestkurs vor, den die Bank automatisch überwacht. Wird er erreicht, wird das Papier verkauft. Im von Amerikanismen durchsetzten Börsenslang wird dabei auch vom Protective-Gewinn-Stop gesprochen. Natürlich kann man auch so den Verlust beschränken. Für Dauerreisende und andere, die wenig Zeit haben, ist das eine nützliche Einrichtung. Aktionäre, die börsentäglich ihr Cash-Management betreiben, werden dieses Instrument nur selten einsetzen.

Gleiches gilt für den *Stop-Buy*-Auftrag, der wird nur dann ausgeführt, wenn die Aktie auf einen ganz bestimmten Kurs geklettert ist.

32

Soll man telefonisch oder schriftlich ordern? Was für eine Frage! Wer schreibt denn heute noch? Schon mancher wäre allerdings froh gewesen, wenn er es, zumindest in Börsenangelegenheiten, getan hätte.

Obwohl der Griff zum Telefon an sich üblich ist, hat der schriftliche Auftrag klare Priorität. Er ist eindeutig, eben hundertprozentig. Für den Kunden besteht Klarheit, aber auch der »Abwickler« ist durch die schriftliche Auftragserteilung vor unliebsamen Verwechslungen und Irritationen geschützt. Eine Kopie ist in jedem Fall ratsam. Zum einen hat man die Stückzahl exakt fixiert, zum anderen ist man vor Namensirrtümern sicher. Telefonisch 1000 Stück Santos-Aktien zu bestellen, kann ich nun wirklich nicht empfehlen. Möglicherweise kommt hinterher eine Abrechnung über 1000 Sandoz-Aktien. Schweizer Chemie statt australischem Öl könnte eventuell richtig sein, das Problem birgt jedoch der Stückpreis pro Aktie. Vergleichen Sie doch einmal spaßeshalber die tagesaktuellen Kurse!

Stark warnen muß ich vor den sogenannten Urlaubs-Dispositionen aus irgendeiner Telefonkabine in Strandnähe (die Brandung tost), an verkehrsreichen Plätzen (Verkehrslärm), in einer Hotelbar (der Pianist greift mächtig in die Tasten). Ihr Gespräch wird durch alle möglichen Geräusche überlagert, am anderen Ende versteht man Sie nur halb oder falsch. Wenn es schon unbedingt sein muß und Sie vor dem Geschäft Ihres Lebens stehen, sind ein Telegramm oder Telefax die besseren Alternativen.

Neben dem rechtlichen Aspekt – Wer haftet bei Verwechslungen? – ist die psychologische Seite nicht minder interessant. Wir alle telefonieren eigentlich zuviel und äußern uns dabei ab und an vorschnell. Geht es um Aktien, kommuniziert man mit jemandem, der einen unter Umständen beeinflußt und eine an sich bereits getroffene Entscheidung abwandelt oder verhindert. Das kann gut sein, muß es aber nicht. Wer seinen Börsen-Auftrag schriftlich zu Papier bringt, reflektiert beim Schreibvorgang die gesamte Transaktion automatisch noch einmal. Nichts verlangt mehr nach Ruhe und tiefgründiger Überlegung als das hektische Finanzgeschäft mit seinen zigtausend Möglichkeiten.

Viele tummeln sich auf dem Börsenparkett. Nur wenige sind darunter, die wirklich denken. Seien Sie die Ausnahme! Erhöhen Sie Ihr Börsen-Reflexionsniveau und damit den Gewinn! **Fazit:** Telefonischen Auftrag wenigstens schriftlich vorformulieren und unbedingt wiederholen lassen.

Es ist bekannt, daß Banken und Sparkassen nicht umsonst für uns arbeiten. Jeder Kauf- und Verkaufs-Auftrag kostet Geld. Niemand soll sich aber von Provisionen, Gebühren und Spesen davon abhalten lassen, Aktien zu kaufen. Das wäre Unsinn. Entweder will man Aktien oder man will keine. Wer hier den Pfennigfuchser spielt, spart an der falschen Stelle.

Jährlich einmal wird die Depotgebühr fällig. Empfehlenswert ist die Girosammelverwahrung, da sie nur circa 0,15 % vom Gesamt-Kurswert ausmacht. Manche Institute verlangen eine Mindestgebühr von zehn DM pro Depot, einige verzichten sogar ganz darauf. Das sollte jedoch nicht das alleinige Kriterium sein, schließlich ist der Service, die Betreuung, die umfassende Dienstleistung, auch das persönliche Verhältnis zu den Damen und Herren der Vermögensberatung entscheidend.

Die einzelne Wertpapier-Abrechnung sieht wie folgt aus:

100 AKTIEN zum Kurs von 230,20 DM	=	23 020,– DM
1 % Provision	=	230,20 DM
0,06 % Maklercourtage	=	13,80 DM
Abwicklungsgebühr	=	3,– DM
Spesen	=	2,– DM
Endbetrag		23 314,– DM

Verhandeln kann man über die Provision. Bei hohen einzelnen Aufträgen sind 0,75 % oder sogar 0,5 % möglich. Kleinstorders sind möglichst zu vermeiden, da sie wegen der Mindestgebühr einiger Institute überproportional viel kosten.

Die Maklergebühr oder -courtage ist nicht verhandelbar; sie belastet auch nicht besonders. Abwicklungsgebühr und Spesen sind ebenfalls gering. Bei Auslandsaufträgen können noch fremde Spesen dazu kommen, die sich aber ebenfalls im Rah-

34

men bewegen. Wichtig ist, daß man möglichst solche Auslandsaktien erwirbt, die in Deutschland gehandelt werden. Geht man ins Ausland direkt, kann es teuer werden. Da die Börsenumsatzsteuer nicht mehr existiert, kommt man für Kauf und Verkauf mit insgesamt 2,0 bis 2,5 Prozent gut weg.

BÖRSENSPRACHE

Wer den Kurszettel seiner Tageszeitung perfekt verstehen will, muß ihn auch vollständig lesen können. Diese kleine Geheimwissenschaft ist jedoch rasch entschlüsselt, wenn man ein paar der verwendeten Begriffe und Abkürzungen kennt.

KURSZUSÄTZE

b	*bezahlt*
bez	Angebot und Nachfrage waren ausgeglichen. Jeder Kauf- und jeder Verkaufsauftrag wurden ausgeführt.
(ohne Zusatz)	Der Markt ist geräumt.
G	*Geld*
	Zu diesem Kurs bestand ausschließlich Nachfrage, aber kein Angebot.
	Keine Umsätze.
bG	*bezahlt Geld*
	Nur ein Teil der Kaufaufträge wurden ausgeführt. Weitere Nachfrage.
B	*Brief*
	Zu diesem Kurs gab es ausschließlich Verkaufsorders.
	Keine Nachfrage. Keine Umsätze.

bB

bezahlt Brief
Nur ein Teil der Aufträge wurden ausgeführt. Weiteres Angebot.

T

Taxkurs
Durch Kursmakler geschätzter Kurs.
Keine Umsätze.

–

gestrichen
Keine Aufträge. Keine Umsätze.
Kursbildung nicht möglich.

rat

rationiert
(gelegentlich auch rep. = *repartiert*)
Beschränkte Zuteilung der Kauf- und
Verkaufsaufträge.

exD
exDiv

ex Dividende
An diesem Börsentag wurde die Dividende ausgeschüttet. Für deutsche Aktien bedeutet dies ein Jahr Wartezeit bis
zur nächsten Dividende. Ausländische
Unternehmen bezahlen häufig viertel-
oder halbjährlich.

exBez

ex Bezugsrecht
Ab diesem Börsentag wird die Aktie
ohne das Bezugsrecht notiert.

exBA

ex Berichtigungsaktien
Ab diesem Börsentag werden die Aktien
ohne das Recht auf den Bezug von Be-
richtigungs- oder Zusatzaktien notiert.

In den meisten Tages- und Wirtschaftszeitungen wird dem Kursteil zunächst einmal die Tendenz vorangestellt. Da sich die meisten Börsianer sofort auf die Kurse stürzen, werden diese kleinen Börsenberichte viel zu wenig gelesen. Sie sind zum Teil jedoch äußerst interessant und liefern harte Fakten, gehen aber auch auf Vermutungen und Gerüchte ein. Und das alles so knapp, daß die Informationsaufnahme nur minimal Zeit beansprucht. Manch wichtige Anregung, die man dem Kurszettel nicht entnehmen kann, findet sich in diesem Vorspann.

Börsentendenzen beschreiben das aktuelle Klima an der Börse. Sie sind nicht mit dem Trend, mit einer Langzeitprognose zu verwechseln, sondern beziehen sich auf einen Tag oder längstens auf die Zeitspanne einer Woche.

Fachbegriffe, die in Berichten zur Börsentendenz verwendet werden:

behauptet uneinheitlich gehalten widerstandsfähig gut behauptet unverändert	Gleichbleibende, kaum veränderte Kurse. Die Kursschwankungen halten sich in engsten Grenzen.
schwach sehr schwach nachgebend rückläufig	Fallende Kurse.
freundlich fest sehr fest erholt leicht erholt	Steigende Kurse.
Baisse	Stark fallende Kurse.

Crash	Kurssturz. Infolge unvorhergesehener Ereignisse extrem fallende Kurse.
Hausse	Stark steigende Kurse.
Super-Hausse	Stürmische Aufwärtsentwicklung, die über die Maßen lange anhält.

Gelegentlich werden einzelne Aktien im Börsenbericht besonders hervorgehoben und mit Plus, Doppelplus, Minus oder Doppelminus angekündigt. Über die Hintergründe gibt es zunächst meist nur Vermutungen und Spekulationen im engsten Sinn des Wortes. In solchen Situationen sind äußerste Vorsicht, eher Zurückhaltung sowie ein kühler, rationaler Kopf geboten. Ein echter Börsenprofi läßt sich nie von Emotionen mitreißen.

Im einzelnen bedeutet:

Plus-Ankündigung	Die Aktie stieg an diesem Börsentag um mindestens fünf Prozent.
Doppelplus-Ankündigung	Die Aktie stieg um mindestens zehn Prozent.
Minus-Ankündigung	Die Aktie sank um mindestens fünf Prozent.
Doppelminus-Ankündigung	Die Aktie sank um mindestens zehn Prozent.

DIE MÄRKTE

Aktie ist nicht gleich Aktie. Markt ist nicht gleich Markt. Wer den Kursteil in der Zeitung aufschlägt, erkennt sofort, daß hier ein Klassensystem vorherrscht. Es gibt Aktien, die werden amtlich gehandelt, andere am geregelten Markt oder im Freiverkehr. Worin besteht der Unterschied?

Amtlicher Handel

Aktien, die amtlich gehandelt werden, wurden zuvor einem Prüfungsverfahren unterzogen. Erst wenn diese gesetzliche Vorschrift erfüllt ist, darf die Aktie amtlich notiert werden. Über die Zulassung entscheidet eine Börsenkommission, die zuvor den »Prospekt«, in dem alle wichtigen Daten des Unternehmens aufgeführt sind, sorgfältig geprüft hat. Bei positiver Prüfung wird die Aktie von nun an ausschließlich von amtlichen Maklern gehandelt. Sie alleine stellen den Kurs fest.

Für den Anleger bietet der Amtliche Handel die Gewähr einer absolut zuverlässigen und reellen Abwicklung.

Geregelter Markt

Unternehmen, die den komplizierten Zugang zum amtlichen Handel vermeiden wollen, haben die Möglichkeit, ihre Aktien dem geregelten Markt zuzuführen und dort handeln zu lassen. Kleinere und mittlere Unternehmen nutzen diese Chance zur Kapitalaufnahme verstärkt und bereichern dadurch den Kurszettel.

Eine amtliche Kursfeststellung erfolgt nicht, aber sie wird unter amtlicher Aufsicht durchgeführt.

Freiverkehr

Der Freiverkehr hat rechtlich eine völlig andere Stellung, da er privatrechtlich organisiert und durchstrukturiert ist. Es gelten wesentlich vereinfachte Zulassungsbedingungen mit deutlich geringeren Emissionskosten für das Unternehmen (Geregelter Freiverkehr).

Die Solidarität und Seriosität der hier gehandelten Unternehmen entspricht dem Niveau der im amtlichen Handel oder geregelten Markt gehandelten Aktien. Aus dieser Perspektive gibt es keinen Unterschied. Es ist abwegig, hier eine mindere Qualität zu vermuten. Der wesentliche Unterschied besteht einzig und allein im Handel der Papiere. Freie Makler und Banker sind unter sich.

Im sogenannten Ungeregelten Freiverkehr (Telefonhandel) gibt es weder Formvorschriften noch irgendeine Überwachung des Handels und der Kursnotierungen. Aktienkäufer und -verkäufer sollten daher sämtliche Aufträge streng limitieren.

Viele ausländische Titel werden im Freiverkehr gehandelt. Für den versierten Börsianer ist das ein großer Vorteil, da er sich die gewünschte Aktie ansonsten mit wesentlich höheren Spesen aus dem entsprechenden Heimatmarkt besorgen müßte.

Berlin

AEG 2.5	215–	216–
Berl. Kindl 7	587–	590–
Bewag 5	119.10	120–
Berthold 0	–	–
Brau u. Brunnen 5	422–G	428–
*Concord. Sp. 0	365–G	365–G
*Forst Ebnath 4	2800–G	2800–G
*Hütten Kayser 20	380–bB	380–B
Kempinski 7	930–T	930–T
*Kötitzer Leder 0	10200–G	10200–G
*dgl. VA 0	10200–G	10200–G
Lewag 0	116–G	116–G
*Nrdst. Leben 22	4900–G	4900–G
Orenst. & Kopp 0	153.50	155.80
Ravast	24.20	23.70
Rheinmetall 8.5	282–G	284–
Schering 13	806.90	810–
*Tempelh. Feld 6	2500–bG	2510–
Terr. Ges. (300) 9	10800–G	10800–G

Hamburg

*Altb. Str. Spielk. 0	160–T	160–T
Bav. St. Pauli 11.25	480–	475–
*Breitb, Portl. 28	810–G	810 G
Doag 0	284.50	286–G
Elbschloß-Br. 0	321–G	320–
HEW 6.5	190–	190–
*Jacobsen 15	3700–G	3800–G
*Kühltransit 0	345–G	345–G
Maihak 5.9	310–G	308–G

Markt- u. Kühlh. 3	255–B	255–
Reichelt 0	–B	120–
Ruberold 0	650–B	650–B
Triton-Belco 6	284.50	283–

Frankfurt

Geregelter Markt

Agima 0	830–G	830–G
Ahlers 14	424–	424–
*ABB Gen. 56.8	700–T	700–T
ATB 4	152–B	152–B
BBS VA 13	430–bG	431–
Berl. Elektro 17.5	645–	655–bG
dgl. VA 18.5	496–	508–
Bijou Brigitte 22	415–	420–
Br. Moninger 0	395–G	395–G
B.U.S. 3	368–	368–
dgl. VA 4	258–	259–
C.H.A. Chem. H. 8	417.50	418.50
Compudent VA 0	181–G	185–bG
Cordier, R.	172–	173–bG
Dt. Bet. AG .... 5¹)	275–	272–G
dgl. VA 6	187–	187.50bG
Drägerwerk VA 8	300–	299.80
dgl. Gen. 83 8	90–	90–T
dgl. Gen. 91	87.10G	88–T
Einhell VA 9	231–bG	220–
*Eisen-Hütten 20	345–T	342–bG
Fröhlich .... 5¹)	265–	261–
Garny 11	695–T	700–
Glunz St. A. .... 5¹)	291–	292–bB
Hach VA 17	450–	446–
Hermle, B. VA .... 9¹)	285–	280–
Hornschuch 7	165–	167–bG
Interglas VA 0	124–	125–bG

Düsseldorf

Freiverkehr

Ahaus 0	180–G	185–G
*Akt. Br. Beckm. 0	1060–	1070–G
Alu. Unna 7.5	345–G	345–G
*Bad Neuenahr 8	720–G	720–G
Bln. Leben NA 9	910–T	910–T
dgl. NA 50 % 4.5	655–G	660–
Brügg. Tonwaren 3	830–G	830–G
*Colonia Leben 18	1650–TB	1655–
Dtm. Stifts-Br. 0	2150–T	2150–T
Garbe, Lahmeyer 0	777–	777–G

Georg, A. 10	310–G	310–G
Gerling (500) 100	3700–Gr	3700–Gr
dgl. kleine 10	375–	374–
dgl. VA 5	285–G	285–TG
dgl. NA 50 % E. 5	347–Gr	350–
Germ.-Epe 0	55–	55–
Koenig & Bauer 8	400–bG	410–TG
*Köln. Bürger 0	920–G	920–G
Köln. Verw. 11.5	1460–G	1460–G
Krefeld. Hotel 3	1250–T	1250–T
Rh. Vers. (200) 28	1825–G	1825–G
*dgl.»B« 14	925–G	925–
*Rhenus 14	780–G	780–G
Schoeller (200) 0	320–TG	320–TG
Schulte-Sch. 15	520–	515–
Sportstätten 52.5	180–bG	185–bB
Stodiek (500) 15	1350–T	1350–T
Walther 0	500–B	500–B

Auslandsaktien Ger. Markt

Ball	11.30bB	11.30G
Trinkaus Optima	89.90	90.10

Auslandsaktien Freiverkehr

Aegon	111.20	113–T
Ahold	76.10	76.70
Amev	47.80TG	48.80T
Bethlehem Steel	21.10	22.30bG
Blenheim	12.70G	13–G
Bols	41.50G	41.70G
Dresser	30.50	30.90
Gist-Brocades	30.20G	30.80
Heineken	168.50	170.50G
Highveld Steel o. O.	–	6.05T
Inprop	20.60G	20.60G
Int. Nederl. Gr.	45.50bB	46.10
LTV	1.15	1.15bB
NL Ind.	13.20G	13.60G
Nutricia	132–T	133–T
Parker Drilling	7.20	7.80G
Rowan Cos.	9.30	9.10G
Sears, Roebuck	72.70G	73–
Texaco	97–	94.80
VNU	71–G	73–G
Wereldhave	98–G	99–G

(Die Kurse dienen lediglich Demonstrationszwecken und sind daher nicht aktuell.)

Wie man sieht, ist jede Menge los auf den Märkten. Fast alle Kurszusätze sind vorhanden. Die Aktien und Kurse stammen vom Amtlichen Handel der Berliner und Hamburger Börse, vom Geregelten Markt sowie vom Düsseldorfer Freiverkehr.

DIE HAUPTVERSAMMLUNG:
REDEN UND REDEN LASSEN

Eine Börsensprache ganz anderer Art wird auf der Hauptversammlung gesprochen. Mindestens einmal jährlich stehen die Manager einer Aktiengesellschaft ihren Aktionären Rede und Antwort. Sie müssen Rechenschaft darüber ablegen, wie sie mit dem Geld der Anteilseigner umgegangen sind.

Legt der Vorstand einen glänzenden Bericht und Jahresabschluß vor, den die Börse übrigens schon lange vorher durch steigende Kurse honoriert hat, so wird man entsprechend viel Lob und Anerkennung seitens der Aktionäre hören. Aber auch Vorstandsvorsitzende, die einen schlechten Abschluß mit drastischen Verlusten ankündigen müssen, haben eine Chance, glimpflich davonzukommen. Nämlich dann, wenn sie bessere Zeiten für das Unternehmen ankündigen können. Wird das in glaubwürdiger Weise vorgetragen und mit harten Fakten fest untermauert, gehen die Aktienkurse nach oben. »Es ist dem Menschen nicht möglich, sich Einflüssen zu entziehen.« André Gides Worte beschreiben dieses Phänomen gar trefflich. Wir Börsianer glauben zwar nicht alles, sind aber, was die Zukunft anbelangt, unerschütterliche Optimisten, die bereits bei den ersten Sonnenstrahlen vergessen haben, daß wieder ein dividendenloses Jahr hinter uns liegt. Prostet uns beim anschließenden Imbiß – für viele der eigentliche Sinn einer derartigen Veranstaltung – auch noch einer der Vorstände zu und ermuntert uns mit freundlichen Worten, dann wird bei so viel Glück aus Verlust plötzlich Gewinn.

Bei aller Euphorie, die im Verlauf emotional bewegender Hauptversammlungen entstehen kann, sollte man Kaufempfehlungen, die seitens des Unternehmens ausgesprochen werden, mit einer gehörigen Portion Skepsis begegnen. Gerade bei kleineren und mittleren Aktiengesellschaften könnte jemand die Absicht haben, seine Papiere günstig abzustoßen. Oder noch schlimmer: Er sieht bereits eine Formation drohender Wolken am Firmenhorizont. Vertrauen Sie jedenfalls im Zweifel mehr Ihrem gesunden Menschenverstand als auf Insider-Tips. Auch bei einem Informanten, dessen Seriosität außer Zweifel steht, sollte man sich nüchtern fragen: Was ist sein Motiv? Warum sagt er mir das? Eine solche einfache Reflexion hat schon manchen auf die richtige Spur gebracht. Keine Entscheidung muß erzwungen werden; es bleibt stets genügend Zeit zum Nachdenken. Dagegen haben sich vermeintlich unwichtige Gespräche am Rande der Hauptversammlung schon des öfteren als sehr ergiebig erwiesen. Die vertiefte Unterhaltung mit anderen freien Aktionären oder Mitarbeitern des Unternehmens kann neue Perspektiven eröffnen.

Vorstand und Aufsichtsrat haben naturgemäß ganz andere Sorgen, als sich um Börsenkurse zu kümmern. Oft wird dieses Thema sogar quälend vermieden. Ihnen geht es bei der Hauptversammlung vor allem um ihre Entlastung. Dieser Tagesordnungspunkt findet sich auf jeder Einladung wieder. Werden Vorstand und Aufsichtsrat entlastet, bedeutet dies, daß die Aktionäre mit dem Management einverstanden sind und ihm ihr Vertrauen aussprechen. Nach § 119 des Aktiengesetzes kann die Entlastung nur durch die Hauptversammlung erfolgen. Dabei genügt die einfache Mehrheit.

Mehrheiten bekommt, wer die Macht hat, und für die Macht in einer Aktiengesellschaft braucht man Stimmen. Nicht zuletzt aus diesem Grund erhält der Aktionär jährlich einmal einen freundlichen Brief von seiner Depotbank mit der Aufforderung, ihr doch bitte das Stimmrecht zu übertragen. Dagegen ist prinzipiell nichts einzuwenden, besonders dann nicht, wenn man der Bank Weisungen für die Abstimmung mit auf den Weg geben kann.

Von extremer Bedeutung ist das Stimmrecht bei anstehenden Satzungsänderungen. Hier lohnt sich der Kampf um jede Stimme. Denn besitzt ein Aktionär oder eine Aktionärs-Gruppe mehr als 25 Prozent des Aktienkapitals – theoretisch genügt eine einzige zusätzliche Aktie – verfügen der oder die Betreffenden nach § 179 des Aktiengesetzes über die sogenannte Sperrminorität und können jeden Beschluß verhindern.

Aber auch, wer nur eine Handvoll Aktien besitzt und wichtige Fragen an das Unternehmen hat, kann diese stellen oder von jemand anderem vortragen lassen. Über das Auskunftsrecht informiert § 131:»Jedem Aktionär ist auf Verlangen in der Hauptversammlung vom Vorstand Auskunft über Angelegenheiten der Gesellschaft zu geben, soweit sie zur sachgemäßen Beurteilung des Gegenstandes der Tagesordnung erforderlich ist.« Der Vorstand darf sich dabei nicht irgend etwas x-beliebiges einfallen lassen oder kritische Fragesteller auf die Schnelle abfertigen. Vielmehr gilt:»Die Auskunft hat den Grundsätzen einer gewissenhaften und getreuen Rechenschaft zu entsprechen.«

Empfehlung: Prüfen Sie, ob Sie selbst zur Hauptversammlung gehen oder ob Sie sich von Ihrer Bank oder von anderen Aktionärssprechern Ihres Vertrauens vertreten lassen. Ein persönlicher Besuch ist in jedem Fall ein Gewinn. Spätestens dann, verehrter Aktionär, wenn sie über mehr als 25 Prozent Anteile an einer Gesellschaft verfügen, sollten Sie nicht reden lassen, sondern selbst reden!

AKTIE IST NICHT GLEICH AKTIE

Legt man das Kriterium der Kursentwicklung als Maßstab zugrunde, so handelt es sich bei dieser Aussage natürlich um eine Binsenweisheit. Doch darum geht es hier nicht. Aktien, zumal die deutschen, werden auch nach formalen Kriterien unterschieden. Wer zum Beispiel nach dem vorangegangenen Kapitel Appetit auf den Besuch einer Hauptversammlung bekommen hat, kann das gerne tun. Möglicherweise kann er auch ein paar Fragen an den Vorstand stellen. Richtig erfolgreich wird er aber erst sein, wenn er über Stammaktien verfügt. Nur dann ist man stimmberechtigt und hat wirklich etwas zu sagen. Im anderen Fall bleibt es bei schönen Sprüchen.

Man unterscheidet folgende Arten von Aktien:

Stammaktien

In manchen Lehrbüchern werden sie als gewöhnliche Aktien angeführt. Das ist richtig, wenn man alle Rechte, die der Stammaktionär hat, eben als gewöhnlich bezeichnet. Dazu gehört immerhin
das Recht auf Teilnahme an der Hauptversammlung,
das Stimmrecht,
der Anspruch auf Gewinnausschüttung (Dividende).
Börsianer denken meistens an Kurse und ans Geld, nicht an irgendwelche mit der Aktie verbundenen Rechte. Das ist verständlich und grundsätzlich in Ordnung. Es gibt jedoch Situationen, in denen Rechte, zumal das Stimmrecht,

zu Geld werden können. Wer die falsche Aktie gekauft hat, geht leer aus.

Vorzugsaktien

Der Name sagt es: Dem Besitzer von Vorzugsaktien muß ein Vorzug gegenüber dem Stammaktionär eingeräumt werden. Dieser kann bestehen

in Form einer höheren Dividende,

in der Bevorzugung bei der Aufteilung des Liquidationserlöses und

in Form eines Mehrfachstimmrechts.

Für das Unternehmen selbst stehen jedoch für die Ausgabe von Vorzugsaktien ganz andere Motive im Raum. Es verfolgt

1. das Ziel, möglichst viel Geld in die Kasse zu bekommen und hat

2. nicht die Absicht, sich von den Vorzugsaktionären in ihre Geschäftspolitik hineinreden zu lassen.

Aus diesem Grund geben Unternehmen Vorzugsaktien ohne Stimmrecht heraus. Von der oben erwähnten Möglichkeit eines Mehrfachstimmrechts machte in letzter Zeit keine Aktiengesellschaft mehr Gebrauch. Im Gegenteil, sämtliche Neuemissionen, die in Form der Ausgabe von Vorzugsaktien durchgeführt wurden, erschienen als stimmrechtslos. Dies ist nur dem Prospekt, nicht aber dem Kurszettel zu entnehmen. Achten Sie beim Lesen des Kursteils in Zukunft dennoch öfters darauf, ob StA (Stammaktie) oder VA (Vorzugsaktie) neben dem Namen der Aktiengesellschaft steht.

Vorzugsaktien kauft man nur dann, wenn damit handfeste ökonomische Vorteile verbunden sind. Wenn etwa die VW-Vorzugsaktie deutlich niedriger als die Stammaktie notiert, dabei noch eine gleich hohe oder sogar höhere Dividende ausbezahlt wird, dann sollte man sich für die Vorzüge entscheiden. Gleiches gilt für die Papiere des Energie-Giganten RWE.

Der große Nachteil stimmrechtsloser Vorzugsaktien wird vom Anleger meistens erst bemerkt, wenn in seinem Unternehmen Übernahmeschlachten toben. Mit Entsetzen registriert er dann, wie die Kurse der Stammaktien endlos nach oben klettern, während sich für seine Vorzüge kaum jemand interessiert. Bei der Übernahme, egal ob freundlich oder feindlich, geht es um die Macht im Unternehmen. Also sind nur Aktien mit Stimmrecht begehrt.

Kleinere und mittlere Aktiengesellschaften sind solchen – für den Aktionär eigentlich positiven – Attacken hin und wieder ausgesetzt. Wohl dem, der dann die richtigen Papiere hat. Bei Großkonzernen wie VW und RWE ist das nahezu ausgeschlossen. Wer soll diese Unternehmen aufkaufen?

Belegschaftsaktien

Immer mehr Gesellschaften tendieren dazu, ihre Mitarbeiter am Gewinn zu beteiligen. Das ist begrüßenswert. Besonders, wenn dies mit der Ausgabe von Aktien verbunden ist. Einzig bedauerlich, daß es Mitarbeiter gibt, die ungern oder gar keine Belegschaftsaktien übernehmen wollen. Dabei ist das doch eine der besten Formen der Vermögensverteilung. Offenbar tut noch viel Aufklärung not. Vielleicht schreckt die Sperrfrist von bis zu sechs Jahren einige betriebsinterne Anleger ab.

In der Tat paßt es wenig zur dynamischen Aktie, daß man sie eine bestimmte Mindestfrist, die noch dazu sehr lange ist, behalten muß. Man lebt schließlich vom Kaufen und Verkaufen. Der niedrige Ausgabekurs sollte jedoch Grund genug sein, den Erwerb zu versüßen.

Die Aktien kann man auch nach Art der Rechtsübertragung unterscheiden. Dann ergibt sich folgendes Bild:

Inhaberaktien

Ihr Eigentum wird wie bei beweglichen Sachen übertragen. Rechtlich ist das eine sehr einfache Sache. Wer die Aktie in Händen hält, ist Besitzer und Eigentümer zugleich. Wer jetzt immer noch glaubt, daß er kein Depot bei der Bank braucht, dem ist nicht mehr zu helfen. Werden Inhaberaktien gestohlen, kann sich der Dieb munter als Aktionär bezeichnen. Der bisherige Besitzer, der ja rechtlich immer noch Eigentümer ist, geht leer aus.

Auf der anderen Seite sind die Inhaberaktien für den anonymen Börsenhandel wie geschaffen. Ohne großen Aufwand sind sie leicht übertragbar. Deshalb werden in der Regel fast nur Inhaberaktien ausgegeben.

Namensaktien

Doch keine Regel ohne Ausnahme. Auf Namensaktien ist der Name des aktuellen Besitzers festgehalten. Im Aktienregister des Unternehmens steht zusätzlich noch seine Adresse und sein Beruf.

Der Börsenhandel wird dadurch natürlich komplizierter. Man benötigt eine Vollmacht für die Übertragung des Papiers, ein sogenanntes Blankoindossament.

Vinkulierte Namensaktien

Sie werden genauso wie Namensaktien übertragen. Das klappt aber nur, wenn die Aktiengesellschaft vorher zustimmt. Mit der Möglichkeit, die Zustimmung zu verweigern, haben die Eigentümer alle Chancen, sich vor fremden Einflüssen und Übernahmen zu schützen.

Namensaktien sind generell eine Domäne der Versicherungsbranche. Auf den deutschen Kurszetteln ist darüber hinaus die Springer-Aktie als vinkulierte Namensaktie bekannt.

Junge Aktien

Als Folge einer Kapitalerhöhung entstehen Junge Aktien. Sie werden im Börsenteil besonders aufgeführt, und zwar mit einer etwas niedereren Notiz als die alten Aktien, da sie oft noch nicht voll dividendenberechtigt sind. Ihren Status verlieren sie erst beim nächsten Dividendentermin.

Berichtigungsaktien

Ebenfalls aus einer Kapitalerhöhung stammen die Berichtigungsaktien. Aufgrund einer expansiven Geschäftsentwicklung wird eine Aufstockung des Kapitals notwendig. Erfolgt dies aus Gesellschaftsmitteln, indem man offene Rücklagen in Grundkapital umwandelt, kommt es zur Ausgabe von Berichtigungsaktien. Diese werden nach einem zuvor exakt ermittelten Verhältnis an die Aktionäre ausgegeben.

DIE DEUTSCHEN
WERTPAPIERBÖRSEN

Wohl die wenigsten bei uns wissen, daß es in Deutschland bis dato acht Städte gibt, die über eine eigene Börse verfügen. Möglicherweise steht, jetzt nach der Wiedervereinigung, mit Leipzig der nächste Bewerber bereits vor der Tür. Es würde damit seine in historischer Tradition liegende Bedeutung als Handelsmetropole fortsetzen und aufs neue unterstreichen.

Die aktuellen acht Börsenplätze Deutschlands in alphabetischer Reihenfolge:

Berlin
Bremen
Düsseldorf
Frankfurt
Hamburg
Hannover
München
Stuttgart

Was nützen uns die acht Börsenplätze? An welcher Börse soll ich meinen Auftrag erteilen? Wo habe ich den größten Vorteil? Fragen, die sich der Anleger mit Recht stellt.

Die erste Frage, jene nach dem Nutzen, wird gemeinhin unterschiedlich beantwortet, was eigentlich merkwürdig ist, da Wirtschafts- und Börsenfachleute allesamt rationale Menschen sind und deshalb zu übereinstimmenden Urteilen kommen sollten. Die eine Seite argumentiert: Deutschland braucht nur eine einzige Börse. Andere Länder, beispielsweise Großbritannien mit London, haben auch keinen weiteren Börsenplatz. Dafür genießt dieser eine auch die international höchste Reputation als Finanzzentrum. Aufgrund der Leistungen modernster Informationstechnologie können sämtliche in- und ausländischen Aufträge an einer Börse abgewickelt werden. Diese Börse – und selbstverständlich ist damit hierzulande Frankfurt gemeint – wird dann so groß sein, daß sie mit den anderen Weltbörsen-Zentren erfolgreich konkurrieren kann. Stimmen, die den Erhalt und Ausbau der Regionalbörsen unterstützen und fördern, werden als provinzlerisch und veraltet abgetan.

Ganz anders sehen das die Befürworter und Verteidiger unserer acht Börsenplätze, wobei ich mir nicht immer sicher bin, ob die überhaupt die Gesamtheit und nicht nur den eigenen vor Augen haben. Aber das ist menschlich verständlich und zeigt, daß die Diskussion, die bestimmt wieder in Zusammenhang mit Leipzig neu aufflammen wird, eben nicht nur rational, sondern zum großen Teil sogar emotional geführt wird. Die Befürworter verweisen auf die wirtschaftliche Anziehungskraft des jeweiligen Börsenplatzes und sprechen von ökonomischer Stärkung der Region. Es stellt sich die Frage nach dem Lokalpatriotismus. Will ein Berliner, daß man seinen Börsenauftrag ausschließlich in Berlin abwickelt? Dieser Weg wird von den Banken/Sparkassen im übrigen sowieso beschritten. Gibt man bei der Auftragserteilung keinen bestimmten Börsenplatz an, wandert der Auftrag zur nächstgelegenen Regionalbörse, vorausgesetzt, die Aktie wird dort überhaupt gehandelt.

Die Frage ist, ob man von der politisch richtigen Entscheidung für eine föderalistische Struktur der Bundesrepublik eine Art Börsenföderalismus ableiten kann. Führt der Weg dann eventuell doch in Richtung provinzieller Kleinkrämerei? Er tut es nicht, wenn das Ganze nicht nur zur erwünschten Buntheit, sondern auch zur Konkurrenz mit- und gegeneinander führt. Die Makler könnten durchaus noch etwas lebendiger werden und sich um weitere interessante Aktien bemühen, die ihre Regionalbörse attraktiver machen.

Man muß zugeben, daß auf diesem Sektor in letzter Zeit einiges geschehen ist. Möglicherweise verdanken wir dies bereits der Konkurrenzidee. Sollte dem so sein, kommen in Zukunft sicher noch viele reizvolle in- und ausländische Titel auf unsere Kurszettel. Dabei spielt für den Anleger wahrscheinlich weniger der Börsenplatz eine Rolle als die Tatsache, daß er bei einer in Deutschland gehandelten ausländischen Aktie eine Menge Spesen sparen kann.

In jüngster Zeit nimmt auch das Public-Relation-Denken der einzelnen Börsen zu. Man bietet Zuschauern und Interessierten verstärkt die Möglichkeit, so hautnah, wie es nur geht, am Börsengeschehen dabeizusein. Ganze Schulklassen strömen in die Börsensäle, sehen informative Lehrfilme, versuchen die Hektik zu erfassen und nehmen über das, was sie nicht kapiert haben, Informationsmaterial mit. Vielleicht wird der eine oder andere motiviert und handelt später selbst einmal aktiv mit Wertpapieren. Dieser Chance würden natürlich viele beraubt, gäbe es außer Frankfurt keinen weiteren Börsenplatz in Deutschland. Aus so mancher Ecke des Landes ist einfach die Entfernung dahin zu weit.

Wem all diese Argumente nichts sagen, und wer immer nur an Profit denkt, nun, auch dem kann geholfen werden. Nutzen Sie die Kursschwankungen der verschiedenen Börsenplätze aus. An umsatzschwachen Tagen neigt man besonders an kleinen Regionalbörsen zur Übertreibung nach unten; umgekehrt ist bei Umsatzstärke Euphorie angesagt. Trader, die schnell im Einkauf und stark im Verkauf sind, finden hier eine zusätzliche Chance. Die Schwankungen sind natürlich nicht riesig. Das können sie bei unserer heutigen Informationsdichte auch gar nicht sein. Aber sie ergeben ein Zubrot, das wir unseren »Provinzbörsen« verdanken.

Viele interessante ausländische Aktien werden an den Regionalbörsen – wie hier an der Börse Stuttgart – gehandelt:

Stuttgart

Freiverkehr

Americ. Barrick	43,10b	43,70b
Aragonesas	13,80b	14,10b
Asarco	44,30b	45,00b
Bankam. (1,5625 $)	60,80b	61,70b
Brazil Fund (0,01 $)	27,80b	28,30b
Canamax	0,37b	0,38b
Cheung K. (0,5 HK$)	4,80b	4,95b
Chevron (3 $)	102,50b	103,00b
Compaq (0,01 $)	38,80b	40,00b
Com 1	31,00b	31,30b
Consol Nev. Goldf.	0,85b	0,91b
Dairy F. (0,25 HK$)	2,40b	2,38b
Enichem	1,62b	1,58b
Euro Disneyland	30,20b	30,60b
Genentech (0,02 $)	48,00b	47,10b
Girodet	40,30b	40,00b
Hewlett-Pack.	102,00G	103,50G
Honda Mot. (50 Yen)	14,30b	14,70b
Hongk. L. (0,5 HK$)	2,77b	2,83b
HSBC H. (0,25 HK$)	10,00b	10,00b
Hutch.W. (0,25 HK$)	3,25b	3,46b
IBM (1,25 $)	147,50b	147,00b
India Gr. Fund.	23,50b	24,00b
Intel	85,80b	86,20b
Int. Ress. (0,25 £)	–	–
Ito-Yokado (50 Yen)	46,70b	48,70b
La Pap. E. (500 Ptas)	2,28b	2,40b
L. Ashl. H. (0,05 £)	2,62b	2,60b
H. Maire (20 ff)	58,50b	59,00b
Matra	56,20b	56,00b
Metall Mining	16,90b	17,05b
Mexico Fund (1 $)	38,60b	34,90b
Mitsub. H. I. (50 Yen)	6,45b	6,40b
Mitsukoshi (50 Yen)	8,40b	8,70b
Motorola	123,50b	123,30b
Moulinex	40,00b	44,50b
Newmont G (0,01 $)	72,80b	73,00b
Niss. Ib. A (500 Ptas)	5,00b	5,25b
Phelps D. (6,25 $)	71,50b	72,20b
Repsol S. A.	43,00b	44,10b
SBV PS (100 sfr)	259,00b	265,80b
Swire P. A (0,6 HK$)	6,90b	7,05b

Templet. E. (0,01 $)	35,50b	36,10b
Texas Instr. (1 $)	57,60b	57,80b
Tubacex (500 Ptas)	1,52b	1,75b
Türk. Tub. (1000 TL)	0,61bG	0,62b
Un. El.-F. (500 Ptas)	8,55b	8,65b
Un. Fenix (500 Ptas)	43,50b	43,00bB
Unisys (5 $)	14,10b	14,60b
Uralita (500 Ptas)	11,50b	12,15b
Valleherm. (500 Ptas)	22,20b	21,80b
Wellcome (0,25 £)	25,00b	25,30b
West. Min. (0,25 Au£)	5,60b	5,80b
Wharf Hold. (1 HK$)	3,30b	3,40b
Yam. Pharm. (50 Yen)	28,70b	28,80b
Yas. F&M (50 Yen)	7,65b	7,80b

(Die Kurse dienen lediglich Demonstrationszwecken und sind daher nicht aktuell.)

DER AKTIONÄR
UND DAS FINANZAMT

Den Auftakt zu diesem Buch bildeten naheliegenderweise Anregungen zur persönlichen Vermögensplanung, doch um den ersten Teil zum Thema Basiswissen abzuschließen, bedarf es unbedingt noch einiger Anmerkungen über den Aktionär und seine Lieblingsbehörde. Ich meine das nicht nur ironisch, sondern durchaus auch äußerst ernsthaft. Wer in seiner Vermögensplanung steuerliche Aspekte unberücksichtigt läßt, unterschlägt einen wesentlichen Faktor. Umgangssprachlich nennt man so etwas, die Rechnung ohne den Wirt machen.

Ist nicht der Verlierer am allerbesten dran? Er war dabei, hatte eine Menge Spaß an der Börse und muß nicht einmal Steuern dafür zahlen. Der Lustpfennig wurde bekanntlich abgeschafft. Aber nicht weitersagen, sonst wird er bei der heutigen Finanzknappheit des Staates glatt wieder eingeführt.

Möglichst viel verdienen und keine Steuern bezahlen – wer möchte das nicht? An der Börse ist beides möglich, und das ganz legal. Entscheidend ist, daß zwischen Kauf und Verkauf der Aktien mindestens ein Zeitraum von sechs Monaten liegt. Nur wer diese Zeitspanne unterschreitet, muß an das Finanzamt berappen. Es handelt sich dann um Einkünfte aus Spekulationsgeschäften, die in der Steuererklärung anzugeben sind. Was zugleich besagt, daß es eine Spekulationssteuer – etwa mit festgeschriebenen Prozentsätzen – als solche gar nicht gibt. Jedermann wird im Rahmen seiner individuellen Steuererklärung vom Fiskus zur Kasse gebeten. Dabei ist klar, daß ein Spekulationsgewinn die Steuerlast erhöht. Wer beispielsweise 80 000 DM normal zu versteuerndes Einkommen hat und

30 000 DM an der Börse hinzuverdient, muß 110 000 DM versteuern, falls der Gewinn innerhalb von sechs Monaten erzielt wurde. Deswegen halten geduldige Anleger durch, und das Finanzamt geht leer aus.

Hört sich klug an, und ist es auch, kann aber in der Praxis viel Nerven kosten. Schon mancher tappte in diese selbst aufgestellte Steuer-Psychofalle. Man kauft eine Aktie am 1. Februar und ist Mitte Mai bereits mit 30 Prozent im Gewinn. Als solider und steuerehrlicher Investor verkauft man nicht, da man am steuerfreien Gewinn interessiert ist. Ende der Geschichte: Am 2. August, dem Tag, an dem man gern den vollen Gewinn eingefahren hätte, liegt man mit etlichen Prozentpunkten im Minus. Spekulantenschicksal! Es hilft kein Jammern und kein Klagen, höchstens ein guter Schluck!

Doch wie gesagt, an der Börse gewinnt man immer: Entweder Geld oder Erfahrung. Im angesprochenen Fallbeispiel leider letzteres. Man sollte daraus jedoch unbedingt Konsequenzen ziehen. Sehr spekulative Papiere verkauft man unter Umständen bereits nach drei Monaten, wenn sie einen steilen Kursanstieg hinter sich haben. Börsenkriterien und nicht Steuerkriterien sind dann gefragt.

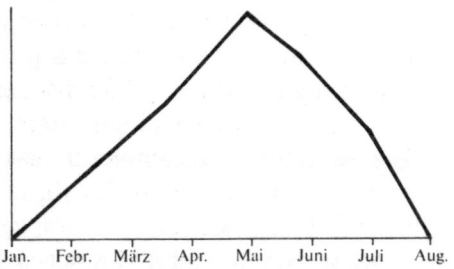

Steiler Anstieg und steiler Abstieg:
Nicht in Steuer-Psychofalle treten!

Spekulative Aktien sind äußerst volatil, also starken Kursschwankungen unterworfen. Und das zum Teil innerhalb kürzester Zeiträume. Die Devise für den Anleger kann deshalb nur lauten: Schnell rein und schnell wieder raus. Der Obulus an das Finanzamt tut dann weniger weh, wenn man dieses Spiel mehrmals im Jahr wiederholt. Es bleibt ja immer noch etwas übrig.

Hart trifft es natürlich auch denjenigen, der sich nach drei, vier Monaten mit Gewinn von solch einem Papier trennt, ehrlich seine Steuern bezahlt und nach dem Verkauf erleben muß, daß seine Aktie zur Kursrakete wird und er statt 30 Prozent zu versteuerndem 100 Prozent steuerfreien Gewinn hätte haben können. So ist die Börse! Das einzige, was hier hilft, ist Erfahrung. Der wirkliche Könner ist stark im Verkauf, und er weiß, daß im Zweifel die Gewinnmitnahme das bessere Rezept darstellt. Gerade spekulative Papiere fallen rasch in den Keller. Wer sie dann immer noch hat, befindet sich in bester Gesellschaft mit Börsensäuglingen, Romantikern und Naiven aller Art.

Kleinstanleger sind bei Kursgewinnen fein heraus, denn unter 1000 DM sind diese in jedem Fall steuerfrei, auch innerhalb der Sechs-Monats-Frist. Leider handelt es sich dabei nicht um einen Freibetrag, auf den alle Anspruch haben, sondern nur um eine Freigrenze. Verdient man über 1000 DM, muß der gesamte Gewinn versteuert werden.

Verbleibt ein kleiner Trost: Steuerehrliche Spekulanten können das Finanzamt auch am Verlust beteiligen, falls, und das ist eine unabdingbare Voraussetzung, im gleichen Kalenderjahr Gewinne erzielt wurden. Gewinne und Verluste können dann gegeneinander aufgerechnet werden, wenn sie innerhalb der Sechs-Monats-Frist zustande kamen. Wer häufig solche Geschäfte macht und dieselbe Aktie zu mehreren Terminen erwirbt, muß auf das sogenannte Lifo-Prinzip (last in, first out) achten. Das Finanzamt geht davon aus, daß die zuletzt gekauften Papiere als erste wieder verkauft werden. Dagegen kann man sich aber beispielsweise durch mehrere Depots schützen.

Mit der Versteuerung der Dividende verhält es sich etwas anders. Sie unterliegt in jedem Fall der Steuer. Irgendwelche Fristen und Freigrenzen existieren nicht. Es gibt kein Pardon!

Wehklagen ist dennoch absolut überflüssig, denn Aktien, und das muß einmal deutlich festgestellt werden, erwirbt man nicht hauptsächlich der Dividende wegen. Natürlich ist es angenehm, wenn Gewinne durch zusätzliche Renditen versüßt werden. Das ist wie Himbeereis mit Sahne! Der intelligente Investor strebt jedoch in erster Linie steuerfreie Kursgewinne an. Dividenden haben für ihn höchstens den Stellenwert von »Windfall Profits«.

Wird die Dividende ausbezahlt, erhält man von seiner Bank/ Sparkasse eine Abrechnung, die man aus steuerlichen Gründen sorgfältig aufbewahren sollte. Das Ganze sieht wie folgt aus:

> 100,- DM Dividende
> − 25,- DM Kapitalertragsteuer (25 %)
> = 75,- DM Nettobetrag, der auf dem Konto gutgeschrieben wird

Der tatsächliche Ertrag ist jedoch höher, da man zusätzlich eine Steuergutschrift erhält. Auf unser Beispiel bezogen, bedeutet das:

> 100,- DM Dividende
> + 56,25 DM Steuergutschrift (56,25 %)
> = 156,25 DM Bruttobetrag, den man insgesamt erhält und der in dieser Höhe zu versteuern ist

Daraus folgt, daß die effektiv erzielte Nettorendite nicht so niedrig ist, wie zunächst angenommen. Sie ist vom Gesamteinkommen abhängig, dürfte aber wohl in den meisten Fällen prozentual weit über der zunächst erzielten Rendite (Dividende abzüglich Kapitalertragsteuer) liegen. Selbstverständlich wird die Kapitalertragsteuer dabei angerechnet.

Am besten kommen jene Anleger weg, die überhaupt nicht zur Einkommensteuer veranlagt werden. Sie legen ihrer Bank eine vom Finanzamt ausgestellte Nichtveranlagungsbescheinigung vor und erzielen damit eine Spitzenrendite, nämlich:

> 100,- DM Dividende
> + 56,25 DM Steuergutschrift
> 156,25 DM

Dieses Traumergebnis gibt es exklusiv für steuerehrliche Aktionäre. Womit sich zeigt, daß es einem glatten Unfug gleichkommt, wenn man seine Dividende am Finanzamt vorbeimogeln will.

II. TEIL
AKTIENANALYSE

»Verstehen heißt:
Auf ein einfaches,
einheitliches Prinzip zurückführen.«

Werner Heisenberg

KONJUNKTUR- UND
BÖRSENZYKLUS

Wer das Wirtschaftswachstum der vergangenen Jahre untersucht, erkennt rasch, daß es beträchtlichen Schwankungen unterlag. Das war und ist in jedem Land der Welt der Fall und wird, solange Menschen ökonomisch handeln, auch so bleiben. Sämtliche Versuche, dauerhafte Stabilität zu begründen, sind gescheitert. Höchste Ziele wurden etwa in den sozialistischen Planwirtschaften theoretisch vorgegeben, doch diese Systeme sind in der Praxis gescheitert, und der einstige Ostblock ist mittlerweile in sich total zusammengebrochen; die Leidtragenden seiner Hinterlassenschaft sind Mensch und Natur. Aber auch in der westlichen beziehungsweise westlich orientierten marktwirtschaftlichen Welt klappt längst nicht alles reibungslos. Nahezu sämtliche Margen, die sich staatliche Wirtschaftspolitik selbst setzt, erreicht sie nicht. Auch die Etablierung eines Stabilitätsgesetzes in der Bundesrepublik Deutschland half wenig. Folgende Ziele sind darin festgeschrieben:

1. Positives Wirtschaftswachstum
2. Geldwertstabilität
3. Hoher Beschäftigungsgrad, geringe und kontrollierte Arbeitslosigkeit
4. Außenwirtschaftliches Gleichgewicht

Legt man die effektiven Zahlen zugrunde und geht bis zur Entstehungszeit der Bundesrepublik im Jahre 1948 zurück, das uns auch die Währungsreform bescherte, so finden wir lediglich vereinzelt Jahre, in denen die Ziele erreicht wurden. Zuletzt zu Zeiten Ludwig Erhards, dem Vater unserer stabilen D-Mark, der

65

Tobsuchtsanfälle bekam, wenn die Inflationsrate über 2,5 Prozent anstieg. Heute haben wir uns an ganz andere Zahlen gewöhnt. Manche Länder wären froh, wenn sie eine Rate von 5 Prozent anpeilen und einfrieren könnten. Dabei ist das theoretische Rezept einfach: Geldmenge und Gütermenge müssen ungefähr gleich groß sein beziehungsweise in gleichem Maße anwachsen.

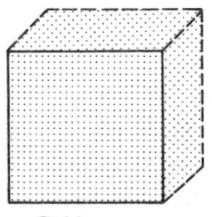

Gütermenge
Menge aller produzierten
Güter und Dienstleistungen.

Geldmenge
Hat häufig eine gefährliche
Tendenz zum
unkontrollierten Wachstum.

Bevor Börsianer im Ausland investieren, sollten sie einmal einen Blick auf Geld- und Gütermenge richten. Sie tun das viel zu selten und wundern sich später über Mißerfolge. Einzelne Unternehmen können noch so gut und erfolgreich sein, doch wenn die Rahmenbedingungen nicht stimmen, wird es früher oder später Schwierigkeiten geben.

Es gibt eben nicht nur unternehmerisches Mißmanagement, sondern auch staatliches. Die Diskussion über den Standort Deutschland zeigt etliche unserer Schwächen auf, die zwingend behoben werden müssen. Bestimmt nicht ideal, aber wesentlich effizienter und weniger zimperlich geht man in Japan vor. Wenn wir nicht aufpassen, sind wir in zehn, 15 Jahren reine Dienstleister und die Japaner die Produzenten. Auch in den Vereinigten Staaten läuft der Trend in diese Richtung.

Nicht nur für Ökonomen, auch für den Anleger ist es bedauerlich, daß es keine gesicherte Konjunkturtheorie gibt. Die Zyklen werden auch in Zukunft bestehen, aber keineswegs vorhersehbar sein. Nur am typischen Ablauf der einzelnen Phasen dürfte sich wenig ändern.

66

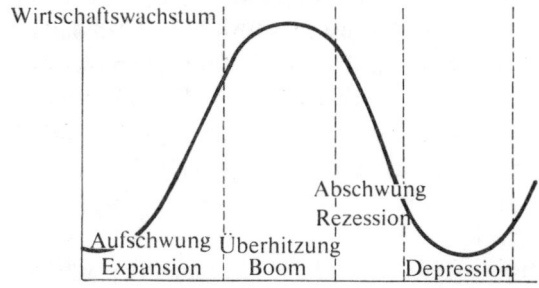

Konjunkturzyklus

In der expansiven Phase herrscht starke Aktivität. Unternehmergewinne und private Haushaltseinkommen steigen und tendieren weiter nach oben. Dies führt zu steigendem Verbrauch, was wiederum zur Erweiterung der Produktion führt. Die Kapazitäten der Unternehmen sind voll ausgelastet. Neue Maschinen und Anlagen müssen gekauft werden und bescheren der Investitionsgüterindustrie ebenfalls hohe Zuwachsraten. Die Expansion erfaßt alle Bereiche der Volkswirtschaft und mündet schließlich in einen von ökonomischer Hektik gekennzeichneten Boom.

Diese Entwicklung wird zwangsläufig immer wieder so erfolgen, da man irgendwann an Kapazitätsgrenzen stoßen muß. Was volkswirtschaftlich logisch anmutet, hat sich in den einzelnen Branchen leider noch nicht genügend herumgesprochen. So sind zum Beispiel in der sehr konjunktursensiblen deutschen Maschinenbauindustrie geradezu verhängnisvolle Managementfehler gemacht worden. Ausgerechnet in der Überhitzungsphase investierten einige Unternehmen besonders stark und konnten hinterher die neu geschaffenen Kapazitäten überhaupt nicht mehr nutzen. Im Gegenteil, es kam zu Entlassungen, die Finanzierungsprobleme nahmen überhand, und die Aktienkurse fielen derart in den Keller, daß die Charts, die Kursverlaufskurven, ungefähr die Steilheit der Eiger-Nordwand widerspiegelten.

Steigende Preise führen zu steigenden Löhnen. Das »Undsoweiter« ist bekannt. Alle jubeln, sogar die Gewerkschaften. Nur die Bundesbank nicht, denn sie steht jetzt vor ihrer heikelsten Aufgabe. Sie kann ihre Existenz überhaupt nur dadurch rechtfertigen, daß sie den Geldwert stabil hält. Und der ist an dieser Nahtstelle der Konjunktur in Gefahr. Also wird sie an der Zinsschraube drehen müssen. Mit der Konsequenz, daß man in eine Rezession abgleitet. Das ist nicht tragisch, wenn es zu einer sanften Landung kommt. Doch nicht alle Piloten sind Künstler, weshalb Bruchlandungen, selbst schwere Crashs, nicht ausgeschlossen sind.

Kluge Börsianer haben diese Entwicklung schon lange vorausgesehen, ihre Papiere rechtzeitig verkauft und gehen erst einmal eine Weile auf Tauchstation. Sie sammeln Gelder, die sie beim Übergang der Rezession in die depressive Phase für neue Transaktionen einsetzen. Während der Depression kommt es nicht nur zu Verlusten, sondern einige Unternehmen geraten in echte Existenzschwierigkeiten. Scharen von Arbeitnehmern sind von Kurzarbeit betroffen oder werden, noch schlimmer, von Arbeitslosigkeit heimgesucht. Tiefster Pessimismus herrscht. Daß es auch nach oben geht, glaubt keiner. Am besten dran sind noch relativ konjunkturunabhängige Unternehmen wie etwa die der Nahrungsmittelbranche. In den zyklischen Branchen sieht es dagegen zappenduster aus.

Die Börsenwelt lebt von der richtigen Einschätzung der Zukunft. Eine exakte Prognose ist allerdings niemandem möglich. Es gibt hierfür kein Instrumentarium. Dennoch zeigt sich deutlich, daß Spekulanten hochsensibel für wirtschaftliche Prozesse und Schwankungen sind. Sie haben nicht immer recht, doch lehrt die Vergangenheit, ihre Aktivitäten ernst zu nehmen. Hält sich beispielsweise die Mehrheit der Anleger mit Käufen zurück, geht sie zögernd oder über die Maßen hektisch vor, kann man daraus auch Schlüsse für die Gesamt- und Branchenkonjunktur ziehen. Wohlgemerkt, die Masse der Anleger hat nicht immer recht, aber man sollte ihre Kauf- und Verkaufneigungen mit ins Kalkül ziehen. Konjunkturexperten und Börsenspezialisten vermögen genau da voneinander zu lernen.

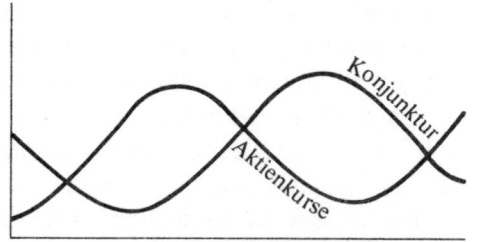

Idealtypischer Konjunktur- und Börsenzyklus:
Die Börse ist immer einen Schritt voraus.

Börsianer sind ganz offenbar Hellseher. Falls alles wirklich so
analog zu obigen Schaubildern verläuft, ist erfolgreiche Spekulation doch wirklich keine Kunst und eigentlich eine Sache für
jedermann. Die Praxis ist anders. Wer hat denn den Mut, inmitten einer schweren Depression Aktien zu kaufen? Nur ganz
wenige, aber die sehen bereits Expansion und Boom voraus.
Sind diese Stadien dann wiederum erreicht, haben sich allerdings viele andere Investoren bereits zuvor von ihren Aktienbeständen getrennt, deren Annahmen bezüglich der kommenden
Entwicklung auf einem noch längeren Anhalten von Rezession
und Depression basierten.

Theoretisch klingt das alles sehr einfach. In der Realität verzö-
gern sich die konjunkturellen Phasen jedoch häufig. Sie sind
schwierig einzuschätzen. Ob Unternehmer oder Universitäts-
professor für Volkswirtschaftslehre, beide haben ihre spezifi-
schen Schwierigkeiten. Ich sprach mit einem Unternehmer, der
seine Branche 30 Jahre lang nicht nur beobachtete, sondern der
als Geschäftsmann eben auch hautnah am Marktgeschehen
teilnahm. Sein ursprüngliches Ziel, die Branchenkonjunktur
objektiv zu analysieren, um unternehmerisch perfekt und optimal darauf zu reagieren, hatte er relativ bald aufgegeben. Heute
ist er froh, wenn seine Entscheidungen einigermaßen mit
der nachfolgenden und tatsächlichen Entwicklung in Einklang
stehen.

Was nichts daran ändert, daß für den versierten Anleger die
Beobachtung des Konjunkturzyklus unerläßlich ist. Wer Geldanlage als solide Beschäftigung begreift, die langfristig wirkliche

Gewinne bringen soll, kommt um diese Materie nicht herum, so wichtig andere, zusätzlich einfließende Betrachtungsweisen natürlich sind. Der erfolgreiche Börsianer denkt, was wirtschaftliche Faktoren anbetrifft, vernetzt. Dennoch: Wer Konjunkturspezialist wird, hat nach bisheriger Erfahrung die relative Sicherheit, daß er im Kern langfristig gute Ergebnisse erzielt.

Greift man den Börsenzyklus isoliert heraus, ergibt sich folgendes Bild:

Modell des stets wiederkehrenden Zyklus an der Börse:

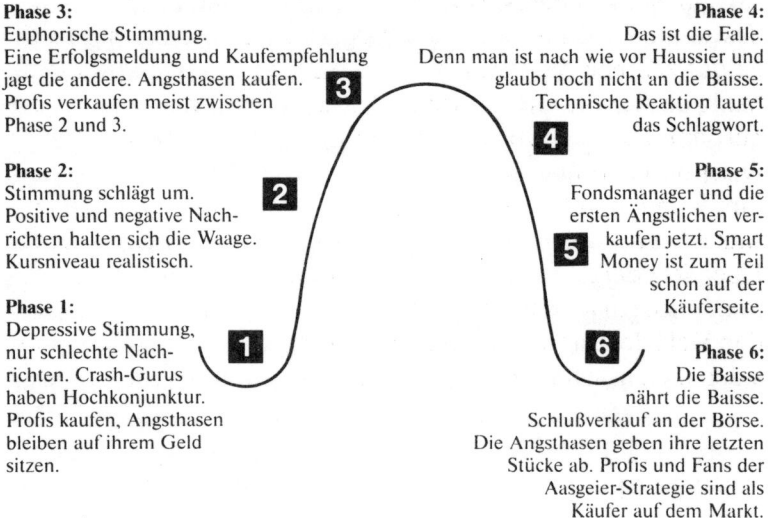

Phase 3:
Euphorische Stimmung.
Eine Erfolgsmeldung und Kaufempfehlung jagt die andere. Angsthasen kaufen.
Profis verkaufen meist zwischen Phase 2 und 3.

Phase 2:
Stimmung schlägt um.
Positive und negative Nachrichten halten sich die Waage. Kursniveau realistisch.

Phase 1:
Depressive Stimmung, nur schlechte Nachrichten. Crash-Gurus haben Hochkonjunktur. Profis kaufen, Angsthasen bleiben auf ihrem Geld sitzen.

Phase 4:
Das ist die Falle.
Denn man ist nach wie vor Haussier und glaubt noch nicht an die Baisse. Technische Reaktion lautet das Schlagwort.

Phase 5:
Fondsmanager und die ersten Ängstlichen verkaufen jetzt. Smart Money ist zum Teil schon auf der Käuferseite.

Phase 6:
Die Baisse nährt die Baisse. Schlußverkauf an der Börse. Die Angsthasen geben ihre letzten Stücke ab. Profis und Fans der Aasgeier-Strategie sind als Käufer auf dem Markt.

Legen Sie dieses Modell ihren eigenen Analysen und Studien zugrunde. Wer die einzelnen Stadien auch nur in etwa herausfindet und seine eigenen Käufe und Verkäufe nach diesen Interpretationen durchführt, wird erfolgreich sein.

AKTIEN UND ZINSEN

Auf die Frage, was ist von allen Börsenindikatoren der wichtigste, gibt es nur eine Antwort: die Zinsen. Gemeint ist natürlich das gesamte Zinsniveau und im besonderen der Diskontsatz. Er ist das zentrale Steuerungsinstrument der Deutschen Bundesbank, da sich die Geschäftsbanken zu diesem Prozentsatz Geld bei der Bundesbank beschaffen können. Unmittelbar nach einer Diskontsatzerhöhung geben die Banken die höheren Zinsen an ihre Kunden, die Kreditnehmer, weiter. Je höher der Diskontsatz ist, um so teurer werden die Kredite. Wie die nachfolgende Übersicht zeigt, war der Diskontsatz zuletzt im Jahre 1987 mit nur 3 Prozent auf seinem niedrigsten Stand in der zurückliegenden Dekade. Das historische Hoch verkündete Bundesbankpräsident Schlesinger am 16. Juli 1992. An diesem Tag setzte er den

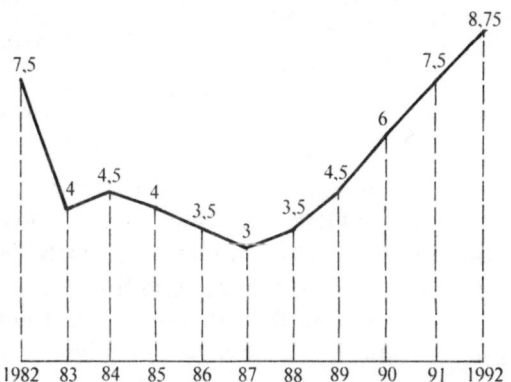

10 Jahre Diskontsatz in Deutschland:
Die Zinsen müssen herunter.

71

Diskontsatz von 8,0 auf 8,75 Prozent herauf. Daß die Börse hierüber nicht begeistert war, versteht sich; auch Häuslebauer hatten wenig Grund zur Freude. Hochkonjunktur herrschte nur in einer Branche, bei den Schuldnerberatern.

Der Objektivität halber muß man natürlich ergänzen, daß die Preissteigerungsraten einen wesentlichen Anteil an dieser Entwicklung haben. Zudem trägt der Staat eine erhebliche Mitverantwortung, da er die Schulden fast schon aus dem Ruder laufen läßt und seinen Appetit auf Kredite nach wie vor nicht zügelt. Das einzig vernünftige Rezept, das auch jedem Unternehmen und jedem privaten Haushalt verordnet wird, heißt sparen. Doch das hat man in Bonn immer noch nicht genügend begriffen.

Die Beobachtung des Diskontsatzes ist für jeden Anleger ein klares Muß. Alles, was damit zusammenhängt, sollte er seinen gesammelten Börsenunterlagen beifügen und gleich auch so mit der Inflationsrate verfahren, denn auch sie ist wesentlich mitentscheidend für die Entwicklung der Zinsen und der Aktienkurse.

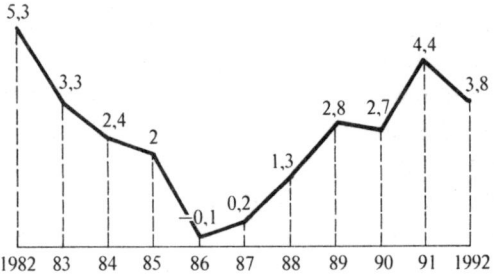

Preissteigerungsraten 1982–1992

Die Kurve der Inflationsrate verläuft zwar nicht ganz exakt parallel zu der des Diskontsatzes, aber eine Ähnlichkeit besteht eindeutig. Das muß auch so sein, da die Bundesbank der Entwicklung immer etwas hinterherhinkt, bis der Zeitpunkt kommt, an dem sie übertreibt, quasi über das Ziel hinausschießt und später dann kräftig gegensteuern muß. Werfen Sie hierzu doch noch einmal einen Blick auf die Graphik auf Seite 71. Der Anhebung auf 7,5 Prozent im Jahre 1982, welche die Preise

72

gewaltig nach unten trieb, folgte die radikale Absenkung des Diskontsatzes auf 4 Prozent. Die Korrektur, zu der man sich im darauffolgenden Jahr veranlaßt sah, war übrigens unnötig. Konträr dazu verlaufen natürlich die Aktienkurse, wie der Vergleich zeigt:

Deutsche Aktien von 1982–1992

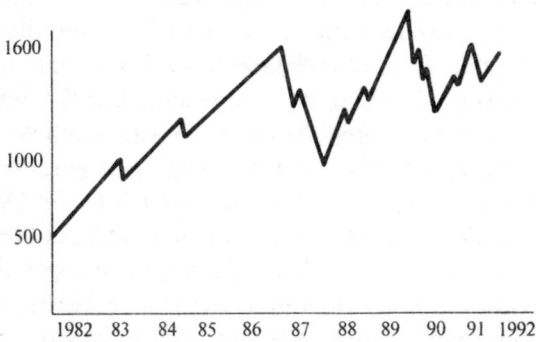

Wer sich als Börsianer ein Bild vom Gesamtmarkt eines Landes machen will, sollte eine ganz einfache Frage nicht vergessen. Sie lautet: Wann begann die letzte große Hausse? Anschließend gilt es, intensiv nach den Gründen zu suchen, die diese auslösten. Auch wenn mehrere Faktoren zusammenwirken, einer ist stets dabei: der Zinssatz. Genausogut kann er natürlich auch für Baissen ursächlich sein.

Doch zurück zur Ausgangsfrage, die einfach zu beantworten ist. Im Jahr 1982 stand der deutsche Diskontsatz bei 7,5 Prozent, gleichzeitig waren die Aktienkurse im Keller. Nach der abrupten Senkung kamen 1983 die Börsenkurse so richtig in Schwung. Sicher wird man jetzt einwenden, daß auch der Regierungswechsel im Herbst 1982 seinen Anteil daran hatte. Die Hauptursache lag jedoch eindeutig in der drastischen Diskontsatzsenkung.

Die Zinspolitik der Bundesbank muß laufend überwacht werden. Sie wird in Zukunft noch differenzierter ausfallen müssen, und sie wird sich wegen der übergroßen Schulden und der zu hohen Kreditaufnahme noch schwieriger gestalten. Der Spielraum ist längst nicht mehr so groß wie in den vergangenen

73

Jahren. Vor jeder Sitzung des Zentralbankrats der Deutschen Bundesbank steigt die Spannung an der Börse. Man hält die Luft an und atmet erst wieder frei durch, wenn die Gefahr einer Leitzinserhöhung vorüber ist.

Aus heutiger Sicht kann man für die Börsenjahre 1993 und 1994 eine leichte Entwarnung geben. Aufgrund der bisherigen Hochzinspolitik, die übrigens vom Ausland zum Teil vehement kritisiert wird, wird man die Geldmengenziele und die Preisauftriebstendenzen in den Griff bekommen, also zeigt die Richtung eindeutig nach unten. Wahljahre sind gute Börsenjahre, so lautet ein alter Wall-Street-Slogan, der sich auch bei uns bewährt hat. Das wird 1994 wieder so sein. Mit einer Politik des leichten Geldes läuft die Konjunktur wieder flotter. Die Börsianer sehen es gerne und nehmen dieses Szenario vermutlich schon 1993 vorweg. Die einzig möglichen Störfeuer können von den Politikern selbst kommen, was sie schon oft genug bewiesen haben. Leider sind natürlich auch stets internationale Beeinträchtigungen möglich, die kein Mensch voraussehen kann. Wie oft schon haben in letzter Zeit politische Turbulenzen ebensolche an den Weltbörsen verursacht; man braucht dabei nur an den Golfkrieg im Frühjahr 1991 oder den Putschversuch gegen Gorbatschow vom August 1991 in der ehemaligen Sowjetunion zu denken.

Die internationale Zinspolitik wird sich in Zukunft kooperativer gestalten müssen. Länder, die sich nicht an gemeinsam gefaßte Zinsbeschlüsse halten und aus der Zinsfront ausscheren, müssen aufpassen, daß sie nicht zu sehr in die Isolation geraten. Börsianer sind gut beraten, solche Entwicklungen intensiv zu beobachten und als Konsequenz des öfteren auch mal das Anlageland zu wechseln.

DAS KURS-GEWINN-VERHÄLTNIS

Viel wird darüber geschrieben und spekuliert, ob dieser oder jener Aktienkurs zu Recht besteht, ob er nicht übertrieben hoch sei oder gar zu niedrig, was auch behauptet wird. In diesem Fall ist des Rätsels Lösung einfach. Der im Kurszettel ausgedruckte Kurs ist, vorausgesetzt, es handelt sich nicht um einen Druckfehler, immer richtig. Er ist der durch Angebot und Nachfrage zustande gekommene Kurs, an dem Sie, ich, sämtliche weltweit aktiven Börsianer mitgewirkt haben. Auch wer erst später in den Markt eingreifen will, wirkt indirekt bereits mit; eben in Form seiner vorläufigen Zurückhaltung. Diesen börsentäglich und im besten Sinne des Wortes marktwirtschaftlich ermittelten Kurs müssen wir alle uneingeschränkt akzeptieren. Reflexionen über den richtigen, fairen, ehrlichen und gerechten Kurs sollten wir Leuten überlassen, die viel Zeit übrig haben und Freude an börsenphilosophischen Fragestellungen mitbringen.

Anders verhält es sich beim Kurs-Gewinn-Verhältnis. Es kann uns zwar keinen hundertprozentigen Anhaltspunkt geben, dafür vermittelt es aber relative Sicherheit, was im Vorfeld einer Anlageentscheidung schon sehr viel ist. Durch den Einsatz des Kurs-Gewinn-Verhältnisses (KGV) werden Aktien und vor allem Aktiengruppen etwas transparenter und damit vergleichbarer. Wer den Kursteil seiner Tageszeitung aufschlägt, sieht auf den ersten Blick billige und teure Aktien, mit anderen Worten, er wundert sich, warum eine Aktie 70 Pfennig kostet und eine andere über 10 000 DM. Das kann doch nicht sein! Was sind das bloß für chaotische Zustände?

Unbestritten ist der Gewinn eines Unternehmens die wichtigste betriebswirtschaftliche Erfolgskennziffer. Auch wenn man über Abschreibungsnotwendigkeiten und andere Bilanzraffinessen geteilter Meinung sein kann, der Bilanzgewinn steht am Ende einer Zeitperiode fest. Teilt man den Bilanzgewinn durch die Anzahl sämtlicher Aktien eines Unternehmens, erhält man den *Gewinn pro Aktie.* Sodann dividiert man den Aktienkurs durch den Gewinn pro Aktie und erhält als Ergebnis das Kurs-Gewinn-Verhältnis.

$$KGV = \frac{\text{Aktienkurs}}{\text{Gewinn pro Aktie}}$$

Einige Probleme liegen dabei natürlich auf der Hand. Während der aktuelle Aktienkurs klar feststeht, ist der ebenso festliegende Gewinn eine Größe aus der Vergangenheit und verliert eben dadurch an Aussagekraft. Will man den Gesamtsachverhalt aktualisieren, muß man schätzen. Das ist Aufgabe der Analysten aus den Banken, Anlageinstituten und Brokerhäusern. Oft reichen ihre Gewinneinschätzungen über aktuelle Daten hinaus und erstrecken sich auf das nächste oder übernächste Jahr, wohl wissend, daß man sich dabei auf wackligem Grund befindet. Einige amerikanische Broker sind inzwischen dazu übergegangen, ihre Analysten erfolgsorientiert zu honorieren; wer die besten Gewinnprognosen liefert, wird auch am besten bezahlt. Bei den zigtausend Aktien allein in den Vereinigten Staaten ist das keine leichte Aufgabe, aber nur so können unterbewertete Unternehmen entdeckt werden.

Die börsenpraktikable Formel lautet also:

$$KGV = \frac{\text{Aktueller Aktienkurs}}{\text{Geschätzter Gewinn}}$$

Als Ergebnis kommt dabei eine Zahl heraus, die Vergleichswert besitzt. Beträgt das KGV beispielsweise acht, so wird die Aktie mit dem achtfachen Jahresgewinn an der Börse bewertet; es handelt sich also um ein niedriges KGV. Lautet das KGV auf 30, kann man dagegen von einem hohen sprechen. Richtig aussagekräftig wird diese Kennziffer aber erst, wenn man sie in Relation zu anderen Aktien derselben Branche setzt. Dazu entwickelt man ein Gesamt-Branchen-KGV. Darüber hinaus wird das durchschnittliche KGV des gesamten Aktienmarktes, etwa des deutschen, errechnet.

Über die Notwendigkeit, die verschiedenen Relationen herzustellen, sind sich fast alle Börsianer einig. Das Problem liegt in der Interpretation. Sie kann naturgemäß nicht einheitlich ausfallen! Dennoch konnte man oft tendenziell richtige Aussagen machen, die für den international operierenden Aktionär eine große Hilfe darstellten. Ein Beispiel: Viele Analysten warnten vor der japanischen Börse und verwiesen auf das im Weltvergleich weit über dem Durchschnitt liegende KGV. Inzwischen wissen wir, daß die Warnungen berechtigt waren; die japanischen Aktien wurden kräftig zurechtgestutzt und auf ein fast »normales« KGV gebracht. In diesem Zusammenhang halte ich weiter meine These der Internationalisierung aufrecht, wie ich sie bereits in meinem Buch »Börsenfieber – Strategie der Profis« zum Ausdruck brachte. Sie besagt, daß sich die KGVs weltweit annähern werden. Zwar niemals exakt, dazu sind die Unterschiede der einzelnen Länder viel zu groß, aber die ganz extremen Differenzen werden verschwinden. Das liegt nicht zuletzt daran, daß die Aktionäre immer besser informiert sind und ihre Bereitschaft, überteuerte Aktien zu kaufen, mehr und mehr abnimmt.

Fazit: Das KGV ist eines der wichtigsten Anlagekriterien. Oft stellt es den Kern und Ausgangspunkt einer Anlageentscheidung dar. Sogar Chartisten, die ansonsten wenig von fundamentalen Daten halten, ignorieren es selten. In vielen Charts wird es sogar ausdrücklich angegeben. Auf keinen Fall aber darf man es als absolut setzen. Aktien aus Branchen wie Versicherungen und Immobilien haben oftmals ein sehr hohes KGV. Wer zum Niedrig-KGV-Fetischisten wird, geht an diesen Aktien zu Unrecht vorbei und verzichtet auf solide Substanztitel, die noch dazu gute Kurschancen haben. Oder wie sieht es bei Unternehmen aus, die ein oder zwei Jahre lang nur Verluste einfahren? Die haben überhaupt kein KGV, dennoch können sie die Börsenrenner der Saison werden. Wer das KGV realistisch betrachtet, wird viele große Fehler vermeiden, wer darüber hinaus einen guten Teil psychologischer Interpretation mit einbringt, ist ein auf Dauer erfolgreicher Analyst und Investor.

BÖRSENGEWINNE –
ZUFALL ODER METHODE?

BÖRSENTHEORETISCHE ANSÄTZE

Wer findet den richtigen Weg durch den Börsendschungel?
Kann man die Börse überhaupt analysieren, oder muß man sich
mit reiner Intuition zufriedengeben? Zweifelsohne bietet das
hochkomplexe und über die Maßen sensible System Börse
vielfältige Perspektiven und Ansatzmöglichkeiten. Es hängt vom
subjektiven Standpunkt ab, von beruflicher Ausbildung wie von
Lebens- und Börsenerfahrung, für welchen Ansatz man sich
schließlich entscheidet. Auch eine Kombination mehrerer Ansätze ist denkbar. Letzten Endes gibt aber nicht die Theorie,
sondern der praktische Börsenerfolg den Ausschlag. Sicher ist
der erfolgreiche Börsenpraktiker immer im Recht; alles spricht
für ihn. Dennoch darf an dieser Stelle theoretisches Wissen, von
dem Hegel behauptet, daß es mehr leistet als die Praxis, nicht
einfach unterschlagen werden. Schließlich wimmelt die Börsenwelt davon, und wie immer ist einiges lehrreich, anderes amü-
sant.

Volks- und betriebswirtschaftlich orientierte Anleger haben
die fundamentalen Rahmenbedingungen sowie die ökonomisch
relevanten Daten des einzelnen Unternehmens im Visier. Monetaristen analysieren und prognostizieren die aktuelle und zu-
künftige Geldmenge. Von beiden Ansätzen wenden sich die
Chartisten ab und behaupten, alles stecke im Kurs. Akribisch
untersuchen sie deshalb den Kursverlauf einer Aktie mittels
technischer Analyse. Wellentheoretiker stellen die Analyse der
einzelnen Aktie hintenan und erforschen die großen Konjunk-

tur- und Börsentrends der Gesamtmärkte. Für die Börse als Seele der Wirtschaft fordern Psychologen mit Recht ihren Anteil am Analyse-Szenario. Fast selbstverständlich, daß in deren Gefolge rasch Astrologen auf den Plan traten. Um das Chaos komplett zu machen, melden sich in jüngster Zeit Chaos-Theoretiker zu Wort und stecken ihre Claims ab.

Um es klar zum Ausdruck zu bringen: Es geht mir nicht darum, irgendeine Richtung als ungerechtfertigt darzustellen und zu kritisieren. Jeder hat seine Sichtweise, und jeder Ansatz hat auf seine Weise etwas für sich. Was ich Ihnen biete, ist nicht mehr als ein erster Einblick, eine Übersicht. Theoretische Studien und praktische Erfahrungen werden dem reflektierenden Börsianer schließlich den eigenen, erfolgreichen Weg weisen. Dieser wird allerdings mitunter etwas steinig sein. Und wem manche theoretischen Ansätze als kompliziert erscheinen, wird in Erfahrung bringen, daß die Börsenwirklichkeit noch komplizierter ist.

Übersicht börsentheoretischer Ansätze

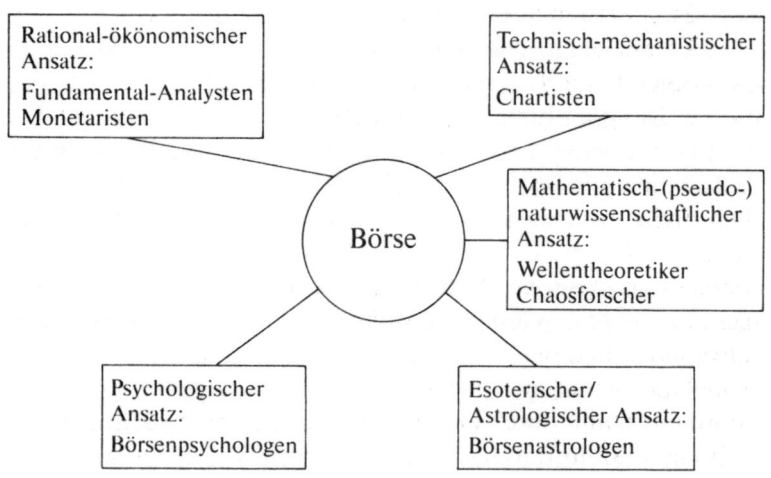

Volkswirtschaftlich orientierte Fundamental-Analysten untersuchen den Zusammenhang zwischen Konjunktur- und Börsenzyklus, wie er Ihnen ja bereits vom ersten Kapitel des Teils II her bekannt ist. Betriebswirtschaftler erarbeiten das Kurs-Gewinn-Verhältnis einzelner Unternehmen. Unternehmensbilanzen und Branchenanalysen sind ihr bevorzugtes Objekt. Monetaristen nehmen sich vor allem der globalen Finanzanalyse an. Es leuchtet ein, daß jeder einzeln untersuchte Bereich von eminenter Bedeutung für Wirtschaft und Börse ist.

Auf der Basis einer fundamentalanalytischen Betrachtungsweise wird es erst dann zu einer klaren Aussage und späteren Prognose über eine Aktie kommen, wenn zuvor eine differenzierte Unternehmensanalyse ausgearbeitet wurde. Im einzelnen gehören dazu weitere Untersuchungen über:

Produkte und Märkte;
Management/Unternehmensdynamik;
Public-Relation-Strategien;
Stellung innerhalb der Branche;
Finanzlage/Liquidität/Cashflow;
Rentabilität (Eigenkapital, Umsatz);
Auftragseingang/Kapazitätsauslastung.

Selbst die umfassendste Analyse kann nicht vollständig sein. Sie beschreibt exakt auch immer nur die Vergangenheit bis hin zum Ist-Zeitpunkt. Aus diesem Grund bleibt eine gewisse Kritik stets berechtigt. An viele Daten und Fakten, die wichtige Rückschlüsse liefern würden, kommt man fast nicht heran. So ist etwa der Stand der aktuellen Forschung für eine ganze Reihe von Unternehmen entscheidend für den zukünftigen Erfolg. Wird ein Durchbruch erzielt – etwa in der medizinischen Forschung –, kann der Aktienkurs unerwartet explodieren. Kein Analyst kann darüber eine Aussage machen.

Analysten, die fundamentale Fakten über ein Unternehmen suchen, haben vor allem das Ziel, billige/preiswerte Aktien zu finden. Wenn zum Beispiel ein im Kern gutes, solides Papier in einen unerklärlichen Abwärtstrend einmündet, dann müssen sie so schnell wie möglich dafür eine ökonomische Begründung liefern. Es leuchtet ein, daß das nicht einfach ist. Höchst problematisch wird es dann, wenn gar keine objektiven betriebswirtschaftlichen Gründe vorliegen. In diesem Fall muß auch der Analyst in eine Grauzone hinein Vermutungen anstellen. Möglicherweise trennt sich ein Aktionär von einem größeren Paket Aktien aus ganz privaten Gründen. Oder mehrere Kleinaktionäre stoßen Papiere ab. Fehlen in solchen Situationen genügend Käufer, driftet der Kurs sofort nach unten ab. Zu einem Kurseinbruch kann es auch kommen, wenn sich ein Investmentmanager gerade auf Kosten dieser Aktie Liquidität verschafft. Wohl dem Börsianer, der in solchen Sondersituationen, die häufig genug vorkommen, einen guten Analysten zur Hand hat, der ihn berät. Es bedeutet eine klare Kaufgelegenheit, wenn ein Kurs fällt, ohne daß sich fundamentale Fakten ändern. Doch welcher Kleinanleger erhält hierzu in der Praxis die erforderliche Hintergrundinformation?

Möglicher Ausweg aus diesem Dilemma: Wer Zeit hat, sollte kleinere und mittlere Aktiengesellschaften ins Visier nehmen. Hier liegt noch ein ganzes Feld brach, zumal sich die Top-Analysten der Banken aus internen Beteiligungsgründen, aber auch wegen Provisionen mehr um die Großunternehmen, die breiten Standards, kümmern. Kleinunternehmen sind nicht immer auskunftsfreudig, doch bisweilen schon. Manchmal auch dann, wenn sie in der Krise sind, und dann wird die Sache besonders interessant.

Ein weiterer praktikabler Ansatzpunkt liegt im Vergleich von zwei, drei Unternehmen aus derselben Branche mit ähnlicher Produktstruktur. Letztere muß stark beachtet werden, denn wer beispielsweise Maschinenbauunternehmen analysiert, darf die großen Produktunterschiede nicht außer acht lassen, denn sonst läuft die Geschichte auf die berühmte »Äpfel-mit-Birnen-Nummer« hinaus. Doch wenn man den Hebel am richtigen Punkt ansetzt, entdeckt man des öfteren erstaunliche Diskrepanzen. Vergleichbare Aktien werden vom Markt höchst unterschiedlich bewertet. Sprechen nicht fundamentale Fakten dagegen, erwirbt man die preiswerteste von ihnen, falls man von der Branche an sich nach wie vor überzeugt ist.

Die Fundamentalanalyse bietet dem sicherheitsbetonten Anleger eine solide Grundlage für seine Entscheidungen. Dennoch reichen fundamentale Daten für den Börsenerfolg allein nicht aus. Deshalb sollte der Investor weitere Ansätze, die in Harmonie mit seiner eigenen Persönlichkeit stehen, integrieren. Wer beispielsweise gerne mit den großen Standards handelt und die Fähigkeit hat, sich sensibel in massenpsychologische Entscheidungsprozesse einzufühlen, wird an der Börse überdurchschnittlich erfolgreich sein.

Ergänzen kann man sein Konzept auch durch einen klugen Umgang mit der *monetären Analyse*. Nicht immer, aber oft genug, bekommt man sie frei Haus geliefert. So zum Beispiel den dauerhaften Stellungskrieg, den die Bundesbank gegen die Geldmenge führt. Der Anleger braucht lediglich die vielen Meldungen über das Geldmengenziel, den Geldmengenkorridor, die Geldmengenexpansion sorgsam zu studieren und seine entsprechenden Schlüsse daraus zu ziehen. Meistens liegen die sogar auf der Hand, und es bedarf gar keiner tiefschürfenden Untersuchungen.

In der Vergangenheit hat sich gezeigt, daß die Analyse der Geldmenge allein nicht ausreicht, was jedoch irgendwelche Börsengurus nicht davon abgehalten hat, darauf monokausale Theoriengebäude zu errichten, die allerdings keine Bestätigung in der Börsenpraxis fanden. Aktienkurse entstehen durch Angebot und Nachfrage, das vergessen diese Wanderprediger scheinbar notorisch. Also: Nicht alles glauben, auch wenn es noch so oft heruntergebetet wird!

Das bereits vorgestellte Studium des Zinszyklus ist aber für jeden Börsianer wichtiger. Die ganze Anlagewelt schaut darauf, deshalb kann man nicht darauf verzichten. Wer den Mut aufbringt, in eine Hochzinsphase hinein zu investieren, hat gute Chancen, Geld zu verdienen. Vorausgesetzt, er hat ausreichend Zins- und Timing-Erfahrung – und viel Geduld.

Insgesamt ist auch die Reichweite der monetären Analyse zu

gering, wenn man sie als ausschließliche Methode betreiben will. So sind wichtige Aussagen zur Liquidität nur eingeschränkt möglich. Die statistische Erfassung ist überhaupt nicht aussagekräftig. Es zählt ja nur jenes freie Geld, das für einen effektiven Börseneinsatz zur Verfügung steht. Dieses zu ermitteln ist nicht möglich. Mittel- und langfristig können wir Börsianer jedoch sehr zuversichtlich sein, da in Zukunft immer mehr Anleger den Aktienhandel für sich entdecken werden. Folglich wird eine gewaltige Menge Liquidität in die Märkte strömen und zu steigenden Kursen und Profiten führen.

Die monetäre Analyse erfaßt zudem ferner nicht den gesamten Bereich der Spezialaktien. Hier muß man vor Ort gehen und fundamental recherchieren, Charts auswerten und das Käufer-/Verkäuferverhalten unter die Lupe nehmen. Sondersituationen können immer auftreten. Das wird vor allem dann deutlich, wenn einzelne Aktien völlig konträr zum Gesamtmarkt tendieren.

Leider zeigt sich, daß Fundamentalanalyse und monetäre Analyse keine Allheilmittel oder Wunderwaffen sind, deren sich der geschulte Börsianer nach Belieben bedienen kann. Beide bedeuten zunächst einmal harte Arbeit für die Analysten, was unsere volle Anerkennung verdient. Ohne deren Job fehlte dem Investor die Basis für seine Entscheidungen. Zielsetzung sollte es sein, im durchdachten Umgang mit diesen Basis-Informationen es zur persönlichen Meisterschaft zu bringen.

CHARTANALYSE

Charts sind für viele versierte Anleger das ganz besondere Börsenelixier. Wer kann und will darauf schon verzichten? Zunächst einmal ist der Chart nichts anderes als die graphisch präzise Darstellung des bisherigen Kursverlaufs einer Aktie. Überzeugte Chartanalysten machen das gleiche wie überzeugte Fundamentalanalysten, sie schauen gleichfalls zuerst in die Vergangenheit zurück, erstellen daraufhin eine möglichst genaue Diagnose und leiten auf deren Basis eine Prognose ab. Kann

84

diese Vorgehensweise grundsätzlich methodisch überzeugen? Ja, mit Einschränkung, lautet die Antwort.

Eine lupenreine, mathematisch stimmige Extrapolation, eine naturwissenschaftlich abgesicherte Gesetzmäßigkeit ist natürlich ausgeschlossen. Das muß von vornherein klargemacht werden. Zum Glück, denn gäbe es so etwas, verkäme die Börse zum kalkulierbaren Computerspiel.

Auch wenn die Aussagekraft beschränkt bleiben muß, ist die Chartanalyse dennoch von großem Nutzen und stellt die ideale Ergänzung zur fundamentalen Analyse dar. Testen Sie sich selbst, und Sie stellen fest, daß Sie schon beim ersten Blick auf einen Chart mit seiner Analyse beginnen.

»Und wie gehts weiter . . .?«

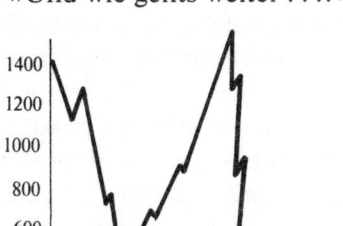

Was sagen Sie jetzt? Meine These stimmt, oder etwa nicht? Auch wenn es nicht ausdrücklich zu einer Theorienbildung kommt, bastelt man doch implizit, etwa in Form eines inneren Monologs, an einer künftig wahrscheinlich eintretenden Kursentwicklung. Und darin besteht gleich die ganze Aufgabe, nichts anderes wollen solide Chartisten mit der Chartanalyse erreichen: Aussagen mit einem hohen Wahrscheinlichkeitsgrad. Nur Verrückte sprechen von Wahrheit, von Kursvorhersagen mit hundertprozentiger Gewißheit oder von wissenschaftlicher Präzision.

Bestimmt sind Ihnen auch schon Annoncen aufgefallen, oder Sie haben Prospektmaterial erhalten, in denen versichert wird, mit dieser oder jener Methode habe man die künftige Börsenkursentwicklung vollständig im Griff. »Auf den Tag genau haben wir den entscheidenden Wendepunkt ermittelt«, so und ähnlich lauten die heilsbringenden Botschaften, mit denen man eine komplette Armee von Börsensäuglingen über den Tisch ziehen will. Sofort wegwerfen oder zur Belustigung aufbewahren! Alles Schwindel!

Einleuchtend dagegen ist, daß die Trefferquote des einen Chartisten zwischen 60 und 80 Prozent liegt, während ein anderer nicht über 50 Prozent hinauskommt. Nur eine konsequente Fehleranalyse kann hier weiterhelfen. Überhaupt muß man im Zusammenhang mit Börsentheorie und -praxis rigoros und schonungslos sich selbst gegenüber sein. Die Börse verzeiht keine Fehler. Wer sie verschleppt, bezahlt einen hohen Preis.

»The trend is your friend« lautet eine Kernaussage der Chartisten. Sie ist zweifelsohne richtig und in der Praxis anwendbar. Während man, nach der fundamentalen Analyse vorgehend, eine Aktie bei einem möglichen Gewinnrückgang sofort verkaufen würde, beachtet der reine Chartist solche Informationen gar nicht. Seiner Meinung nach sind alle Informationen im Kursverlauf enthalten. Solange der Aufwärtstrend intakt ist, behält man eine Aktie und gibt sie nur dann ab, wenn er deutlich gestoppt oder durchbrochen ist. Umgekehrt gilt dasselbe für den Abwärtstrend. Das Signal auf Kauf fällt erst bei bestätigter Trendwende.

Kann man den Trend ermitteln? Nachträglich bestimmt, für die Zukunft wird es etwas schwieriger. Doch auch ganz ohne Ironie vertrete ich die Meinung, daß uns die Chartisten mit der Trendbestimmung einen Königsweg aufgezeigt haben.

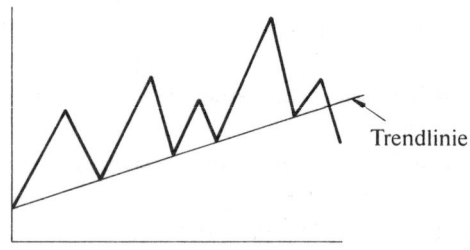

Trendlinie

Nicht ohne Schwankungen, aber klar nach oben, entwickelt sich der Kurs. An den jeweiligen Tiefstpunkten entlang läßt sich mühelos eine Gerade ziehen – die Trendlinie. Nach dem vierten Kursanstieg schafft der Kurs, aus welchen Gründen auch immer, keine neuen Höhen mehr und sackt ab. Börsianer, die ihre Charts selbst zusammenstellen, etwa mit Hilfe des Computers, sind am besten dran. Sie leben mit dem Chart, haben den Kursverlauf ausgewählter Aktien verinnerlicht und bestimmen ohne großen Aufwand den Trend mit den dazugehörigen Kauf- und Verkaufsignalen. Natürlich klingt das im nachhinein einfach, aber stellen Sie sich vor, Sie hätten den Chart von der ersten Phase an direkt miterlebt und ihn selbst aufgezeichnet. Spätestens zu Beginn der zweiten oder dritten Phase hätte man einen echten Einstieg gewagt.

Oftmals läßt sich ebenso eindeutig ein Trendkanal bestimmen, der an den jeweiligen Tiefpunkten zum Kauf stimuliert und an den Hochs zum Ausstieg klingelt. Natürlich sind das idealtypische Situationen, doch findet man viele Bestätigungen in der Börsenwirklichkeit.

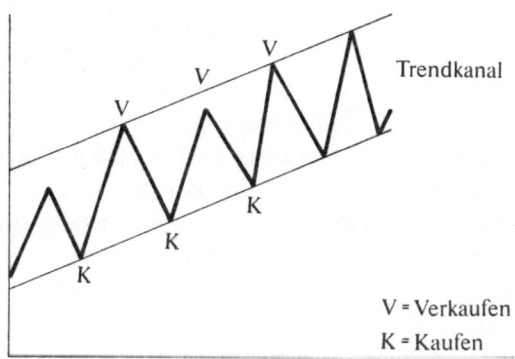

Trendkanal

V = Verkaufen
K = Kaufen

Nicht unumstritten ist das Vorgehen nach dem gleitenden Durchschnitt. Dabei unterscheidet man den 38-, 90- und 200-Tage-Durchschnitt. Letzterer wird in der mittelfristigen Spekulation häufig eingesetzt. Wenn der Chart die Durchschnittslinie nach oben durchbricht, wertet man das als Indiz für weiter steigende Kurse, bricht er nach unten durch, erwartet man weiter fallende Kurse. Die Kritik, wenn das alle machten, liefe das nach dem Modell der selbsterfüllenden Prophezeiung ab, greift zu kurz. An der Börse machen alle zusammen nie etwas zur gleichen Zeit. Tatsächlich aber richten sich immer mehr Chartisten nach solchen Fixpunkten und verstärken dadurch wenigstens kurzfristig den Trend.

Die gleitende Durchschnittslinie liefert in diesem Beispiel zwei Kaufsignale (K 1 und K 2) sowie ein Verkaufsignal (V).
Das sehr realistische Beispiel zeigt, daß der Verkauf wenig Sinn macht und erst der Kauf (K2) richtig erfolgreich ist. Aber so sieht angewandte Charttheorie in der Praxis aus. Es gibt keine hundertprozentige Garantie.

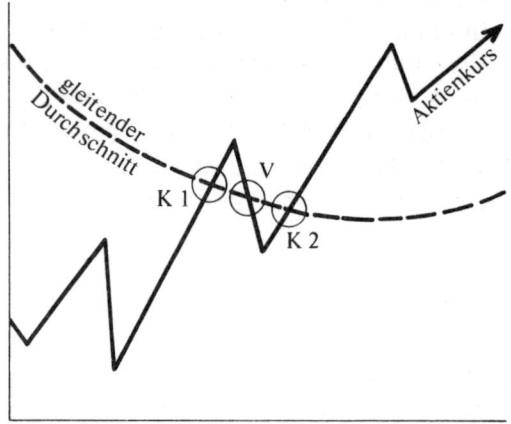

Problematisch sind Widerstands- und Unterstützungslinien, da sie sich entweder zu stark an den bisherigen Tiefs oder Hochs ausrichten, im anderen Fall aber willkürlich gesetzt sind. Oft ist in Börsenberichten die Rede von psychologischen Widerstandsmarken, die nach oben oder unten durchbrochen wurden. Auch hier handelt es sich um nichts anderes, als um willkürlich fixierte Punkte, meist in Verbindung mit einer markanten Zahl. Diesen Dingen braucht man nicht allzuviel Bedeutung beimessen. Anders sieht der Sachverhalt aus, wenn sich der einzelne Anleger auf der Grundlage seiner theoretischen Kenntnisse und praktischen Erfahrung selbst solche Fixpunkte setzt. Das ist okay, führt es doch zu einem pragmatischen Handeln in puncto Verlustbegrenzung und Gewinnabsicherung beziehungsweise -mitnahme.

88

Dafür können Charts sehr gute Dienste leisten. Wer sich in diese Materie einarbeiten will, benötigt dazu spezielle Chart-Literatur, die es mittlerweile in respektablem Umfang gibt. Auch der Besuch von Spezialseminaren ist durchaus empfehlenswert. Seinen eigenen Kenntnisstand überprüft man am besten, indem man einen x-beliebigen Kursverlauf nimmt, den Namen des Unternehmens abdeckt und dann unabhängig davon den weiteren Verlauf prognostiziert.

Die meisten kommen bei Charts wohl über die Diagnose einer prächtigen Vergangenheit und einer ungewissen Zukunft nicht hinaus. Bei der Extrapolation einer bislang hervorragenden Kursentwicklung sollte man vorsichtig und nicht allzu übermütig sein. Wer dazu tendiert, der sei daran erinnert, daß man die Erfahrungen der Flitterwochen ja auch nicht auf die Dauer der ganzen Ehe hochrechnen kann.

WELLENTHEORIEN UND CHAOSFORSCHUNG

In der Natur gibt es viele immer wiederkehrende Ereignisse wie den Wechsel der Jahreszeiten, deren Rhythmus unbestritten ist. Diese Bestimmtheit und Sicherheit, mit der ein Ereignis wieder eintreten wird, ist für den Menschen sehr wichtig. Im prinzipiell unsicheren Leben braucht er auch Dinge, auf die er sich verlassen kann. Wenn er die Festigkeit weder hat noch sieht, konstruiert er sie. Dazu setzt er sein Gehirn ein, das ihm eine Menge Theorien unterschiedlicher Qualität und Reichweite liefert.

Schon früh erkannte man, daß der Verlauf der wirtschaftlichen Tätigkeit, dessen Ergebnis wir heute Wachstum nennen, ebenfalls in großen Schwankungen vor sich geht. Jedermann spricht heute vom Konjunkturverlauf, von Aufschwung und Rezession, so als sei das eine Selbstverständlichkeit. Bibelkundige Leser wissen längst, wer als erster Aussagen über den Verlauf der Wirtschaft machte. Es war Joseph von Ägypten mit seiner Prognose: »Sieben reiche Jahre werden kommen in ganz Ägyptenland, und nach ihnen werden sieben Jahre des Hungers folgen.«

Ralph N. Elliott litt ebenfalls sehr unter der Unsicherheit, ein Greuel waren ihm die hektischen Kursbewegungen und Turbulenzen an der New York Stock Exchange. Also beschloß er, Ordnung in dieses Durcheinander zu bringen. Ihm ging es nicht darum, irgendeine weitere chartistische Theorie vorzulegen, nein, das war ihm zu wenig. Er hatte nichts Geringeres vor als die Entwicklung und Begründung eines streng wissenschaftlichen Naturgesetzes, das man an der Börse anwenden kann.

Ein Trend kann sich nach oben oder nach unten entwickeln. Das erfolgt natürlich nicht linear, sondern unter vielen Korrekturen, die von Käufern und Verkäufern mit gegenteiligen Erwartungen erzeugt werden. Die trendbestätigenden Wellen nennt Elliott Impulswellen, die entgegengesetzten Wellen heißen Korrekturwellen. Unglücklicherweise sind die Wellen unterschiedlich lang, weshalb man ein neues System braucht, um auch dieses Mißgeschick theoretisch zu beherrschen. Doch das ist kein großes Problem, denn es wurde im Kern bereits um die Wende des 12. zum 13. Jahrhunderts gelöst. Damals beschäftigte man sich allerdings nicht mit der Börse, sondern mit Kunst. Die Künstler hatten den Goldenen Schnitt zum Objekt, und Fibonacci, der eigentlich Leonardo von Pisa hieß, lieferte ihnen dazu die notwendige Zahlenreihe.

Elliott überträgt die Fibonacci-Zahlen auf die Börsenkurse, die sich seiner Meinung nach immer nach demselben Prinzip entwickeln. Das Prinzip lautet: Ein gesamter Zyklus besteht aus zwei großen Wellen, die wir alle kennen, nämlich aus Hausse und Baisse. Fünf Wellen machen die Hausse und drei Wellen die Baisse. Auf der Basis der Fibonacci-Zahlen kann man sämtliche Wellen, von den großen bis zu den kleinsten, berechnen, im Extrem sogar tägliche und stündliche Kursschwankungen.

Leider kann dieses System einer empirischen Überprüfung nicht standhalten, weshalb sich die meisten Börsentheoretiker davon inzwischen abwandten. Der Crash von 1987 hat nicht nur viele Depots, sondern auch die Elliott-Wave-Theorie ins Wanken gebracht. Fairerweise muß man jedoch einräumen, daß sie bis zu diesem Zeitpunkt recht erfolgreich war, den Börsenkrach allerdings auch nicht in der kleinsten Nuance vorhersah.

Es ist das Schicksal aller Theorien, daß sie sich in der Praxis bewähren müssen. Dennoch kann man auch an gescheiterten Theoriegebilden etwas lernen. Nicht alles, was die Elliott-Wave-Fans machten, war falsch. So ist beispielsweise das reale Verhältnis von Hausse und Baisse dem von acht zu fünf nicht unähnlich. Die Impuls- und Korrekturwellen sind vor allem für den kurzfristigen Anleger von Bedeutung. Jede Aufwärtswelle wird korrigiert. Das akzeptieren inzwischen die meisten Börsianer und ziehen ihre strategisch-taktischen Konsequenzen – nur der ewige Haussier glaubt es nicht.

Mit Wellen ganz anderer Art beschäftigte sich Nikolay D. Kondratieff. Im Verlauf seiner Untersuchungen entdeckte er gesamtvolkswirtschaftliche Trends, die sich in zyklische Intervalle von 48 bis 54 Jahren einteilen lassen. Diese sehr langen Kondratieff-Wellen werden von einem Teil der Wirtschaftswissenschaftler ernst genommen, weshalb es mittlerweile auch eine beachtliche Literatur darüber gibt. In mehreren Ländern entdeckte man Kondratieff-Zyklen.

Gegenwärtig durchleben wir den fünften Kondratieff-Zyklus, wie uns der Wirtschaftswissenschaftler Leo A. Nefiodow lehrt. Seiner Ansicht nach stehen wir vor dem größten ökonomischen Aufschwung, den die Welt jemals sah. Solche Nachrichten hören Börsianer natürlich gerne.

Die bisherigen Zyklen waren geprägt durch große Erfindungen und Innovationen wie Dampfmaschine, Eisenbahn, Stahl, Chemie, Elektrotechnik, Petrochemie und Automobilbau. Der kommende Wirtschaftsboom wird von der Ressource Information bestimmt und an Dynamik nicht zu überbieten sein. In Japan und größtenteils auch in den USA hat man diese Entwicklung voll erkannt und sich entsprechend vorbereitet, während man in Europa zu zögerlich an den gesamten Bereich der Informationstechnologie herangegangen ist, so daß man nur hoffen kann, daß die Periode des fünften Kondratieff-Zyklus uns nicht nur als Kunden und Lizenznehmer, sondern auch als Produzenten und Anbieter betrifft.

Chaosforscher interpretieren die Welt als ein Chaos. Alles hängt mit allem zusammen, Prozesse laufen eher zufallsbedingt als logisch ab. Lineare, auf Kausalität beruhende Modelle haben nur einen äußerst beschränkten Erklärungswert. So lauten einige der aufgestellten Hypothesen.

Kann der Flügelschlag eines Schmetterlings in Brasilien einen Tornado in Texas auslösen? Diese Fragestellung von E. N. Lorenz ist typisch für Chaosforscher. Wird sie bejaht, stellt man damit sämtliche meteorologischen Theorien und Bemühungen in Zweifel. Die Folge: Die Ursachen eines Phänomens sind nicht exakt ausmachbar, langfristige Prognosen unmöglich, nur kurzfristige zulässig.

Für Vorhersagen interessieren sich natürlich auch die Wirtschaftswissenschaftler, die um 1982 wichtige Ansätze in der Chaosforschung registrierten. Das ist nicht erstaunlich, gibt es doch etliche ökonomische Forschungsobjekte, die man als chaotisch bezeichnen kann. Wer sich an die grauenhaft falschen Prognosen der Wirtschaftstheoretiker im Zeitraum des Nach-Crash von 1987 erinnert, der ist schnell überzeugt davon, daß ein dringender Bedarf an neuen, besseren Theorien besteht: Theorien, welche die ökonomische Wirklichkeit treffend beschreiben und vorhersagen können.

Auf die Börse bezogen, lautet eine der Kernthesen, daß der Markt eine fraktale Struktur hat. Fraktal bedeutet, er hat die Tendenz, sich immer wieder auf mehreren unterschiedlichen Ebenen zu wiederholen. Die Schwingungen sind jedoch vorher nicht bekannt. Börsen-Chaos-Theoretiker behelfen sich nun dadurch, daß sie behaupten, der Markt schwinge in den Proportionen des Goldenen Schnitts. Das kommt einem irgendwie bekannt vor. Richtig, schon wieder greift man auf das Genie von Fibonacci zurück. Von wegen düsteres Mittelalter! Sogar die Börse profitiert inzwischen davon. Der Goldene Schnitt etabliert sich als Stein der Weisen nun in einer Spektralanalyse, mittels deren die fraktale Struktur des Marktes analysiert und prognostiziert wird. Aus Sicht der Chaos-Theoretiker hält man überhaupt nichts von chartistischen Analysen und gleitenden Durchschnittslinien, die man als völlig ungeeignet bezeichnet.

92

Mit Sicherheit kann man einiges von der Chaosforschung lernen, etwa sich schwerpunktmäßig an die kurzfristige Prognose der Aktienkurse zu halten. Sehr gut ist auch die Chaos-Kern-Aussage, daß im Markt-Psycho-Mechanismus der entscheidende Analyse-Ansatzpunkt für die Börse liegt. Nur muß man dazu noch wesentlich mehr vorlegen. Wenn das geschieht, sehe ich eine große Zukunft für den chaostheoretischen Ansatz an der Börse voraus. Wie es aussieht, werden Kurzfristanleger besonders viel Nutzen daraus ziehen können.

BÖRSENPSYCHOLOGIE

Als fest etablierte Disziplin gibt es Börsenpsychologie natürlich ebensowenig wie die anderen vorgestellten Ansätze. Die Notwendigkeit einer psychologischen Analyse und Interpretation der Börse leuchtet aber sofort ein, wenn man sich eine Zeitlang mit Aktienkursen beschäftigt und das Auf und Ab enträtseln möchte. Wirtschaftliche Theorien alleine reichen bei weitem nicht aus, schon alleine deswegen nicht, weil sie viel zu unzulänglich arbeiten.

> Ökonomie/Politik
> + Massenpsychologie
> + Individualpsychologie

Das ist die börsenpsychologische Erfolgsformel des intelligenten Investors. Zweifellos benötigt der versierte Aktionär eine ganze Palette ökonomischen Wissens. Dieser fundamentale Aufbau betriebs- und volkswirtschaftlicher Kenntnisse ist der Kern aller Börsenoperationen. Politische und gesellschaftliche Rahmenbedingungen sind eine zwingend notwendige Ergänzung und müssen deshalb jeder Marktanalyse vorangestellt werden. Hat man alle diesbezüglich wesentlichen Faktoren ermittelt und analysiert, sollte das Börsenumfeld damit nahezu vollständig abgeklopft sein. Selbst wenn man noch die ausgewählten Charts einzelner Unternehmen und Länderindizes hinzufügt, stellt sich die Frage: Reicht das aus?

Die Antwort lautet nein! Nicht nur die Fakten und Daten, sondern die Meinungen der Menschen sind ausschlaggebend. Komplett wäre das Börsenwissen nur dann, wenn man alle aktiven und passiven Marktteilnehmer jeweils in ihrem Meinungs- und Handlungsspektrum erfassen könnte. Aber das ist in der Praxis unmöglich. Dennoch sind einige Eckpfeiler dieses massenpsychologischen Ansatzes herauszuarbeiten und im Börsenalltag anwendbar.

Welche Faktoren gehören im einzelnen dazu?

Stimmung	Was steht in den Börsenbriefen? Sind die Finanzdienstleister überwiegend positiv oder negativ gestimmt? Deutsche, britische, US-amerikanische Stimmen und Stimmungen sind mit ins Kalkül zu ziehen.
Berater	Welche Meinung vertreten die Berater der Banken? Gibt es Kontroversen oder das Unisono aus den volkswirtschaftlichen Abteilungen? Was sagen die Top-Analysten?
Seelenmassage	Wird vor allen Dingen durch Politiker betrieben. Bei Finanz- und Überschuldungskrisen heißt es: »Es ist doch alles nicht so schlimm.« Oder: »Wir müssen alle den Gürtel enger schnallen.« Merke: Die Sprache der Politiker ist in Krisensituationen immer entlarvend. Man verschleiert die Wahrheit. Wenn zum Beispiel »alles nicht so schlimm« ist, bedeutet das, daß die größte Krise überhaupt bevorsteht.

Umsätze	Die Umsatzzahlen an den Wertpapierbörsen sollte man stets beobachten. Im Falle dramatischer Situationen ist das ein absolutes Muß. Hierzu gehören auch die Umsätze mit Optionsscheinen und Optionen an der Deutschen Terminbörse.
Kursstagnation	Die Aktienkurse steigen nicht mehr, sie fallen auch nicht. Psychologische Ursachen ermitteln und Trendprognose aufstellen. Problematische Lage, da zumeist eine drastische Kursentwicklung nach oben oder unten erfolgt.
Optionsprämien	Seit wie langer Zeit werden hohe beziehungsweise niedrige Prämien für Calls oder für Puts erzielt? Auf- und Abschläge nebst Zeitlimits so genau wie möglich ermitteln. Wie realistisch sind die Erwartungen an der Terminbörse?
Optionsscheine	Aufgeld und möglicherweise auch Abgeld berechnen. Zeitfaktor mit einbeziehen. Übertrieben hohes Aufgeld ist ein Baisse-Signal. Eine lange Phase ohne Aufgeld beziehungsweise Abgeld kündigt eine Hausse an.

Charts gehören selbstverständlich ebenfalls zum Handwerkszeug. Betrachten Sie den Kursverlauf »Ihrer« Unternehmen ebenso wie die Charts der Indizes. Vergleichen Sie ähnliche Situationen, stellen Sie Hausse- und Baisse-Phasen gegenüber. Wir alle wissen, daß der eigentliche Börsenmotor das Geld ist. Viel entscheidender jedoch ist die Psycho-Energie, die hinter dem Geld steht. Das ist zum einen die Gier nach noch mehr Geld und zum andern die Angst, es zu verlieren. Können Gier und Angst bereits beim einzelnen Individuum viel Schaden anrichten, zum Beispiel in Form von neurotischem Verhalten, so vermögen sie das erst recht bei Massen. Aus Neurose entsteht Psychose und Hysterie. Geradezu mit Lust kann man dieses Phänomen an allen Weltbörsen beobachten.

Börsen-Psycho-Barometer

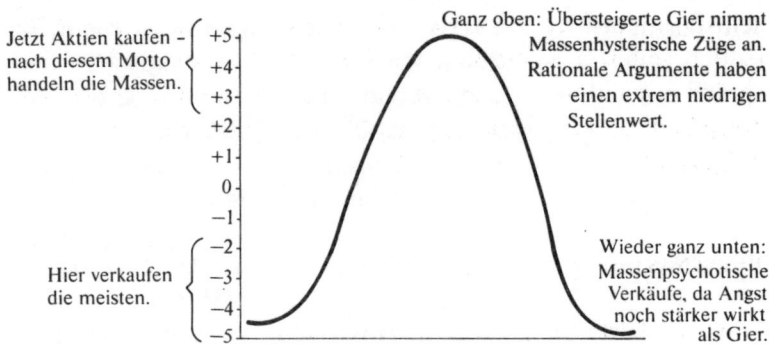

Jetzt Aktien kaufen – nach diesem Motto handeln die Massen.

+5
+4
+3
+2
+1
0
−1
−2
−3
−4
−5

Hier verkaufen die meisten.

Ganz oben: Übersteigerte Gier nimmt Massenhysterische Züge an. Rationale Argumente haben einen extrem niedrigen Stellenwert.

Wieder ganz unten: Massenpsychotische Verkäufe, da Angst noch stärker wirkt als Gier.

Neben den Börsen-Indizes sollte man noch ein Psycho-Barometer einführen. Da es das nicht gibt, muß man es selbst entwikkeln. Nehmen Sie zu Ihren Börsenunterlagen obige Kurve hinzu und versuchen Sie die aktuelle Stimmung einzuordnen.

Sämtliche Vernunftgründe, alle rational-ökonomischen Ansätze verblassen, wenn Emotionen auf den Plan treten. Crashs sind letzten Endes nichts anderes als eine Folge der ausschließlich prozyklischen spekulierenden Anleger, denen es an ökonomischer Bildung und an psychologischen Kenntnissen mangelt. Was nützen denn Aussagen wie: »Zu Ausverkaufskursen gibt man seine Aktien nicht her, sondern stockt auf.« Oder: »Die Zinsen sind auf Höchststand, also werden sie sinken.« Sie nützen nichts und werden dies in tausend Jahren immer noch nicht tun. Wir sind alle mehr gefühlsorientiert, das ökonomische Handeln wurzelt im Irrationalen. Deswegen ist Spekulation so schwierig und wird es immer bleiben. Man muß des öfteren gegen die eigenen Emotionen handeln; wer kann das schon?

Nicht nur in bezug auf die anderen, sondern auch auf die eigene Person sollte man sich deshalb ebenso mit Individual-

96

psychologie befassen. Die Wesenszüge seiner Persönlichkeit sollte man kennen, das erleichtert den Börsenjob enorm. Wer zu ängstlich und zögerlich handelt, ist unter Umständen für die Börse gar nicht geeignet. Also bleibt er fern und macht sich nicht das Leben schwer. Ein anderer stellt fest, daß er zu draufgängerisch vorgeht, was ihn zwar für Börsenaktivitäten prädestiniert, aber zu übermäßig vielen Fehlern verleitet. »Erkenne dich selbst« lautet hier die erste Maxime. In der Praxis reicht sie jedoch selten aus, deshalb benötigt man Beratung. Das Gespräch mit anderen Anlegern, die das Börsengeschäft ernsthaft betreiben, ist wichtig und hat schon manchem neue Horizonte aufgezeigt.

BÖRSENASTROLOGIE

Wem die harte Schule der empirischen Psychologie nicht paßt und wer auch nicht in die Tiefen der Tiefenpsychologie hinuntersteigen will, weil ihm einiges an der Psychoanalyse nicht gefällt, der ist möglicherweise von Astrologie begeistert. Im Zeitalter esoterischer Zirkel und Gesprächskreise muß das durchaus keinen Seltenheitswert haben.

Die Rede ist natürlich von ernsthafter Astrologie und nicht vom Horoskop, das von der Tageszeitung gedruckt und vom Volontär erstellt wird. Diese Voraussetzung muß gegeben sein, denn sonst würde sich so mancher seriöse Anleger wundern, weshalb in einem Börsenbuch von Astrologie die Rede ist. In der Tat aber gibt es einige praktizierende Börsenastrologen in Deutschland. Aus diesem Grund ist es ebenso berechtigt, darüber zu schreiben, wie beispielsweise über wellen- oder charttheoretische Theorien. Das entscheidende Kriterium ist letztlich immer der Erfolg.

»Am 28. August 1749, mittags mit dem Glockenschlage zwölf, kam ich in Frankfurt am Main auf die Welt. Die Konstellation war glücklich; die Sonne stand im Zeichen der Jungfrau und kulminierte für den Tag; Jupiter und Venus blickten sie freundlich an, Merkur nicht widerwärtig; Saturn und Mars verhielten

sich gleichgültig; nur der Mond, der soeben voll ward, übte die Kraft seines Gegenscheins um so mehr, als zugleich seine Planetenstunde eingetreten war. Er widersetzte sich daher meiner Geburt, die nicht eher erfolgen konnte, als bis diese Stunde vorübergegangen. Diese guten Aspekte, welche mir die Astrologen in der Folgezeit sehr hoch anzurechnen wußten . . .«

Ich gebe zu, daß es schön wäre, den obigen Text noch weiter zu zitieren. Aber Sie können ihn zur Gänze nachlesen, indem Sie sich »Dichtung und Wahrheit« von J. W. Goethe beschaffen, ein Buch, das jeder Börsianer sowieso haben muß; nur der Titel gehört geändert: »Phantasie und Wahrheit«. Wobei wir Börsianer die Wahrheit immer erst hinterher erfahren.

Ist nicht Goethe ein erstklassiger Kronzeuge für astrologische Betrachtungsweisen? Lassen sich nicht ganze Garden von hochrangigen Politikern und Wirtschaftsbossen astrologisch beraten? Was das Ergebnis anbelangt, müssen einige von ihnen aber furchtbar schlechte Berater haben.

Was für den Freund fundamentaler Analysen das Kurs-Gewinn-Verhältnis, für den Chartisten die Widerstandslinie, für den Psychologen massenpsychologische Verhaltensweisen, das ist für Astrologen der Stand der Gestirne. Natürlich stets in Kombination mit menschlichem Denken und Handeln, weshalb eigentlich besser die Rede von Börsenastropsychologie sein sollte. Wer sich in diesen Ansatz einarbeiten will, muß die notwendigen Kontakte knüpfen und sollte sich vor allen Dingen eine Liste konkreter Anlage-Ergebnisse vorlegen lassen. Nur wenn über mehrere Jahre hinweg ein überdurchschnittlicher Erfolg nachgewiesen wird, ist die Sache von Interesse und lohnt sich der Einsatz. Ansonsten: Finger weg!

BLUE CHIPS UND SMALL CAPS

Die internationalen Aktienmärkte sind äußerst facettenreich, weshalb den interessantesten von ihnen zur besseren Orientierung später ein eigenes Kapitel gewidmet wird. Auch die einzelnen Aktien selbst können in mehrere Gruppen eingeteilt und unterschieden werden. Für den Anleger lautet die erste grundlegende Entscheidung: Kaufe ich Blue Chips oder lieber Small Caps?

Blue Chips sind die starken, marktbreiten Standardwerte, unter Small Caps versteht man dagegen Spezialwerte mit geringer Marktkapitalisierung, die nicht jeder im Depot hat. Die Entscheidung ist von der Persönlichkeit des Anlegers abhängig; mancher findet beide Aktiengruppen in seinem Depot vertreten, ohne bislang besonders darauf zu achten.

Blue Chips garantieren Solidität. Man ist an starken, erstklassig gemanagten Großunternehmen beteiligt, deren Überlebensfähigkeit außer Frage steht. Ob es sich dabei überwiegend um

Siemens AG

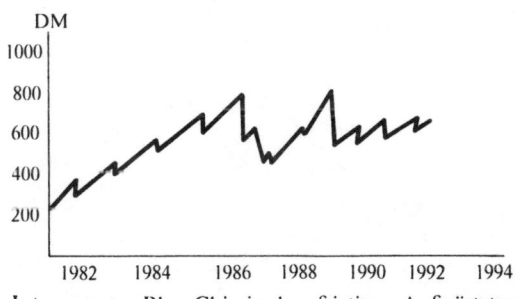

Interessanter Blue Chip im langfristigen Aufwärtstrend.

99

Wachstumsunternehmen oder konjunkturabhängigere Konzerne handelt, ist sekundär. Der Gigant Siemens steht zum Beispiel für beides und hat darüber hinaus große Reserven gebildet, mit denen das Haus noch dazu klug umgeht.

Für einen konservativen Anleger stellt so ein Papier ein vorzügliches Investment dar. Selbstverständlich, und das gilt auch im Falle bester Qualität, spielt der Timing-Faktor eine überragende Rolle. Die Kunst des Einkaufens wird jedoch bei solchen Spekulationen der S-Klasse im Vergleich zu anderen Papieren wesentlich erleichtert. Man muß es nicht bis zum äußersten ausreizen. Sogar wer etwas zu teuer eingekauft hat, braucht sich bei einem derartigen Toptitel keine übertriebenen Sorgen zu machen.

Bei der Aktie der Deutschen Bank handelt es sich ebenfalls um ein Papier der absoluten Spitzenklasse. Alleine ihre Industriebeteiligungen sind schon eine Klasse für sich. Als Aktionär ist man dabei stets in bester Gesellschaft – in internationaler, versteht sich –, da dieses Papier auch im Ausland sehr begehrt ist. Nicht zuletzt deshalb ist die Aktie dermaßen umsatzstark und oft sogar an erster Position zu finden. Pensionsfonds und Versicherungen schätzen sie als Daueranlage.

Trotz aller Qualität sollte sie für den Kleinanleger dennoch kein Dauerinvestment werden. Da es sich um eine Bank handelt, wird die Aktie immer sehr zinssensibel reagieren, weshalb es sich empfiehlt, die Zinspolitik der Bundesbank zu beobachten und sich bei Gefahr im Verzuge auch von so einem Top-Papier zu trennen. Es muß ja nicht für immer sein.

Deutsche Bank AG

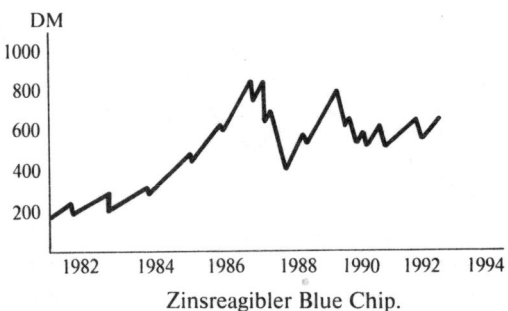

Zinsreagibler Blue Chip.

Wer den Kursverlauf betrachtet, muß zugeben, daß das eine richtige Volksaktie ist, das Wertpapier für alle. Die Kursschwankungen stören nicht, im Gegenteil, sie bilden einen Anreiz zum individuellen strategisch-taktischen Handeln. Es ist nicht nachzuvollziehen, daß 94 Prozent der Deutschen nichts von Aktien wissen wollen – angesichts solcher Chancen. Und wer vom Risiko spricht, muß zugeben, daß es sich hier nicht um einen Drahtseilakt handelt, und wenn, dann ist es einer mit einem stabilen Sicherheitsnetz. Wenn einer nicht aushält, daß seine Aktie einmal 20 oder 30 Prozent fallen kann, ist er für die Börse sowieso nicht geeignet.

Ein besonders breites und interessantes Spektrum findet der Blue-Chip-Fan im Ausland. Dabei ist zu differenzieren, da nur einige Länder in Frage kommen, die echt solide Blue Chips für deutsche Anleger anbieten können. Gleichzeitig ist die Branche und der Zustand des Gesamtmarktes zu analysieren, obwohl auch diese beiden Größen sich völlig konträr entwickeln können. Viele internationale Beispiele gibt es dafür. Man denke etwa an die Kurse von IBM. Wer bei 300 DM gekauft hat, wird wenig Freude empfinden. Das Problem war keines des Dow-Jones-Index, sondern eines der Branche und ein spezielles vom IBM, des immerhin größten Elektronik-Herstellers der Welt.

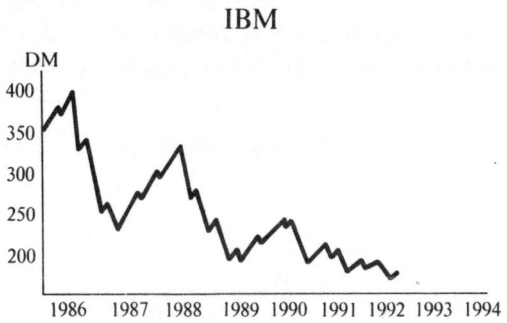

IBM

Der Gigant strauchelt.

Zur Vermeidung solcher Desaster muß der besonnene Investor bei der Auswahl seiner Blue Chips auf folgendes besonders achten:

101

– Ein niedriges Kurs-Gewinn-Verhältnis ist unbedingte Voraussetzung;
– die Rendite sollte möglichst hoch sein, dann übersteht man Durststrecken besser;
– niedrige Konjunkturanfälligkeit.

Small Caps erfordern noch größere Vorsichtsmaßnahmen. Ihre Volatilität ist zum Teil enorm. Sie sind insgesamt weniger umsatzstark, wobei die Umsätze auch noch stark schwanken und dementsprechend den Kursverlauf beeinflussen. Ein Vor- und Nachteil kann es sein, daß die Kurse manchmal gegen den Gesamtmarkt laufen. Wer sich auf dem Markt der Spezialwerte tummeln will, muß sich in jedem Fall gründlich einarbeiten. Vor dem ersten Investment bedeutet dies, daß man mindestens zehn Unternehmen auswählt und untersucht. Dazu zieht man fünf klassische Titel und fünf echte Nebenwerte heran. Gelegentlich wird auch zwischen DAX-Werten und Nebenwerten unterschieden, doch das ist zu grob. Logischerweise stellt man damit beispielsweise die BHF-Bank auf die gleiche Stufe wie etwa das Unternehmen Nino, aber nur der letztgenannte ist ein echter Nebenwert.

Zu den Basisinformationen bei Spezialaktien gehört, daß man weiß, wie viele Papiere auf dem freien Markt überhaupt gehandelt werden. So befinden sich etwa bei Hapag Lloyd nur 4,1 Prozent der Aktien im Streubesitz, was den Anleger zu gewisser Vorsicht mahnt; das hat nichts mit der Qualität, son-

Kali und Salz

Beliebter Spezialwert.

102

dern mit der Marktenge zu tun. Ein Teil der Spekulanten schätzt den Spezialwerte-Klassiker Kali & Salz. Hier liegt der Streubesitz bei 19,8 Prozent, so daß der Handel relativ problemlos erfolgen kann. Die Kursschwankungen sind noch nicht extrem, aber unter spekulativen Gesichtspunkten zufriedenstellend.

Timing-Künstler mit mittelstarkem Nervenkostüm kommen hier voll auf ihre Kosten. Die Aktie ist ein typisches Trading-Papier, kein Dauerinvestment. Ein solches Investment auf Zeit stellt einen deutlichen Unterschied zur Blue-Chip-Anlage dar. Wem dies bei Kali & Salz noch nicht einleuchtet, wird womöglich vom Kursverlauf des Kfz-Zulieferers Kolbenschmidt überzeugt sein. Das ist ein echter Spezialtitel, der natürlich stark abhängig von der Automobilkonjunktur ist.

Kolbenschmidt

Nervenstärke gefragt.

Die Aktie bietet große Chancen für Anleger, die sich auf Branchenkonjunkturen spezialisieren. Schon immer war die Automobilsparte sehr störanfällig, das Auf und Ab der Kurse ist Legende. Der Streubesitz bei Kolbenschmidt beträgt 49 Prozent, also muß man davon ausgehen, daß die Aktie auch in den Händen vieler Angsthasen ist und deshalb weitere Kursstürze mit nachfolgenden massiven Kursanstiegen an der Tagesordnung sind. Fazit: Eine Test-Aktie für den bereits fortgeschrittenen Börsianer mit etwas praktischer Erfahrung.

Nach diesen Vergleichen dürften die Fronten klar sein. Blue Chips und/oder Small Caps, das ist nicht nur eine Frage der Aktienanalyse, sondern mehr noch eine Frage nach der Persönlichkeitsstruktur des Anlegers, der sich im Fall seiner Entscheidung für Spezialwerte als echten Spekulanten bezeichnen kann. Wenn dieser einigermaßen klug disponiert, wird er langfristig sogar den Blue-Chip-Anleger schlagen, der im durchschnittlichen Vergleich hier nicht mithalten kann. Die gelungenste Spekulation ist dann vollendet, wenn aus einem Small Cap ein Mid Cap (mittelgroß kapitalisiertes Unternehmen) wird, der sich später wiederum in einen Blue Chip verwandelt. Das kann zwar einige Zeit dauern, ist aber alles schon einmal dagewesen.

WACHSTUMSAKTIEN

Innerhalb der Blue-Chips-Gruppe nehmen die reinen Wachstumsaktien einen besonderen Rang ein. Für geduldige Investoren sind sie die pflegeleichtesten Aktien, die man sich vorstellen kann. Man kauft sie, läßt sie liegen und gibt sie nicht mehr aus der Hand.

Was ist denn das für eine merkwürdige Strategie, werden einige Spekulanten jetzt fragen. Der Chart des Paradebeispiels von Philip Morris gibt die Antwort:

Philip Morris

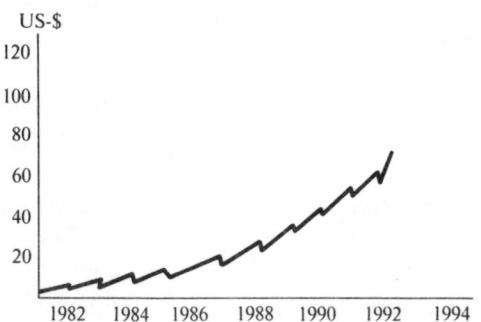

Das ist eine Ausnahme, werden die meisten nun argumentieren. Nicht ganz falsch, denn erstklassige Wachstumswerte nehmen in der Tat eine Ausnahmestellung unter den Aktien ein. Man sucht sie auf dem Kurszettel wie seltene Perlen im Ozean, doch ist es durchaus möglich, sie zu finden. Deshalb gleich die nächste »Ausnahme«:

B.S.N.-Danone

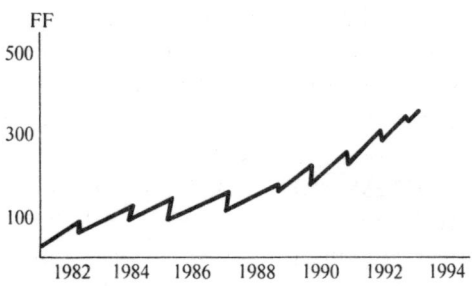

BSN ist das französische Gegenstück zu Philip Morris, ebenfalls ein Nahrungsmittelgigant. Seit 15 Jahren kennt die Aktie nur eine Richtung. Von einigen Schwankungen abgesehen, geht es nur aufwärts. Betrachten Sie zum Beispiel die Auswirkungen des großen Crash von 1987, von denen auch diese Super-Aktie nicht verschont wurde. Spektakulär fällt das Kursniveau von über 530 Francs auf deutlich unter 400. Während aber andere Titel annähernd zwei Jahre brauchten, um sich von diesem Schock zu erholen, kletterte BSN bereits nach einem halben Jahr munter weiter. Das geschieht jedoch nicht ohne realwirtschaftlichen Hintergrund. In Zeiten, wo andere Unternehmen deutliche Gewinneinbrüche verzeichneten, meldete die Wirtschaftspresse lapidar: »BSN kannte keine Konjunkturkrise, Konzernumsatz wuchs weiter.« Dieses unaufhaltsame Weiterwachsen garantiert den Erfolg; zur Zeit werden behutsam neue Märkte im Osten erschlossen und damit das künftige Wachstum vorbereitet. Eine etwaige Krise mit Kursrückgang, was nie ausgeschlossen werden kann, wäre ein neues Einstiegssignal. Anders ist eine Beteiligung an Gervais Danone (München), Sonnen-Bassermann (Seesen/Harz) oder am Teigwarenhersteller Birkel (Weinstadt) nicht möglich, denn die hat der Multi alle schon lange geschluckt.

Der Schluß von der Vergangenheit auf die Zukunft ist nicht unbedingt logisch zwingend. Nirgendwo in der Wirtschafts- und Börsenwelt ist Gesetzmäßigkeit garantiert, auch nicht bei Wachstumsaktien. Aber diese erstklassig geführten Unternehmen zeigen uns, was möglich ist und wo sich ein Investment lohnt. Es ist wohl kaum zu erwarten, daß die Managementqualitäten dieser Giganten plötzlich nachlassen, und die Märkte werden zudem auch nicht kleiner. Falls doch, verfügt man über entsprechende Marketing- und Werbestrategien, um rasch Abhilfe zu schaffen und seine Marktanteile zu sichern.

Viele Anleger, besonders die Anfänger, machen einen großen Fehler, indem sie einfach alles kaufen, was ihnen gerade günstig erscheint, momentan in Mode ist oder ihnen empfohlen wurde. Sie achten nicht auf die Depotstruktur, alles besteht aus Zufälligkeiten. Manch abenteuerlicher Depot-Mix ist dadurch schon zustande gekommen. Das Ergebnis ist dann klar: Man kann gar keines vorweisen und sitzt auf Verlusten.

Wer sein Depot neu strukturieren will, sollte einen Anteil Wachstumswerte hinzunehmen. Wie hoch der Prozentsatz sein soll, muß jeder für sich selbst entscheiden. Man darf sich nicht verunsichern lassen, wenn jemand behauptet, Wachstumsaktien seien langweilig. Betrachtet man ausschließlich die kurzfristige Börsenkursentwicklung, mag das sogar stimmen. Wem ein stetiger Aufwärtstrend, auch wenn er nur in kleinen Schritten erfolgt, langweilig erscheint, dem ist nicht mehr zu helfen. Am ehesten hilft man solchen Börsianern, indem man ihnen Spielpapiere empfiehlt, deren Kurs kräftig hin und her jumpt. Hat man zum Schluß 90 Prozent verloren, so ist das Ziel erreicht, denn es war nicht langweilig.

RENDITEAKTIEN

Konservative Anleger schätzen vor allem einen guten Return, das heißt, sie setzen gern dort ihr Geld ein, wo sie möglichst viel zurückbekommen. Aus diesem Grund wird ja ein nicht unerheblicher Teil des Vermögens in Anleihen investiert. Man braucht jedoch nur ein wenig mehr Mut in Kombination mit Timing-Gespür und fährt mit einem Aktien-Investment weitaus besser. Dazu ist natürlich eine gezielte Auswahl notwendig, zumal es nicht sehr viele Aktiengesellschaften gibt, die hohe Dividendenausschüttungen vornehmen. Dennoch findet sich in Deutschland, Europa und Übersee einiges, was den Kampf gegen die Rentenpapiere aufnehmen kann und ihn auch gewinnt.

Betrachtet man den deutschen Aktienmarkt, scheiden eine ganze Reihe von Titeln sofort aus; so zum Beispiel die an sich interessante Versicherungsbranche, die ganz auf Wachstum und nicht auf Rendite programmiert ist. Was macht ein Zinsjäger schon mit ein Prozent Netto-Dividende? Oft genug ist das auch nur die Brutto-Dividende. Da bringt ja das Sparbuch mehr. Selbst die solide Siemens-Aktie lockt unter Rendite-Aspekten niemanden hinterm Ofen hervor. Sucht der genervte Renditehai dann weiter, wird die Enttäuschung noch größer, da viele Unternehmen überhaupt keine Dividende zahlen. Was tun?

Nehmen Sie ganz einfach die Großen Drei. Gemeint sind die Großchemie-Giganten Bayer, Hoechst und BASF. Nicht immer florieren dort die Geschäfte bestens, doch hat man stets eine anlegerfreundliche Dividendenpolitik betrieben. Börsenaltmeister John Templeton kauft diese Aktien in Massen ein, da er sie für glatt unterbewertet hält. Die Erfahrung zeigt, daß er bislang meistens den richtigen Riecher hatte und vermutlich auch dieses Mal nicht irren wird. Auf gar keinen Fall unter Rendite-Gesichtspunkten. Bayer bezahlt 13 DM, Hoechst und BASF je 12 DM Dividende. Rechnet man dazu noch die Steuergutschrift, so ergibt sich eine Gesamtrendite, wie man sie auf dem Rentenmarkt kaum besser erzielen kann. Das Problem liegt beim Einstandskurs, denn er entscheidet über die Rendite. Es macht selbstverständlich einen großen Unterschied, ob man die Bayer-Aktie für 260 DM erwirbt oder 320 DM dafür hinlegt.

Deutsche Aktien haben jährlich einen Dividendentermin, der mit dem Tag der Hauptversammlung zusammenfällt. An diesem Tag wird die Aktie ex Dividende notiert (zum Beispiel 276,20 exD). Wer Dividendenausschüttungen so heiß liebt, daß er sie gerne mehrmals im Jahr hätte, muß ins Ausland gehen. So gibt es in den Vereinigten Staaten Aktien, die viermal pro Jahr Dividende zahlen, die sogenannte Quartalsdividende. Alle drei Monate erhält man also von seiner Bank einen Auszug mit exakter Dividendenberechnung, wobei natürlich im Falle der USA sofort 15 Prozent Quellensteuer abgezogen werden. Aber das ist nichts Besonderes, da die ja später wieder angerechnet werden und man sowieso insgesamt alles versteuern muß. Die vierteljährliche Freude sollte dennoch ungetrübt sein.

Was für Aktien sind das? So einfach wie in Deutschland ist es nicht, da man

1. größere Kursschwankungen zu erwarten hat und
2. das Dollar-Risiko mitträgt.

Kauf und Verkauf dieser Aktien erfordern also viel Erfahrung und Geschick. Man muß den Gesamtmarkt der USA beobachten, die spezielle Branche und dazu noch den Dollarkurs. Ist letzterer gerade niedrig, sollte sich ein Investment lohnen. Ein Beispiel: Wer unter Präsident Carter Aktien zum Dollarkurs von 1,50 DM erwarb, konnte sie unter seinem Nachfolger Reagan zum Kurs von 3,50 DM verkaufen. In der Praxis schaffte das zwar kaum jemand, doch waren innerhalb dieser Extrem-Schwankungen satte Zusatzgewinne möglich, ja damals sogar an der Tagesordnung. Nicht immer wird das in Zukunft so laufen, deshalb lautet das Grundgesetz beim Einkauf amerikanischer Renditewerte: Nur bei einem niedrigen Dollarkurs kaufen!

Eine gute Dividende zahlen die Telefongesellschaften, etwa American Telephone & Telegraph (AT & T), spesengünstig im Frankfurter Freiverkehr gehandelt. Dazu kommt noch eine moderate, freundliche Kursentwicklung, die auch hin und wieder einen Verkauf zu höheren Kursen erlaubt. Es geht bei diesem Titel nicht so hektisch auf und ab wie bei anderen US-Aktien. Über Jahre hinweg wurde eine gute Dividende gezahlt, die noch dazu mit deutlichen Kurssteigerungen aufgebessert wurde. Insgesamt erreichte man eine höhere Rendite als bei vielen deutschen und europäischen Aktien.

Autoaktien sind nicht jedermanns Sache, doch haben General Motors und Ford meistens eine gute Dividende gezahlt. Gleiches gilt für die arg gebeutelten IBM. Auch die Ölwerte Exxon, Chevron oder Mobil lassen sich nicht lumpen. Über den Renditeerfolg entscheidet immer der Einstiegs- oder Durchschnittskurs.

Der große Clou liegt in steuerfreien Renditen. Nur wenige Börsianer wissen, daß es so etwas überhaupt gibt. Das Unternehmen, an dem sie als Aktionär beteiligt sind, stellt sie vor dem Dividendentermin vor die Wahl, ob sie eine Bardividende wollen oder diese in Form von Aktien erhalten möchten. Wer nun zu geldgierig ist, tappt in die Steuerfalle. Selbstverständlich ist die Bardividende zu versteuern. Wer statt dessen Aktien nimmt, handelt wesentlich klüger. Er muß diese nur sechs Monate liegen lassen und kann automatisch seine Dividende steuerfrei kassieren, was zu einer insgesamt hohen Netto-Rendite führt. Leider gibt es zu wenige derart aktionärs- und steuerfreundliche Unternehmen. Man muß sie schon mit der Lupe suchen und – wie meist – ins Ausland gehen. Zudem ist der konservative Aktionär stets nur an soliden Gesellschaften interessiert und sollte von diesem Kriterium auch nicht abweichen. Zu denen, die allen Anforderungen bestens gerecht werden, zählen beispielsweise British Petrol (BP) sowie die ABN-Amro-Bank. Beide werden an der Frankfurter Börse im amtlichen Handel notiert.

Mit beiden lassen sich glänzende Geschäfte machen. Besonders die cleveren Niederländer dürften sich ein ordentliches Stück vom Binnenmarkt abschneiden.

Rendite-Interessierte haben also auch am Aktienmarkt ihre Chance. Es müssen nicht immer Anleihen sein, die im übrigen auch nur richtig Freude machen, wenn die Zinsen kräftig fallen und der Anleihe-Kurs in die Höhe schießt. Diesen Effekt kann man sehr viel deutlicher an der Aktienbörse erleben. Die Zauberformel heißt dann

Rendite + Kursgewinne

ZYKLISCHE AKTIEN

Zyklische Aktien werden so genannt, weil sie in überproportionaler Abhängigkeit vom Konjunkturzyklus stehen. Aufgrund ihrer relativ einseitig gelagerten Produktion haben diese Unternehmen nur wenig Kompensationsmöglichkeiten. Gelegentlich gelingt es einigen Großen, sich durch Übernahme anderer Unternehmen eine breitere Produktpalette zuzulegen. Kleinere haben diese Chance mangels Finanzkraft kaum und leben nach dem Motto »himmelhoch jauchzend, zu Tode betrübt«, je nachdem, wohin die Konjunkturwellen gerade schlagen.

Prinzipiell ist die gesamte Wirtschaft konjunkturanfällig, also trifft es durchweg sämtliche Branchen. Einige, bei denen der Zyklus über die Maßen stark ausgeprägt ist, leiden besonders darunter. Traditionellerweise gehörten in den letzten Jahren die Bau- und Stahlbranche dazu, ebenso der Maschinenbau.

Börsianer haben ihre individuellen Präferenzen. Der eine mag Bauaktien, der andere nicht. Solche Vorlieben sind verständlich und haben ihre Vorteile. Denn Branchen, die man in- und auswendig kennt, kann man im Auf und Ab der Börse gut einschätzen. Als konzentriert arbeitender Spezialist liegt man stets vorne. Wenn Meldungen erscheinen wie »Analysten rechnen mit Gewinneinbruch und Dividendenausfall«, so überrascht das den Branchenkenner nicht, da er das längst in sein börsenlogisches Kalkül mit einbezogen hat.

Es gibt auch Börsenspezialisten, die sich in die gesamte Breite aller zyklischer Branchen einarbeiten, was viel Zeit erfordert, aber äußerst lohnenswert ist. Die simple These dieser »Zykler« lautet: Warum soll ich mich mit 25 Prozent Gewinn bei Standardwerten zufriedengeben, wenn ich mit zyklischen Aktien 50 Prozent und mehr einheimsen kann? Jedoch sind solche Investments nichts für jedermann. Das muß deutlich vorangestellt werden. Und ehrlich gesagt, sogar manch hartgesottener Börsenabenteurer ist damit schon schwer unter die Räder gekommen.

Worin liegt die Gefahr? Wer infolge übertrieben optimistischer Beurteilung zu früh einsteigt, kann vor einer schier unüberwindlichen Dürrezeit stehen. Mehr als für alle anderen gilt für die Zykler-Fans: »Wer zu früh kommt, den bestraft die Börse.« Was folgt, ist eine unermeßlich lange Wartezeit. Objektiv betrachtet, mag die Zeit gar nicht so ewig sein, doch wer tief im Verlust liegt, dem bedeutet jeder Tag ein Trauma. Wenn einer über langjährige Börsenerfahrung verfügt, steht er es durch, aber Ungeduldige scheitern. Doch das macht nichts, im Gegenteil, wir brauchen diese Börsen-Jojo-Spieler, sonst verkauft uns keiner die billigen Stücke, und keiner ist da, der sie uns teuer wieder abnimmt.

Wenn die Krise kommt oder, besser gesagt, naht, da die Börse diese Situation vorwegnimmt, dann trifft es auch die besten der Branche. Man denke bei den Bauwerten an die tief fallenden Kurse der Philip Holzmann AG, bei Hochtief oder Bilfinger und Berger, allesamt erstklassig geführten Unternehmen, denen die Auftragslage schwer zusetzte. Aktionäre, die nicht rechtzeitig Kasse machten, haben in jedem Fall eine Menge gelernt. Eines gewiß, daß man nämlich bei zyklischen Titeln kein Daueraktionär sein darf, wenn man Geld verdienen will. Von der Dividende allein kann bei diesen Aktien keiner satt werden.

Zum Glück können Aktienkurse nicht nur sinken. Die Trendwende kommt immer, nur weiß keiner wann. Um so schöner, wenn der Börsenzug vom Tal in Richtung Gipfel fährt. Das ist bei den Zyklern ein wahrer Genuß. Je ausgehungerter man vorher war, desto üppiger fällt das Menü jetzt aus. In der Sparte Baumaschinen beweist das keiner besser als die Mannheimer Joseph Vögele AG. Wer die Aktie 1983 kaufte, bezahlte zunächst einmal 180 DM und glaubte, das Geschäft seines Lebens gemacht zu haben. Die Theorie war gar nicht schlecht, doch wer dem freudigen Investor gesagt hätte, daß er sechs Jahre würde warten müssen, bis er auch nur seinen Einstandskurs wiedersieht, wäre auf ungläubiges Erstaunen gestoßen. Aber so hart war die Realität. Dafür ging's dann schnell und stürmisch nach oben, doch die meisten damaligen Anleger waren auf dieser Fahrt nicht mehr dabei, weil sie lange vorher resigniert hatten.

Joseph Vögele AG

Was ist der schönste Tag im Leben eines Börsianers?
– Der Tag, an dem er seinen Einstandskurs wiedersieht.

Im schwäbischen Reichenbach/Fils geht es bei den Hauptversammlungen von Traub munter zu, besonders wenn die Kurse im Keller sind. Obwohl man dort offen und ehrlich ist, die Lage nicht beschönigt, damit keine falsche Euphorie aufkommt, hauen die Aktionäre kräftig auf den Putz. Schaut man den

Traub AG

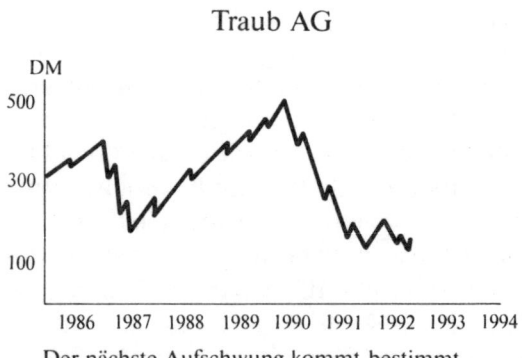

Der nächste Aufschwung kommt bestimmt.

114

Aktienkurs des Maschinenbauers an, wird alles klar. Zunächst ab 1986 ein Erfolg, dann kommt der Oktober-Crash 1987, für den man nichts kann, und danach zeigt sich, was ein richtiger Zykler ist: Zweieinhalb Jahre Super-Spezialitäten-Hausse, und danach, nicht zuletzt wegen japanischer Konkurrenz, schmiert der Kurs ab von 480 DM auf unter 140 DM.

Wer sich statt an der kleinen Fils lieber am Rhein aufhält, kann sein Glück mit dem Kölner Konzern Klöckner-Humboldt-Deutz versuchen; möglich, daß daraus Rheingold wird. Dort ist man nervenstark. Egal, wie schlecht die Konjunktur im In- und Ausland auch ist, man steckt das genauso weg wie die hohen Tarifabschlüsse und andere Knüppel, die dem Unternehmen zwischen die Beine geworfen werden. Klagen hat noch niemandem geholfen. Nur Börsianer, die eine ähnliche Nervenstärke wie die KHD-Manager haben, dürfen sich zu diesem Fischzug aufgefordert fühlen, alle anderen blättern bitte schnell weiter!

KHD AG

Warum ist es am Rhein so schön? –
Hinauf und hinab und in die Höh', kein K. O. für KHD!

Seit eh und je sind Rohstoffe extrem konjunkturabhängig. Meist fallen die Aktien dieser Unternehmen noch mitten im Boom steil ab, weil man die kommende Nachfrageschwäche bereits voraussieht. Dauert der tatsächliche Abschwung dann lange, sitzen viele Aktionäre auf Verlustpositionen riesigen Ausmaßes. Kleinere Rohstoffproduzenten machen teilweise oder für immer dicht. Viele wurden schon an die Wand gedrückt. Trotzdem finden die Rohstoff-Aktien ihre Liebhaber. Nicht wegen der

115

Verluste, sondern wegen der erstaunlichen Gewinne. Es gibt sogar eine Anlegerspezies, die langjährig Verluste aussitzt, aufstockt und später wie Phönix aus der Asche hochsteigt. Doch das ist nicht jedermanns Gusto. Wie sieht es tatsächlich mit diesen Titeln aus? Um niemanden in den Bankrott zu treiben, bleiben wir hier bei den großen Rohstoffproduzenten, die vor Pleiten sicher sind. In den USA gehören dazu AMAX und Asarco, im Kupfer-Bereich ist Phelps Dodge zu nennen. Ein paar Streiks irgendwo, und die Kurse schießen nach oben. Auch die Kanadier haben mit Alcan und INCO zwei Superpapiere. Wem das nicht genügt, will möglicherweise solide Australier kaufen. Trotz aller Solidität geht's natürlich bunt zu:

M.I.M. (Australien)

Auch 5 Jahre nach dem Crash läuft man dem Top-Kurs noch hinterher. Dafür wird er beim nächsten Anlauf weit überboten.

Zyklische Aktien sind etwas für Börsianer mit Gefühl und ohne Gefühl. Wer gerne leidet und sich gerne riesig freut, wird hier erstklassig bedient. Coole, gefühllose Spekulanten sind im Vorteil, da sie Situationen, einem Chirurgen gleich, emotionslos analysieren und das gesamte Engagement professionell durchziehen. Bleibt nur die Frage, welchem der beiden Typen zum Schluß der Champagner besser schmeckt?

116

TURN-AROUND-AKTIEN

Diese Art von Papieren könnte man genausogut Krisen-Aktien nennen. Einen echten Turn-Around-Kandidaten wenigstens einmal im Depot zu haben und ihn auch durchzustehen, ist das Ziel vieler Spekulanten. Damit die Aktie sich als Turn-Around-Wert qualifizieren kann, muß das dahinterstehende Unternehmen in die totale, das heißt existenzbedrohende Krise abgleiten. Das unterscheidet diese Aktien vom Typus der Zykler, die nicht krisen-, sondern lediglich konjunkturbedingt ihre gewaltigen Kursschleifen ziehen.

Legendär ist der gelungene Turn-Around, die Trendwende, von AEG vor über zehn Jahren oder in den Vereinigten Staaten der von Chrysler, in dessen Verlauf Mr. Iacocca zum Starmanager avancierte. Noch heute bedauert so mancher Börsenjobber, daß er nicht einmal 100 Prozent – von den möglichen über 1000 Prozent – an Gewinn mitgenommen hat. Solche Chancen sind zwar nicht alltäglich, kommen aber immer wieder. Nicht vergessen sollte man aber die vielen anderen Fälle, wo der Turn-Around kräftig daneben ging, zum Teil sogar in einer Bruchlandung endete. PanAm war so ein Fall. Der werberächtige Slogan »Up, up and away« hat sich auf makabre Weise bewahrheitet.

Aber es muß ja nicht gleich in die Binsen gehen. Manchmal benötigt ein Unternehmen mehrere Ansätze, um die Trendwende vollziehen zu können. Ergebnis für den Spekulanten: Die Kurserholung bricht erst mal wieder in sich zusammen. Das Geld ist fast weg, die Hoffnung bleibt. Das ist in solchen Situationen aber auch das einzige. Die Nähe zu den Casino-Aktien wird nun spürbar.

Beispielhaft für einen seriösen Turn-Around-Wert ist die Philips-Aktie. Neues Management, Massenentlassungen, Schicksalsfrage in Eindhoven – so und ähnlich lauteten die Schlagzeilen der internationalen Presse. Der Kursverlauf der Aktie schien nur noch eine Richtung zu kennen, die in Richtung Hölle. Doch es kam anders, alles schien bestens, aber nur bis zum nächsten Tiefschlag. Nicht das Schicksal, sondern die Manager entscheiden, wie hell die Philips-Glühlampen in Zukunft leuchten.

Philips-Glühlampen

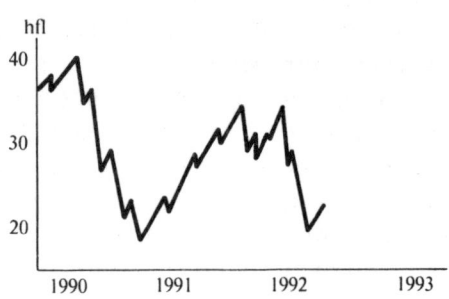

Aus analytischer Sicht ein klarer Kauf –
bei überschaubarem Risiko!

Bei der vermuteten Trendwende, beim möglichen Turn-Around kommt es zum unvermeidlichen Zusammenstoß zwischen Optimisten und Pessimisten. Letztere suchen ihr Heil in der Flucht, akzeptieren jeden Preis für ihr verschmähtes Papier, sind froh, wenn sie den Namen der Aktie nie mehr sehen, und sie wollen an dieses Unternehmen auch nie mehr erinnert werden. Die Optimisten sind beglückt, bei den ersten fünf Pfennig Kursausschlag nach oben bereits berauscht, und bei weiteren fünf Pfennig wähnen sie sich schon im Börsenhimmel. In Wahrheit sind beide Haltungen unsinnig und bezeugen nur, wie viele Verrückte es an der Börse inzwischen gibt.

Es zählen immer nur Tatsachen und ihre Bewertung. Davon gebe ich den Facts das erste Drittel und den psychologischen Interpretationen, denn um nichts anderes handelt es sich, die restlichen zwei Drittel. Die nächste unliebsame Wahrheit: An das echte, reale Zahlenmaterial kommt man kaum heran. Wel-

118

cher Manager eines krisengeschüttelten Unternehmens wäre denn auch so dumm, damit rauszurücken. Und falls er es doch tut? Dann hat alles seinen Preis. In Wirklichkeit erhält man bewußt geschönte oder – was mindestens ebenso häufig der Fall ist – bewußt übertrieben negative Darstellungen nach dem Motto: »Jetzt sag' ich Ihnen mal ungeschminkt, wie die Sache wirklich steht.« Während man im ersten Fall Seelenmassage betreibt, um die Gläubiger und Aktonäre zu beruhigen, was auch gelingt, da der Kurs steigt, will man im zweiten Fall den Kurs nach unten drücken. Man kriegt doch viel mehr Stücke, wenn der Kurs niedrig ist. Meistens steht die Trendwende kurz bevor, und somit besteht für die Manager, deren Verwandtschaft und Bekanntschaft die letzte Möglichkeit, sich nochmals günstig einzudecken und beim Kursanstieg den großen Reibach zu machen. »Insider-Profiteure am Werk«, so müßte die Schlagzeile lauten, die es allerdings nicht geben wird, da niemand davon erfährt. Das wäre auch zu gefährlich, denn schließlich gibt es Insider-Richtlinien, nach denen solche Geschäfte verboten sind. Bei Turn-Arounds kommen sie oft vor, bloß kann das natürlich keiner beweisen.

Das muß so deutlich ausgesprochen werden, um bei diesem harten Geschäft jede Naivität auszuschließen. Der heiße Tip über die Trendwende bei diesem oder jenem Unternehmen ist unsinnig, zusammengelogen oder eine ganz gezielte Irreführung, mittels deren man ein paar Dummköpfe zum Kauf stimulieren will. Letzteres klappt in der Praxis hundertprozentig. Das ist aber auch die einzige Aussage, die man über derartige Praktiken mit hundertprozentiger Sicherheit sagen kann.

Wer bei Turn-Around-Situationen im Zweifel ist, sollte lieber die Finger davon lassen. Bewährt hat es sich auch, statt auf kleine Unternehmen zu setzen, lieber angeschlagene Großunternehmen für spekulative Zwecke in Betracht zu ziehen. Das hat einen plausiblen Grund: Die Kleinen hängt man, die Großen läßt man laufen – was besagt, daß es sich die Gesellschaft (sprich die Politiker) nicht leisten kann, Arbeitsplätze im großen Stil zu gefährden; die üblichen Gründe eben. Von diesem sogenannten öffentlichen Interesse profitiert dann der Kleinspekulant. Im Zweifel also lieber Philips kaufen als irgendeine Firma Bämberle in Liedrichhausen, wobei die Namen diesmal ausnahmsweise frei erfunden sind. Zur Versöhnung schließlich noch ein echter Turn-Around-Kandidat, dessen Existenz zwar nie bedroht war, der aber doch deutlich Schlagseite bekam und schon einmal die Trendwende geschafft hat. Das war nach dem 87er-Crash, als sich der Kurs mehr als verdoppelte. Die Rede ist von der Degussa, die nun schon den zweiten Anlauf macht, aber immer noch nicht richtig vom Fleck kommt. Aus fundamentaler Sicht sehen die Perspektiven jetzt günstiger aus, und vom chartistisch-psychologischen Standpunkt aus betrachtet, ist die Aktie ein klarer Kauf. Eine mehrjährige untere Widerstandslinie um die 280, nach oben bei 500, die bereits zweimal gekappt wurde und im Jahr 1994 wieder erreicht werden sollte.

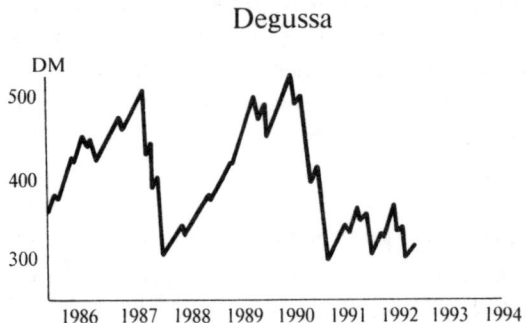

Bleibt die Frage, ob man sich für einen sehr wackeligen oder für einen etwas aussichtsreicheren Turn-Around-Anwärter entscheidet. In der Praxis ist das nicht nur vom Ziel, sondern stärker noch von den Nerven abhängig.

120

AUF CRASH-KURS

Seit dem 19. Oktober 1987 ist der Crash in aller Börsianer Munde. Die meisten fürchten ihn, hassen ihn, doch manche sehnen ihn sogar herbei. Crash, dieses Wort muß man erst einmal richtig auszusprechen lernen. Man kann es nicht so einfach dahinsagen, sondern muß es sich auf der Zunge zergehen lassen und kann es eigentlich nur ganz breit amerikanisch artikulieren – jeder vornehmere Versuch wird weder Wort noch Inhalt gerecht. »It's a real crash, not to believe« sagte man 1987 an der Wall Street. Kaum einer glaubte, daß sich 1929 wiederholen würde. Und trotz des gewaltigen Kurseinbruchs hatten diese Leute recht, denn es gab kein zweites 1929.

Crash bedeutet nichts anderes als plötzlicher Absturz. Es folgt eine äußerst harte Landung. Doch während beim Flugzeugabsturz kaum jemand eine Überlebenschance hat, kommen beim Börsencrash nur wenige um. Die meisten halten durch, sitzen ihre Verluste aus und sind später wieder oben.

Crash und Baisse sind zwei völlig verschiedene Phänomene. Der Crash ist Blitz und Donner zugleich, die Baisse ähnelt einem Wetterumschwung, den man anfangs gar nicht begreift; erst später kapiert man, daß es abwärts geht.

Wer voll investiert ist, dem vergeht beim Crash hören und sehen. Er ist fassungslos, versteht die Börsenwelt nicht mehr. Vor allen Dingen weiß keiner, was er tun soll, und diese Handlungsunfähigkeit ist das allerschlimmste. Soll man verkaufen? Wer verkauft schon gerne zu Tiefstkursen? Halten? Aber vielleicht sinken die Kurse noch tiefer? Ein komplizierter Psycho-Mechanismus voller Unsicherheiten und Irritationen wird wirk-

»FAZ«-Index

Der Index beweist es: Durch den Crash 1987 wurden
2½ Jahre Börsenaufschwung kaputtgemacht. Der langfristige Aufwärtstrend bleibt dennoch intakt!

sam und infolge weltweiter Kommunikation immer spannungs-
geladener.

Die Börsenartisten vor dem Kurszettel – ratlos! Von wegen!
Das ist die Geburtsstunde der Gurus. Wie aus einem 60jährigen
Tiefschlaf erwacht, stehen sie plötzlich auf der Matte und wit-
tern ihre Chance. Denn sie haben ja vorher alles gewußt, und
das können sie sogar beweisen; sie versuchen es zumindest.
Doch das ist in einem solchen Moment Energieverschwendung,
denn man glaubt ihnen auch so und frißt ihnen aus der Hand.

In Zeiten des Crashs steigt der Bedarf nach Gurus immens.
Ihre Vorträge und Börsen-Exposés werden fast unbezahlbar,
möchte doch jeder gerne einem Mann lauschen, der alles weiß,
einem Propheten eben. Früher hatte man seine Experten, aber
was taugt ein Experte im Vergleich zu einem Weissager, der über
magische Kräfte verfügt und es so wunderbar versteht, einem
gehörig angst zu machen. Letzteres kann ganz heilsam sein. Die
Masse glaubt inzwischen nicht mehr nur an den Crash, sondern
wähnt den GAU, den richtigen Super-GAU, in Sicht. Dieser
größte anzunehmende Börsen- und Finanzunfall steht also
kurz vor der Tür.

Das ist der Test! In solchen Situationen beweist man, ob man
ein echter Börsianer, ein richtiger Vollblutspekulant ist oder
nicht. Es ist der härteste Praxis-Test der Welt. Und jeder von uns
wird ihn mindestens einmal in seinem Börsenleben mitmachen,

122

ob er will oder nicht. Es trifft auch die Besten, denn es gibt leider immer noch kein absolut sicheres Frühwarnsystem. Außer ein paar relativ unsicheren Indikatoren haben wir nichts in der Hand. Und selbst wenn wir es ahnen, intuitiv die große Gefahr spüren, können wir uns im Timing dennoch um ein ganzes Jahr verschätzen. Zwölf Monate zu früh, wer hält das schon aus? Alles verkaufen und ein Jahr lang nichts investieren? Noch schlimmer: Alles auf Puts setzen, die natürlich alle nicht aufgehen. Auf diese Art und Weise sind schon ganze Mannschaften von Profis in die Luft geflogen. Puts sind nichts anderes als Verkaufsoptionen, die nur dann steigen, wenn die Aktienkurse nach unten gehen. Mit diesem Dynamit sollten jedoch nur Sprengstoffexperten spielen.

Aus aller Erfahrung heraus wird klar, daß man mitten im Crash die Nerven und auch die Aktien behält. Wer noch Bares übrig hat, kauft dazu und wartet auf bessere Zeiten. Denn die kommen garantiert, das ist gesetzmäßig.

Beim echten Crash kommen die *good times* sogar sehr bald. Schlimmer wird's in der Baisse. Langsam und träge wälzt sich dieses riesige Börsenungeheur heran. Langsam aber sicher vernichtet es ein Depot nach dem anderen. Während der Crash auch vom naivsten Börsensäugling bemerkt wird, registriert den Beginn einer Baisse überhaupt keiner. Ähnlich ist es bei deren Ende. Keiner merkt, daß die Baisse vorbei ist.

In Zukunft werden wir es vermutlich verstärkt mit mittleren Crashs zu tun haben, das heißt, die Märkte werden öfter als in der Vergangenheit einer vergleichsweise drastischen Korrektur unterliegen und danach wieder ansteigen. Auslöser sind Massenschocks, Programmhandel und die auf kurzfristigen Gewinn erpichten Geldgiganten. Die Massen sind ungeheuer beeinflußbar, erst recht durch negative Argumente und Headlines, die viel stärker als positive auf die Börse durchschlagen. Die Geldgiganten brauchen dringend Tiefstkurse, da nur so neue erfolgreiche Transaktionen möglich sind. Meistens trägt die Spezies internationaler Politiker den Hauptteil zum Crash bei. Jeder erinnert sich daran, wie die Kuwait-Krise und der nachfolgende Golfkrieg dem Deutschen Aktienindex (DAX) zugesetzt haben:

DAX-Index

Polit-Crash stürzte den DAX 500 Punkte nach unten!

Im Falle eines Polit-Crashs besteht große Hoffnung auf rasche Besserung. Wer aus dringenden Gründen verkaufen muß, sollte es sofort tun oder gar nicht, denn die Kurse drehen ziemlich schnell. Drei oder sechs Monate nach einem Crash-auslösenden Ereignis zu verkaufen ist unsinnig. Das zeigt die Parallelität von 1987 und 1990 deutlich. Hin und wieder spielt bei weltpolitischen Ereignissen auch das Glück eine Rolle. Man denke dabei nur an den bereits erwähnten Umsturzversuch von 1991 in der damaligen Sowjetunion. Hätten damals die Militärs und Apparatschiks stalinistischer Prägung gesiegt, wäre ein internationaler Börsencrash riesigen Ausmaßes die Folge gewesen.

Bleibt die Hoffnung auf möglichst viel politische und ökonomische Vernunft. Menschliche Emotionen, die Crashs produzieren, sind ohnehin massenweise vorhanden. Doch wenn man sie nicht noch zusätzlich anheizt, werden wir Börsianer mit den kommenden Kursstürzen schon fertig. Wer ehrlich ist, muß zugeben, daß so ein kleiner Crash heilsam sein kann; er ist das Salz in der Börsensuppe. Es gibt doch nichts Schlimmeres als eine langweilige, vor sich hin dümpelnde Börse. Im Leben ist es genauso. Je länger eine Phase von fader Nüchternheit anhält, desto rastloser sucht man das Abenteuer, den Rausch, die Ekstase.

III. TEIL
KAUFEN – VERKAUFEN – GEWINNEN

»Sie wissen nicht,
daß sie nur die Jagd
und nicht die Beute suchen.«

Blaise Pascal

KAUFEN – VERKAUFEN – GEWINNEN

Der Börsenerfolg beruht in der Tat auf nichts anderem. Wer keine Aktien kauft, hat logischerweise keine zum Verkaufen. Solche Nichtaktionäre freuen sich regelmäßig nach jedem größeren oder kleineren Kursdebakel, daß es sie nicht erwischt hat. Sie sind allerdings auch nicht dabei, wenn die Aktien zum neuen Höhenflug starten. Doch das sind Lebensentscheidungen, die man akzeptieren sollte. Schlimmer wird es, wenn jemand den perfekten Spekulanten mimt und behauptet, beim Höchstkurs ausgestiegen zu sein, nachdem er natürlich zuvor beim Tiefstkurs investiert hatte. Wem es gelingt, der hat Glück gehabt, sonst nichts.

Wer Aktien nicht verkauft, kann auch keinen echten Gewinn erzielen. Möglicherweise ist er im Gewinn, da er seine Papiere zum Kurs von 300 DM erwarb und der aktuelle Stand eine Kursnotiz von 450 DM ergibt. Es gibt eventuell gute Gründe, die Aktie jetzt nicht zu verkaufen. *Effektiv kann aber erst dann von Gewinn gesprochen werden, wenn die Aktie verkauft wurde.* Dieser Satz ist so ungeheuer wichtig, daß ich ihn am liebsten siebenmal hintereinander schreiben würde. Man glaubt gar nicht, wie oft das Verkaufen in der Praxis vergessen wird. Obiger Anleger hat also mit seiner Aktie einen theoretischen Gewinn von 50 Prozent erzielt. Ob er einmal einen tatsächlichen Profit machen wird, das wird die Zukunft zeigen.

Genausogut kann man an der Börse natürlich auch verlieren. Es wird übrigens sehr viel Geld an den Weltbörsen täglich verloren. Doch das ist nicht das Ziel, weswegen ich dieses unschöne Wort in der Kapitelüberschrift weggelassen habe.

Allerdings sollte sich jeder Spekulant innerlich auf Verlust gefaßt machen und vorbereiten. Auch soll man das Verlieren nicht
zu sehr abwerten, denn zum einen ist es eine notwendige Voraussetzung dafür, daß andere gewinnen können, und zum andern sollte man die psychologisch-erzieherische Wirkung nicht
geringschätzen. Ein herber Verlust ist oft hilfreicher als ein
großer Gewinn. Für den hektischen übereifrigen Anfänger gilt
das ganz besonders.

Die entscheidendste Voraussetzung für den Erfolg ist, daß
man sich dem Geschäft der Spekulation mit dem größtmögli-
chen persönlichen Aufwand widmet. Nur oberflächlich dabeizusein bringt nichts ein. Hin und wieder ein paar Tips annehmen und umsetzen widerspricht allen Erfolgsregeln. Nichts
anderes als eine professionelle Sichtweise und Einstellung hilft
weiter. Das ist bei jedem Beruf, den man ergreift, genauso. Sich
gelegentlich etwas zu bewegen führt über mittelmäßige Leistungen nicht hinaus, im übrigen fühlt man sich unwohl. Nur der
volle Einsatz baut auf, und an der Börse arbeitet man mit einem
sehr hohen Einsatz.

TATSÄCHLICHER EINSATZ DES SPEKULANTEN:

Rationale Energie	*Emotionale Energie*	*Finanzielle Energie*
geistige Leistung/ Lebenszeit zur Verfügung stellen/ Ausarbeitung stra-tegisch-taktischer Überlegungen/ Chance-Risiko-Ba-lance analysieren/ ununterbrochene Informationsauf-nahme ...	psychische An-spannung beim Steigen oder Fal-len eines Kurses/ permanenter Ent-scheidungsstreß/ hohe Anforderun-gen an Disziplin und Selbstkon-trolle ...	Geldmittel, die für andere Lebensbe-reiche eingesetzt werden könnten.

128

In Wirklichkeit ist es also nicht nur Geld, was hinter den spekulativen Abenteuern steckt, sondern die ganze Persönlichkeit. Solange man den Einsatz akzeptiert und sich mit der Börse identifiziert, ist das eine wunderbare Sache, im anderen Fall sollte man sich verabschieden. Das ist immer besser als irgend etwas nur halb zu machen.

Wenn das klargestellt ist, gilt es die eigene Persönlichkeit zu durchleuchten. Der Börsendschungel bietet ein so vielfältiges Angebot, daß man etwas Ordnung hineinbringen muß, um zu klären, für welche Art von Aktien man überhaupt geeignet ist. Die Frage lautet: Welcher Spekulationsgrad paßt am besten zur eigenen Psyche? Wer wenig Nervenkraft investieren will oder kann, wendet sich den pflegeleichteren konservativen Papieren zu. Wen die Volatilität der Spezialmärkte mehr reizt, kauft dynamische Aktien, und wem das immer noch zu langweilig ist, der hat mit hochspekulativen Aktien und Optionsscheinen alle Hände voll zu tun. Allerdings muß er psychisch stabil und extrem belastbar sein, sonst ist es mit der Ruhe aus.

Persönlich-strategische Grundentscheidung

Konservative Strategie	*Dynamische Strategie*	*Hochspekulative Strategie*
Blue Chips	Zyklische Aktien	Turn-Around-Aktien
Renditeaktien	Spezialwerte	Casino-Papiere
		Optionsscheine

Durch dieses breite Spektrum sind die Aktienmärkte im wesentlichen erfaßt. Der einzelne entscheidet sich für seine Basisstrategie, die er so lange beibehält, bis er glaubt, sie verändern zu müssen; oder bis er etwas Neues wagen will. Die Vielfalt ist auch ein Teil des Reizes der Börse, und zudem gibt es jeden Tag eine neue Chance. Selbstverständlich sind die einzelnen Strategien kombinierbar, etwa 60 Prozent konservativ, 20 Prozent dynamisch und 20 Prozent hochspekulativ, doch ich rate zunächst zu größter Solidität. Langjährige Erfahrung gebietet diesen Rat. Es geht ums Geld, um den Ernst des Lebens, nicht ums Spiel. Wer konservativ investiert und einen einigermaßen geeigneten Börsen-IQ mitbringt, wird langfristig wesentlich erfolgreicher sein als ein anderer konservativer Anleger, der ausschließlich im Anleihen-Sektor tätig ist. Kommt noch hinzu, daß das Chaos der Börse interessant ist, während feste Renten-Renditen langweilen. Die Unvorhersehbarkeit übt einen starken Reiz aus.

Die Informationsaufnahme stellt uns vor das nächste Problem, das sich gliedert in
- die Informationsvielfalt,
- die knappe Zeit, die aufgrund beruflicher und anderer Belastungen zur Verfügung steht.

Tageszeitungen, Wirtschaftszeitungen und -journale, spezielle Börsenblätter und -dienste, Rundfunk- und Fernsehsendungen und so weiter kosten Geld und Zeit. Man kann aber nicht darauf verzichten. Börsenkünstler lernen jedoch rasch und wissen das Wichtige vom Unwichtigen auszusondern. Unbestritten ist der hohe und tiefe Informationsgehalt einiger Tageszeitungen; trotzdem ist es fast noch wichtiger, zwischen den Zeilen lesen zu können. Die nackte Information bringt nicht viel, denn jeder hat sie. Die Interpretation hingegen ist alles. Meldungen aus Unternehmen, ja, teilweise sogar Geschäftsberichte, haben oft mehr mit gezielter Falschinformation zu tun, als man zunächst glauben mag. Analysten wissen ein Lied davon zu singen. Das ist bewußte Strategie à la Clausewitz, der vor knapp 200 Jahren schon wußte, daß im Krieg über 90 Prozent aller Nachrichten falsch sind. Die Abteilungen Desinformation laufen auf Hochtouren.

Hinzu kommen zahlreiche Börsengerüchte, die gezielt an die Gemeinde der Spekulanten herangetragen werden, wofür die auch noch dankbar ist. Manchmal nimmt das richtig überhand. Teilweise gleicht der Handel an der Börse einer Theatervorstellung, bei der die Souffleure die Hauptrollen spielen. Zumindest hat es den Anschein. Gerüchte können, völlig unberechtigt, große Kursstürze und ebensohäufig -aufschwünge hervorrufen. Die Absicht ist klar, man will billig ein- oder teuer verkaufen. Fazit: Nicht darauf reagieren, schon gar nicht im Sinne des Gerüchts, eher dagegen.

130

Vor dem Kauf ist die Chance-Risiko-Relation auszuloten. Das ist sehr schwer. Obige Dreiteilung liefert eine kleine Hilfe dazu, und man weiß in etwa, wo man sich hinbegibt. Bei spekulativen Geschäften sollte das Risiko von vornherein begrenzt werden, zum Beispiel auf zehn Prozent. Ist dieser Verlust erreicht, wird das Papier verkauft. Bei dieser Art Spekulation lautet der entscheidende Satz: Rechne bei jedem Investment, daß es auf Null gehen kann. Doch nicht nur das Risiko, auch die Chance will kalkuliert sein. Wer 50 Prozent verdienen möchte, muß sich einen anderen Markt suchen als jemand, der mit 20 Prozent zufrieden ist. Diese Werte sollten vorher ungefähr angepeilt werden, was nicht bedeutet, daß man sich in der Praxis dann exakt so verhält.

Bevor man kauft, ist die auf dem Börsenparkett vorherrschende Stimmung zu ergründen. In turbulenten Auf- und Abstiegsphasen ist das einfach, bewegt sich die Börse in ruhigerem Fahrwasser, ist es etwas schwieriger. Am besten geeignet ist der Anleger, der sich der herrschenden Stimmung entziehen kann und bei Kauf und Verkauf eine Kontraposition einnimmt. Wer gegen die Mehrheit entscheidet, wird, ja, muß erfolgreich sein. Das ist keine elitäre Theorie, sondern diese Erkenntnis resultiert aus langjähriger Beobachtung der Börsenpraxis. Ich weiß nicht, ob Kostolany recht hat, wenn er meint, daß 90 Prozent der Börsianer theorielose und emotionale Spieler sind, die über keine Strategie verfügen. Völlig falsch wird diese Ansicht jedoch nicht sein, und manchmal muß man sich sogar über die im Profilager vertretenen Thesen wundern. Dennoch gehört viel Mut dazu, gegen Mehrheitsmeinungen zu handeln.

Der kluge Investor ist gut beraten, zu Beginn seiner Börsenkarriere, aber auch zwischendurch, seine Gründe für den Kauf oder Verkauf schriftlich zu fixieren. Sie werden sehen, daß das gar nicht so einfach ist, da vieles initiutiv und rein emotional entschieden wird. Aber auch das läßt sich festhalten und ist für spätere Transaktionen hilfreich. Dabei sollten rationale und emotionale Gründe getrennt aufgeführt werden. Hierfür einige Beispiele:

KAUFEN

Rationale Gründe:

Niedriges KGV.
Guter Wachstumswert.
Hohe Rendite.
Kursverlauf deutet auf
Trendwende hin.
Zinsniveau wird
niedriger.

Umsätze signalisieren
baldige Hausse.

Emotionale Gründe:

Habe gerade Geld übrig, das
investiert werden muß.
Ich bin von X beraten worden,
dann muß es stimmen (emotionale Anpassung).
Mein Gefühl sagt mir, daß ich
jetzt kaufen muß.
Ich mag Mercedes, deshalb
kaufe ich die Aktie (emotionale
Bindung – dann müßte man
alles kaufen).

HALTEN

Rationale Gründe:

Aufwärtstrend ist noch
intakt.
Das Unternehmen wächst
weiter.
Neues, besseres Manage-
ment.
Mein Kursziel wurde noch
nicht ganz erreicht.
Wegen der Steuerfrist muß
ich noch zwei Monate mit
dem Verkauf warten.

Emotionale Gründe:

Ich habe das Gefühl, daß die
Aktie noch weiter steigt.
Ich muß eben durchhalten.
Der Kurs ist zwar gesunken,
aber ich mag die Aktie.
Frau Y. behält ihre Aktien auch,
weshalb sollte ich dann
verkaufen?
Jetzt ist die Aktie so tief
gesunken, daß ich sie gar nicht
mehr verkaufen kann.
Zwar habe ich schon über
100 Prozent verdient, aber ich
will noch mehr.

VERKAUFEN

Rationale Gründe:	Emotionale Gründe:
Mein Kursziel wurde exakt erreicht.	Ich habe genug verdient, also stoße ich das Papier ab.
Dem Unternehmen droht ein Verlust, deshalb verkaufe ich vorzeitig.	Mein Banker, Herr X., Frau Y. – sie alle verkaufen jetzt, also tu ich es auch.
Die Steuerfrist ist abgelaufen, also verkaufe ich jetzt.	In der Zeitung steht etwas von einer Verkaufswelle, die werden ja wohl ihre Gründe haben.
Ich brauche das Geld für ein neues Auto.	Diese Aktie hat mich schon so lange geärgert, ich kann sie in
Ich verreise und habe keine Zeit für Börsengeschäfte.	meinem Depot-Auszug schon gar nicht mehr sehen.
	Ich habe Angst, daß es einen Börsen-Crash gibt.

Die Trennung in rational und emotional bedeutet nicht zwingend eine Bewertung. Börsenlogik hat mit aristotelischer Logik nichts zu tun. Also gibt es durchaus auch emotionale, rein gefühlsmäßige Begründungen, die ihre Berechtigung haben und möglicherweise sogar besser sind als rationale Argumente. Um sich selbst aber besser kennenzulernen, ist es erforderlich, daß man sich seine eigene Begründung notiert. Der eine tendiert mehr zur rationalen Seite, der andere mehr zur emotionalen. Auf gar keinen Fall sollte man sich durch Beeinflussung verleiten lassen, wider die eigene Persönlichkeitsstruktur zu handeln, sondern immer bei seiner grundlegenden Börsenhaltung bleiben; neue Argumente kann man sich immer anhören und manche sich eventuell auch zu eigen machen, wenn man sie ausreichend geprüft hat. An der Börse werden immer mindestens zwei Seiten miteinander im Clinch liegen.

Fraglos ist es nicht gut, durchweg alle Börsenentschlüsse alleine zu Hause in der stillen Kammer zu fassen und dann umzusetzen. Gespräche mit anderen Börsianern – nicht mit Theoretikern, die keine Aktien haben – sind oft äußerst nützlich und helfen, die eigene Problemlage per anderer Sichtweisen zu durchleuchten. Völlig verkehrt ist es aber, nur noch auf andere zu hören. Auch der versierte Aktionär steht in dem Spannungsverhältnis, daß er auf der einen Seite ein Einzelgänger ist und sein will, auf der anderen Seite aber auch die Kommunikation mit andersdenkenden Börsianern braucht, ja, vielleicht ein wenig sogar so denkt wie diese. Eine totale Distanz gibt es nicht.

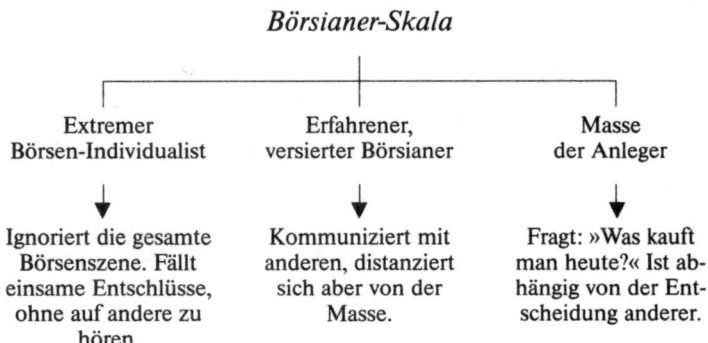

Börsianer-Skala

Extremer Börsen-Individualist	Erfahrener, versierter Börsianer	Masse der Anleger
Ignoriert die gesamte Börsenszene. Fällt einsame Entschlüsse, ohne auf andere zu hören.	Kommuniziert mit anderen, distanziert sich aber von der Masse.	Fragt: »Was kauft man heute?« Ist abhängig von der Entscheidung anderer.

Bezieht man die dazwischenliegenden graduellen Abstufungen mit ein, so lassen sich sämtliche Börsenaktivisten in dieses Schema einfügen. Jeder hat seinen Standort; dabei wird auch klar, wo man ihn nicht haben sollte. Vielleicht hilft es dem einen oder anderen, wenn er einmal gegen die Masse entscheidet. Immer mehr sollte man sich zu solchen Entscheidungen motivieren. Das muß einen ja nicht daran hindern, eine kleine Wegstrecke mit der Herde mitzulaufen, wenn der Trend gerade in deren Sinne bestärkt wird. »The trend is your friend« – dieser Ihnen bereits bekannte Slogan ist zwar ein guter Ratgeber, doch verrät er nicht präzise, wann man aussteigen muß, und das sollte man tunlichst vor dem großen Hammelsprung hinter sich bringen.

Der ideale Käufer/Verkäufer an der Börse müßte gleichzeitig ein hervorragender Analytiker und Pragmatiker sein, denn alle Analyse nützt nichts, wenn man nicht entsprechend handelt. Umgekehrt ist alle Pragmatik sinnlos, wenn keine solide analytische Begründung vorliegt. Es ist jedoch denkbar, daß man aus den verschiedenen Ansätzen seinen eigenen individuellen Weg zu einer ganzheitlichen Börsenbetrachtung findet. In Kombination mit einer fundierten Geld-Philosophie wird sich der Erfolg an der Börse fast zwangsweise einstellen. Richtig erfolgreich ist man erst, wenn man selbst in der tiefsten Baisse oder im Crash so richtig herzhaft darüber lachen kann.

DER PERSÖNLICHE
SPEKULATIONS-RHYTHMUS

Im richtigen Rhythmus zu leben ist eminent wichtig. Jeder einigermaßen sensible Individualist wird hier uneingeschränkt zustimmen. Und wie leicht kommt man aus dem Rhythmus, gerät außer Tritt, was eine ganze Lebensphase aus dem Gleichgewicht bringen kann. Genauso ist es an der Börse und fast ebenso schwierig, in das hektische Stakkato persönliche Harmonie zu bringen.

Wer ständig Verluste erleidet, neigt dazu, an neuen, ausgefeilten Strategien zu basteln. Das kann einen neuen Anfang bedeuten, wenngleich man so manchem Unglücksraben den schnellstmöglichen Abschied vom Börsenparkett nahelegen sollte.

Ein wichtiger, viel zu wenig beachteter Ansatz ist es, sich bereits vor Beginn des Aktienkaufs Gedanken über die Dauer der Anlage zu machen. Man unterscheidet folgende zeitliche Dimensionen:

kurzfristig
mittelfristig
langfristig

Diese Begriffe kennen Sie etwa von der staatlichen Finanz- oder Haushaltsplanung her, nur beinhalten sie dort einen ganz anderen zeitlichen Rahmen. Wichtig ist für den einzelnen Anleger, daß er erkennt, welche Zeitspanne seiner Börsen-Persönlichkeit am besten entspricht.

Ein universales Börsengenie wird sich natürlich für alle drei Zeitrhythmen entscheiden und sämtliche optimal beherrschen. Nachstehender Text ist also nur für Börsianer geschrieben, die sich selbst nicht als Finanzgenie bezeichnen.

Er umfaßt den Zeitraum von einem Tag bis zu sechs Monaten. Das ist eine gut überschaubare Zeit, die seriöse Prognosen zuläßt. Erstellen Sie einmal Vorhersagen für diesen Zeitraum. Sagen Sie vier, fünf oder auch zehn einzelne Ereignisse vorher, von denen Sie glauben oder überzeugt sind, daß sie mit ziemlicher Gewißheit eintreten werden. Wenn die Zeit abgelaufen ist, überprüfen Sie Ihre Prognosen, die z. B. lauten könnten:

- Der Diskontsatz wird gesenkt.
- Die Steuern werden erhöht.
- Bei der nächsten Bundestagswahl werden die Ergebnisse ungefähr lauten . . .
- Der DAX wird ca. 110 Punkte höher stehen.
- Prognose einzelner Titel wie VW, Veba, Mannesmann, BASF.
- Der Dow Jones wird auf . . . sinken.

Dieses »Spielchen« sollte niemandem kindisch vorkommen, denn der Aktienkäufer macht nichts anderes. Er ist überzeugt davon, daß zum Beispiel seine VIAG-Aktien steigen werden, nur drückt er das nicht so explizit aus. Im anderen Fall wäre er ja ein Dummkopf, so er sie dennoch kaufte.

Im Vergleich mit dem mittel- und langfristigen Rhythmus wird man meistens feststellen, daß die kurzfristigen Prognosen deutlich öfter stimmen. Das ist nur logisch. Für den einzelnen Investor kommt es darauf an, daß diese Zeitspanne seinem Rhythmus entspricht, daß es ihm Spaß macht, das Geld in dieser Zeit herumzujonglieren, es ein-, zwei-, dreimal oder öfter umzudrehen. Früher oder später wird er diese Zeitspanne sowieso überschreiten, zumindest gelegentlich, allein schon wegen der vom Finanzamt gesetzten Spekulationsfrist. Steuerfreie Gewinne sind immer besser. Aber der Fiskus stellt für diesen Typ der Spekulanten auf gar keinen Fall das wichtigste Kriterium dar.

Ein solcher Kurzfrist-Trader wird Erfolg haben, obwohl er den ganz großen Gewinn kaum einfahren wird; dafür ist dieser Zeitraum zu kurz. Doch im Bewußtsein dessen läßt es sich gut leben und spekulieren, da auf der anderen Seite auch keine überproportional großen Verluste drohen. Sehr ökonomisch-rationale Anleger sichern ihren Gewinn ab und begrenzen gleich-zeitig ihren Verlust. Der Vorteil gegenüber anderen, die ewig lang ihre Verlustpositionen aussitzen, liegt auf der Hand: Man hat immer Geld. Auch wenn man gelegentlich mit Verlust seine Stücke abgibt, es ist immer eine Manövriermasse da, die man hin und her schieben kann. Innerhalb dieses Zeitraums, der trotz seiner Kürze manchmal erstaunliche Kursbewegungen hervorbringt, kann man seinen Gewinnstop bei 20/25 Prozent ansetzen und die Verlustbegrenzung bei 10 Prozent. Das sähe dann so aus:

Kauf der Aktie
am 5. 1.   Kurs 200

Kurs steigt: Verkauf am 16. 4. Kurs 240   Gewinn 20 Prozent
Kurs fällt: Verkauf am 16. 4. Kurs 180   Verlust 10 Prozent

Das ist nicht nach jedermanns Geschmack, der Kurzfrist-Speku-lant kann jedoch sehr gut damit leben. Mitten im Crash, wenn bei der Masse Heulen und Zähneknirschen herrscht, fühlt er sich putzmunter. Er hat ja verkauft, eventuell mit Verlust, doch das steht er durch, zumal er noch Cash übrig hat.

MITTELFRISTIGER SPEKULATIONS-RHYTHMUS

Heute heißt Geld mittelfristig anlegen, es für sechs Monate bis zu eineinhalb Jahren an der Börse arbeiten zu lassen. Das mag kurz klingen für eine mittelfristige Investition. Doch betrachtet man das spekulative Umfeld und erwägt vor allem, was in dieser Zeitspanne alles so passieren kann, dann sieht die Sache schon anders aus. Der erfahrene Anleger sollte einmal ein paar seiner Transaktionen Revue passieren lassen und Gewinne wie Verlu-ste daraufhin abklopfen, in welchen Zeiträumen sie erfolgten. Bei vielen Investments hätte man es sich nicht zu träumen gewagt, auf welchem Stand sie tatsächlich nach ein- bis einein-halb Jahren waren.

Mutmaßlich jeder weiß um die rasante Kursentwicklung der VW-Aktie nach dem Crash von 1987. Im Spezialwerte-Bereich ging es noch dramatischer zu. Ich wähle als Beispiel eine Aktie, die auch künftig interessant sein wird, den Immobilientitel AGROB. Um die Jahreswende 1987/1988 herum kostete er 130 DM, ein Jahr später war die Aktie bei 480 DM. Das ist eine Superperformance, wie sie natürlich nur nach einer extremen Korrektur möglich ist.

AGROB

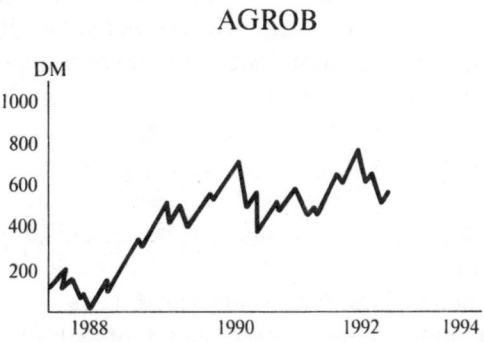

Kursexplosion: Der mittelfristige Spekulant war dabei. Wer anfänglich nach einem halben Jahr ausstieg, bekam nur 200 DM pro Aktie.

Jetzt muß man natürlich objektiverweise einräumen, daß der Kurs wiederum eineinhalb Jahre später auf 700 DM geklettert war, die sich der Langfrist-Anleger sichern konnte. Prozentual betrachtet, hatte aber der mittelfristige Investor den größten Gewinn, außerdem konnte er neu einsteigen, da der Kurs wieder unter 350 rutschte.

Die Börse besteht nun mal aus vielen Wenn und Aber, und deshalb muß man sich an ein paar festen Prinzipien orientieren, um im Dschungel nicht unterzugehen. Die mittelfristige Aktienanlage ist ein solcher Fixpunkt, auf den man bauen kann. Eine große Zahl von Spekulanten hat damit viele positive Erfahrungen gemacht.

Geduld bringt Geld. Den ganz großen Gewinn erzielt nur, wer für mindestens eineinhalb Jahre bereit ist, der Börse sein Kapital zu borgen. Es können aber durchaus drei, vier oder fünf Jahre daraus werden. Wer vermag da noch mitzuhalten? Meistens sind es die nicht mehr ganz jungen unter den Börsenprofis. Frauen und Männer, die wissen, daß das Leben immer weitergeht, fangen beim ersten kleinen Verlust nicht gleich zu jammern an. Sie sind es, die einen ganzen Turn-Around an der Börse einmal durchstehen und kräftig aufstocken, während die Börsensäuglinge bereits den Löffel weggeschmissen haben. Einen realen Verlust erleidet man ja sowieso nicht, da man einfach nicht verkauft, wenn man von einem Papier überzeugt ist.

Die seriösen Langfristanleger favorisieren natürlich die Standards. Sie lieben sie um so heißer, je tiefer selbige in den Keller gepurzelt sind. Aber hin und wieder schnappen sie sich auch mal Spezialwerte, Mid Caps und Small Caps. Vorher wird das ganze Investment jedoch einer gründlichen Prüfung unterzogen; »Regie« dabei führt die Fundamental-Analyse, man will schließlich wissen, was man erwirbt. Nordcement war so ein Kandidat, ein echter Small Cap, noch dazu mit 23 Prozent freien Aktionären und einer Performance, von der hauptsächlich der Langfrist-Investor profitierte.

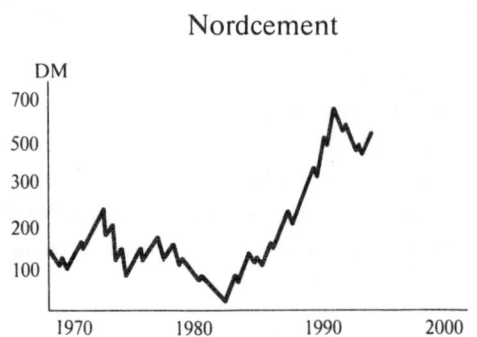

Nordcement

Von 50 DM auf über 600 DM in 8 Jahren.
Wer hatte bei der Aktie einen so langen Atem?

140

Noch heißer ging es bei der Maschinenfabrik Pittler zu. Wie oft wurde ich auf diese Aktie angesprochen? Zehn Jahre lang immer die gleiche Frage: »Wann soll ich denn aussteigen?« Was beweist, daß es für einen Spekulanten mit zum Schlimmsten gehört, ständig darüber nachzudenken, ob man ein Papier verkaufen soll oder nicht.

Pittler Maschinenbau

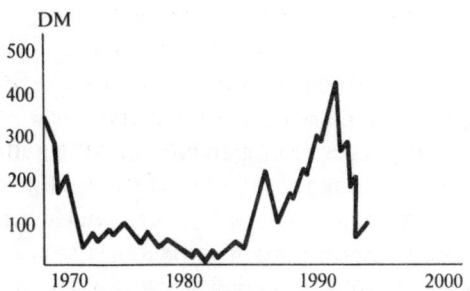

Nichts für schwache Nerven. Durchhalten und gewinnen – nicht 100, sondern 1000, nein 2000 %!

2000 Prozent Gewinn, ich kenne keinen, der das mit Aktien geschafft hat. Hier wäre es möglich gewesen. Diese Chance gibt es natürlich nur auf den kleineren Märkten, und es gibt sie ausschließlich, das muß hervorgehoben werden, für den langfristig orientierten Spekulanten. Natürlich ist es angesichts solcher Charts erklärlich, daß man vorher verkauft. Doch sollte keiner hinterher ergründen, warum es bei ihm nicht so toll geklappt hat.

Jeder hat seine Chancen. Kurz-, mittel- oder langfristige Aktienanlage – sie sind immer eine Sache der jeweiligen Persönlichkeit, die sie tätigt. Was man nicht darf: gegen sein eigenes Naturell spekulieren. Die letztendliche Bewertung, die Frage, welcher Rhythmus der bessere ist, muß der einzelne Investor selbst beantworten. Der für ihn erfolgreichste ist auch der beste.

KAUFE IM SEPTEMBER
UND VERKAUFE IM MÄRZ

So merkwürdig es klingt, das war die Erfolgsformel der letzten 20 Jahre. Von den zahlreichen mehr oder weniger wissenschaftlich-systematischen Untersuchungen kam die saisonale Betrachtungsweise der Börse bisher zu kurz. Mitunter hat man zwar einige flotte Sprüche kreiert – »In May go away« –, ansonsten aber jahreszeitliche Rhythmen kaum beachtet.

Zweifellos kann man aus statistischen Analysen keine felsenfesten Gesetzmäßigkeiten ableiten; das wäre zu simpel. Mindestens genauso verkehrt aber ist es, derart auffallende Zusammenhänge, wie sie sich im Fall des deutschen und amerikanischen Aktienmarktes ergeben, einfach zu ignorieren. Wie man sieht, gibt es gute Monate und schlechte Monate. Zunächst die deutsche Börse.

Börse Deutschland

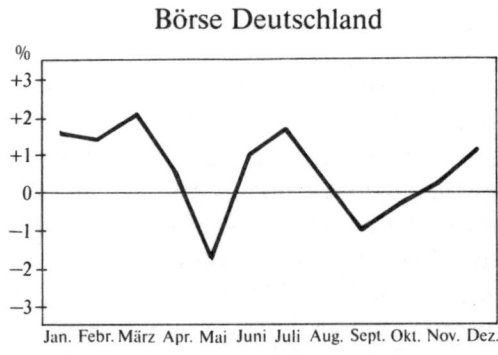

Durchschnittliche monatliche Kursschwankungen
1970–1992

Plötzlich kommt uns Spekulieren wie ein Kinderspiel vor. Nach der Sommerflaute im September legt man sich die Aktien ins Depot und verkauft sie im März. Da durch glückliche Fügung die sechsmonatige Steuerfrist überschritten wird, kassiert man den Gewinn brutto für netto. Doch zuviel Glück hat immer einen Haken. In diesem Fall: Das Ganze stimmt nur statistisch.

Dennoch kann die Graphik als Grundlage für Blue-Chips-Anleger oder Index-Spekulanten dienen. Zur Unterstützung sind eigene Aufzeichnungen unbedingt empfehlenswert.

Tip: Erstellen Sie Ihre individuelle Favoriten-Liste (nicht statisch, sondern dynamisch wechselnd) und ermitteln Sie die monatlichen Durchschnittsschwankungen. Das ist für Standard-, Spezialwerte und Auslandsaktien möglich und reizvoll.

Frappierende Übereinstimmung ergibt sich zum Beispiel mit dem Ende des Börsenjahres 1991. Waren nicht September, Oktober und November die besten Monate zum Kauf von Aktien? Anschließend ging es nach oben. Wer sich erst Ende Januar 1992 eindeckte, kam nur zu wesentlich höheren Kursen zum Zug. Aus Gründen der Objektivität ist einzuräumen, daß sich 1992 der Mai besser als der März zum Ausstieg eignete; danach aber ging's bergab. Für die Anhänger der Theorie saisonaler Schwankungen war das nichts Besonderes, sie hatten es sowieso erwartet.

Daß der Monat Januar meistens eine positive Börse bringt, liegt an den vielen optimistischen Prognosen für das neue Jahr. Weltmeister in Sachen Hellsehen sind die Asiaten, die sich alljährlich in einen Rausch phantastischster Ausschmückungen stürzen. Anmerkung für Astropsychologen: 1992 war das Jahr des Affen, der für alle möglichen Kapriolen gut ist, 1993 ist das Jahr des Hahnes und 1994 das des Hundes. Auf die Interpretationen darf man heute schon gespannt sein.

Ökonomische Realisten schätzen den Januar deshalb, weil die Zinsen ausbezahlt werden, die meist eine sofortige Wiederanlage suchen. Die Fondsmanager erhalten einen großen Liquiditätszufluß, den viele zu Jahresbeginn direkt in die Börse um-

Börse USA

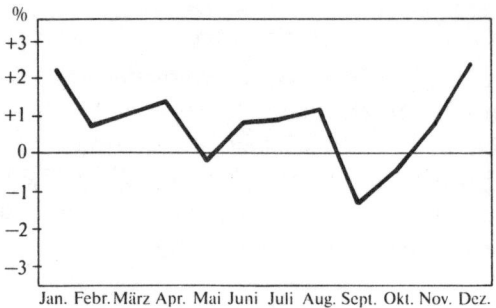

Jan. Febr.März Apr. Mai Juni Juli Aug. Sept. Okt. Nov. Dez.
Durchschnittliche monatliche Kursschwankungen
1970–1992

leiten. Das gilt für alle wichtigen Börsenplätze, last not least für die Wall Street.

Die Grundtendenz gleicht unverkennbar der deutschen Börse. Die durchschnittlichen monatlichen Kursschwankungen erweisen sich in Deutschland von Januar bis März deutlich positiver, stürzen dafür aber März bis Mai um so drastischer ab. In den USA verläuft die September-Korrektur etwas deutlicher und mündet anschließend bis Dezember in einen stärkeren Aufschwung.

All diese Aussagen können einer stringenten Logik nicht Paroli bieten, aber sie gehören zum Börsianerwissen. Sie untermauern und verfeinern die interpretatorischen Fähigkeiten des geschulten Investors. Niemanden, der mit diesen Hintergrundkenntnissen operiert, wird eine vier- oder fünfmonatige Korrektur, die von Mai bis in den September hinein anhält – häufig auch nur durch die übliche Sommerflaute bedingt –, aus der Fassung bringen. Im Gegenteil: Die Erwartungshaltung wird in etwa bestätigt. Richtige Spekulanten sind sowieso immer bestens gestimmt, wenigstens was die Börse betrifft, und sie halten sich in diesem Fall an einen beliebten amerikanischen Schlager, dessen Textversion ich nur eine Idee abwandle: »Try to remember to buy in September . . .«

SPEKULATION MIT NETZ:
PROFIT MIT FINANZ-
UND VERSORGUNGSWERTEN

Die Anlage in Finanztitel eignet sich für Börsianer mit hoher Zinssensibilität, denn keine andere Branche ist vom aktuellen und zukünftigen Zinsniveau derart abhängig. Aber auch, wer die Zinsen nicht so gut prognostizieren kann, hat in der Regel mit Bank-, Versicherungs- und Versorgungsaktien keinen schlechten Griff getan.

Sich auf bestimmte Aktiengruppen zu spezialisieren birgt immer einige Vorteile in sich. Nach einiger Zeit kennt man diese Papiere haargenau und weiß, wie sie auf bestimmte Ereignisse reagieren werden. Nach und nach wird man so zu einem gediegen verdienenden Spezialisten. Wer breit und unreflektiert in den Markt streut, wird auf keinen Fall vergleichbar gute Ergebnisse erzielen.

Die Spezialisierung auf Finanz- und Versorgungsaktien bietet folgende Vorzüge:

- Die meisten Institute sind fundamental solide und substanzstark. Wer bei den Banken noch Sorgen hat wegen der internationalen Schuldenkrise, kann etwas beruhigt werden. Gerade dadurch sind die Institute mittlerweile derart geläutert, daß sie bei der Kreditvergabe extrem vorsichtig sind. Das Thema ist im wesentlichen ausgestanden und hat sich zum Positiven gewendet.
- Das Management ist gut. Im Bankensektor kann man fast sagen, daß dies generell so ist, während man bei den Versicherungen einige Abstriche machen muß. Top-Unternehmen wie Allianz oder Württembergische Versicherung schaffen keine Probleme, andere, das zeigt auch

der Kursverlauf, müssen umdenken und das Personalkarussel in Bewegung setzen.

- Die Aktienkurse entwickeln sich dynamisch. Dabei ist der Einfluß des allgemeinen Zinsniveaus von Bedeutung. Bei Banken/Versicherungen stärker als bei den Versorgungswerten.
- Mittlerweile hat man eine große Auswahl an Aktien und Optionsscheinen in diesen Feldern. Das gesamte Spektrum von konservativ bis zu hochspekulativ wird abgedeckt.
- Die Grundregeln des Timings sind relativ einfach zu beherrschen und nicht von so vielen Faktoren abhängig wie etwa bei Spezialwerten. Man kauft gegen Ende einer Hochzinsphase und verkauft zum Ende der Niedrigzinsphase.
- Aufgrund der Sicherheit und Stabilität dieser Unternehmen hat der Anleger den Vorteil, mit großen Beträgen arbeiten zu können. Wer beispielsweise Veba kauft, sollte jedes klein dimensionierte Denken und Handeln aufgeben. Klotzen, nicht kleckern, lautet hier die Devise!

Welche Aktie soll man nun kaufen? Diese Frage muß jeder Investor in Kenntnis seiner Persönlichkeit selbst entscheiden. Bezieht man die internationalen Märkte mit ein, ist die Auswahl riesengroß. Bleibt man im Lande, sind die drei Großbanken zweifellos erste Wahl. Beim Kaufmotiv fallen häufig rationale und emotionale Aspekte zusammen; so spielen mit Sicherheit eigene Erfahrungen und persönliche Bindungen eine Rolle.

Nimmt man die Konzernbilanzsumme als Vergleichsmaßstab, dann ist die Bayerische Vereinsbank derzeit die Nummer vier. Betriebswirtschaftliche Gegebenheiten sind für Börsianer aber meist weniger von Interesse, deshalb hier die bisherige Kursentwicklung:

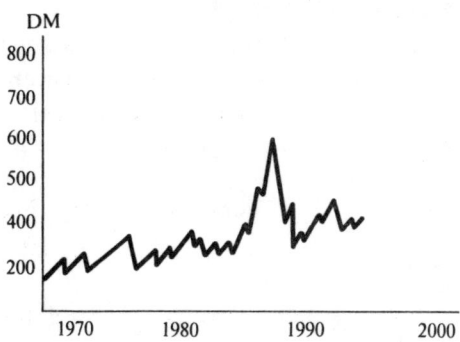

Bayrische Vereinsbank

Bezüglich Dynamik steht dieser Chart den Kursen der Deutschen Bank, Dresdner Bank und Commerzbank in nichts nach; vielmehr wird eine eher noch prägnantere Aufwärtsperspektive ersichtlich. Wie andere Unternehmen auch, plagt die Banken der enorme Kostenanstieg vor allem im Personalbereich. Bekommt man dieses Problem in den Griff und erhält als Gratisgeschenk noch sinkende Zinsen dazu, steht den Bankaktien eine neue Hausse ins Haus. Die Bayerische Vereinsbank hat sich darüber hinaus besonders erfolgreich in den neuen Bundesländern etabliert und verfolgt, bestens gerüstet, große Ziele im europäischen Binnenmarkt. Gratulation an alle Investoren, die bereits im Januar 1991 zu Kursen um 300 DM gekauft haben. Sie müssen nichts anderes tun, als nach der in Bonn erfundenen Methode handeln: Mit dem Hintern denken – einfach aussitzen! Hier ist das natürlich ausschließlich positiv gemeint, denn der Langfristtrend zeigt klar nach oben.

Die großen deutschen Versorgungsunternehmen sind keine monostrukturierten Giganten, sondern auf diversen Feldern tätig. Bei Veba macht Strom ungefähr 50 Prozent des Konzernergebnisses aus. Diese konjunkturrobuste Sparte sichert das Unternehmen in jeder Lage ab. Außerdem ist es noch ein beachtlicher Immobilienbesitzer und zudem erfolgreich aktiv in anderen Branchen: etwa in der Chemie und im Ölgeschäft. Hohe Investitionen im Osten Deutschlands werden sich bezahlt machen und einen hohen Ertrag abwerfen. Die bereits angesprochene Kostenproblematik macht auch vor einem Energie-Riesen nicht halt, doch in den Chefetagen arbeitet man daran, die Sache in den Griff zu bekommen, und ist zuversichtlich. Untersucht man Chancen und Risiken, so spricht aus fundamentaler Sicht alles für die Aktie, und auch der Chart signalisiert eine weitere Aufwärtsentwicklung.

Veba

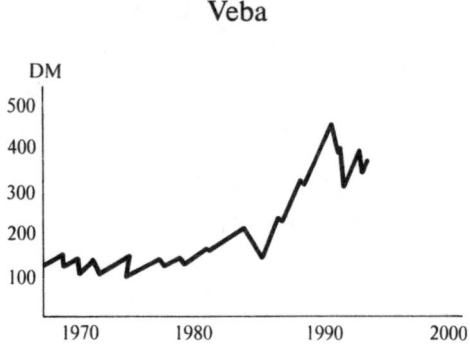

Wem das nicht genügt und wer möglicherweise Sorgen wegen des Börsenumfeldes hat – was durchaus verständlich ist, da es oft entscheidender ist als unternehmensrelevante Sachverhalte –, sollte einen Blick auf den Langfrist-Chart der gesamten Versorgungsindustrie tun.

Index Versorgungsindustrie

Solide Anleger werden mit den substanz- und renditestarken Finanz- und Versorgungswerten in den nächsten Jahren mit

148

gutem Erfolg abschneiden. Bei einer geschickten Timing-Strategie wird das Anlageresultat sogar überdurchschnittlich ausfallen. Und sollte es zwischendurch einmal abwärts gehen, bleibt die Anlage immer noch, was sie von Beginn an war: eine Spekulation mit Netz.

NEUE AKTIEN BRAUCHT
DAS LAND

Große und kleine Kapitalgesellschaften, aber auch Familienunternehmen brauchen gelegentlich Geld. Läuft die Entwicklung dynamisch und steht der Zeiger des Markt-Barometers in Richtung starkes Wachstum, benötigt man eine äußerst kräftige Finanzspritze, um die entsprechenden Investitionen durchführen zu können. Da dieses Geld in vielen Fällen nicht vom eigenen Unternehmen aufgebracht werden kann, holt man es sich vom Kapitalmarkt, indem man neue Aktien ausgibt. Eine Unternehmer-Umfrage ergab, daß die meisten diesen Schritt als erfolgreich einschätzten und ihn jederzeit wiederholen würden. Zu untersuchen bliebe, wie die neuen Anteilseigner darüber denken.

Grundsätzlich sind Neuemissionen bei den Anlegern sehr beliebt, besonders wenn
- sich die Börse mitten in einer Hausse befindet
- und die Ausgabekonditionen der angebotenen Aktien günstig sind.

Während man in einer Hausse sogar überteuerte Aktien verkaufen kann, werden diese in einer Baisse zum absoluten Ladenhüter. In pessimistischen Börsenzeiten wird selbst die preiswerteste Neuemission kaum Käufer finden.

Nach welchen Kriterien soll sich der Anleger beim Kauf von Neuemissionen richten? Wie immer gibt es keine hundertprozentige Erfolgsgarantie, aber einzelne, nachvollziehbare Analyseschritte, die das Geschäft transparenter, chancenreicher und dadurch lukrativer machen:

1. Um welches Unternehmen handelt es sich? Stellung innerhalb der Branche? Substanz vorhanden, oder braucht man nur Spielgeld? Einschätzen der künftigen Entwicklung. Produkte okay, Management gut?
2. Wie preiswert ist die neue Aktie? Das KGV gibt hierüber Auskunft und sollte mit dem in der Branche üblichen verglichen werden. Je preiswerter, desto besser!
3. Branchenanalyse: Welche Kursentwicklung haben die Aktien der Mitbewerber in den letzten ein bis zwei Jahren genommen? Vergleiche der einzelnen Charts sowie ein Blick auf den Branchen-Index lohnen sich. Gab es in der Branche bereits Neuemissionen, und wie haben sich diese entwickelt?
4. Welche Bank leitet die Börseneinführung des Unternehmens? In der Regel achten alle emissionsführenden Banken auf ihren guten Ruf, doch hatten bislang einige Institute keine glückliche Hand mit ihren Börsenneulingen.
5. In welcher Verfassung befindet sich die Börse zur Zeit der Neuemission?
6. Bei interessanten Neuemissionen liest man in der Presse häufig: »Neue Aktien überzeichnet«. Pech, wenn man nicht zum Zuge kam. Möglicher Ausweg: Mehrere Depots bei verschiedenen Instituten oder Kauf über Verwandte und Bekannte. Bei schwacher Nachfrage am ersten Handelstag: Lieber abwarten und zuschauen, wie der Kurs nach unten fällt! Praktische Beispiele dafür gibt es genug.

TOPS UND FLOPS

Aktien werden stets eine unterschiedliche Performance bringen. Warum sollte das bei Neuemissionen anders sein? Aus diesem Sachverhalt wird kein vernünftiger Anleger Kritik ableiten. Ärgerlich ist nur, wenn man die Nieten bekommt und bei den Kursraketen leer ausgeht. Das leuchtet ein, wenn man sich folgende Kursentwicklungen besieht:

Unternehmen/ Ausgabe-Datum	Ausgabe- kurs	Aktueller Kurs*	Gewinn/ Verlust*
Weru 2. 6. 89	275		
VBH 22. 6. 89	325		
DePfa-Bank 5. 3. 91	400		
Signalbau Huber 12. 2. 90	250		
B.U.S. 5. 2. 90	270		
Volksfürsorge 19. 7. 91	800		
Villeroy & Boch 8. 6. 90	580		
Interglas 21. 12. 89	290		
Sartorius (StA) 10. 7. 90	710		
HAKO 2. 11. 89	500		

* Bitte selbst eintragen!

Tragen Sie bitte selbst den aktuellen Tageskurs ein, so daß Sie den neuesten Stand bei der Berechnung des Gewinnes beziehungsweise Verlustes haben. Ein interessantes Spiel, jedoch nur für jene, die bei den letzten fünf Flops nicht dabei waren. Hingegen sind die ersten vier richtige Börsenstars; Weru, der schwäbische Fensterbauer, ein absoluter Superstar. Richtig empfohlen wurde die Aktie natürlich erst dann, als der Kurs die Tausender-Grenze überschritten hatte.

Unverständlich, daß man Aktionären eine eigentlich solide Aktie – das sollte man bei Volksfürsorge doch meinen – für 800 DM anbietet, obwohl sie das offenbar nicht wert war. Der Markt als unerbittlicher Richter hat das zweifelsohne festgestellt. Der Verlust beträgt nach einem Jahr fast 50 Prozent. Mit solchen Neuemissionen wird man in Deutschland keine weiteren Aktionäre gewinnen können. Die neuen Volksfürsorge-Anteilseigner werden, wie schon der Name sagt, demnächst selbst ein Fall für die Fürsorge. Doch vielleicht ist das Schnee von gestern, wenn Sie diese Zeilen lesen. Den Aktionären würde ich es jedenfalls wünschen.

Sie tanzten nur einen Sommer! Noch dazu war es ein kläglich kurzer Börsensommer, den die Aktien von Villeroy & Boch erlebten. 50 Prozent Verlust in zwei Jahren, das ist ein starkes Stück. Ach hätte man doch den Rat seines Sparkassenleiters befolgt und hätte auf Festgeld gesetzt!

Zu spät! Doch das eigene Unglück wird sofort gemildert,

152

wenn man sieht, was noch hätte alles passieren können. Ich sage nur HAKO und stelle mir vor, wie mancher Börsianer dabei in Tobsuchtsanfälle und ähnliche Ausbrüche verfällt, hat er doch diesen gräßlichen Namen schon längst in seinem Gedächtnis getilgt und wird nun daran erinnert. Das ist bestimmt nicht die Absicht, sondern es soll aufgezeigt werden, mit welcher Unverfrorenheit man den Aktionären ans Leder rückt. Nach zweieinhalb Jahren fast ein Totalverlust, Hauptsache, das Unternehmen hat das Geld und die Bank ihre Provisionen. Dem Aktionär bleibt da nur noch die Urschrei-Therapie.

Der erfahrene Anleger setzt generell weniger auf das Prestige der emissionsführenden Bank, sondern untersucht zielgerichtet das Unternehmen, welches die neuen Aktien ausgibt. Dabei verläßt er sich auf sein eigenes Urteil und/oder das von unabhängigen Fachleuten. Von Interesse ist der Name des Instituts höchstens dann, wenn es unter einem besonderen psychologischen Erfolgsdruck steht. Im Klartext: Nach fünf Flops kann sich die Bank keinen weiteren mehr leisten. Wilhelm Buschs Motto »Ist der Ruf erst ruiniert, lebt sich's völlig ungeniert« mag einzelnen Privatiers gefallen, für eine Bank ist es tödlich.

WAS ANFÄNGER (UND PROFIS)
OFT FALSCH MACHEN

Es ist unsinnig, seine Zeit und Energie wegen in der Vergangenheit gemachter Fehler zu vergeuden. Man verliert noch mehr Zeit, die man bekanntlich nie wieder zurückholen kann. Anders beim Geld, denn das kann man zurückgewinnen, wenn man rasch die erforderlichen Schlüsse aus seinen Fehlern zieht. Doch das bedarf keiner ewigen Diskussion, denn exakt ein und dieselbe Börsensituation kehrt sowieso nicht wieder, allenfalls eine ähnliche, und auf die bereitet man sich fürs nächste Mal vor. Wer klug ist, läßt andere die Fehler machen – und lernt daraus!

Die Spekulation gleicht mehr einer Kunst denn einer Wissenschaft. Oft wird das Umgekehrte behauptet, doch das ist unsinnig. Wenn wissenschaftlich-logische Erkenntnis hier etwas zu suchen hätte, wären die großen Denker, Philosophen und Logiker allesamt Millionäre und Milliardäre. Das glatte Gegenteil ist der Fall. Diese Rationalisten kommen über die Analyse nicht hinaus, und falls doch, scheitern sie kläglich. Der ganzen Welt ist Newton als genialer Physiker bekannt. Als er sich der Börse zuwandte, um aus seiner Intelligenz Kapital zu schlagen, verlor er alles. Der Wirtschaftswissenschaftler John Maynard Keynes, eine Kapazität auf seinem Gebiet, beherrschte die Börse exakt wie kein zweiter. Leider aber nur theoretisch. In der Praxis kam er über viel Mittelmäßigkeit und hohe Verluste nicht hinaus. Besser war da schon Beethoven, der in Wien viel spekulierte. Das leuchtet auch ein, denn er war Künstler. Seine persönlich-menschliche Tragödie, die zunehmende Taubheit, beeinflußte seine Schaffenskraft nicht im mindesten, und für die Spekulation war dies geradezu eine ideale Voraussetzung. Wenn die Börsianer nicht 95 Prozent aller sogenannten Informationen und Gerüchte ihr Ohr leihen würden, wären sie wesentlich erfolgreicher.

Konzentrieren wir uns deshalb auf einige wenige entscheidende Sachverhalte und Prinzipien, auf Fehler, die wir in Zukunft möglichst vermeiden wollen. Nach Perfektion streben bringt wenig ein, was einzig bleibt, ist eine Fehlervermeidungsstrategie. Auch wer nur ein paar der großen Fehler vermeidet, wird seine künftigen Spekulationsergebnisse eine Etage höher ansiedeln können – selbstverständlich auf dem Pluskonto.

Fehler Nr. 1: Zu viele Aktien im Depot

Schneller, als man zunächst glaubt, liegen 20, 30 und mehr Aktien im Depot. Man sieht hier eine Chance und dort schon die nächste, was ja auch richtig ist. Jeden Tag gibt es davon mehrere, doch wer kann sie alle wahrnehmen? Keiner! Also muß man zunächst sein Geld bündeln und sich dabei eingestehen, daß es immer nur eine begrenzte Summe ist, die man hat – wie groß sie auch immer sein mag. Diese Kraft und Energie, etwas anderes bedeutet nämlich Geld an der Börse nicht, gilt es dann so zielbewußt wie möglich einzusetzen.

Wer anders vorgeht, wird auf Dauer nicht so erfolgreich sein wie jemand, der seine Kräfte zu konzentrieren weiß. Für die Börsenpraxis bedeutet das: Zehn Aktien sind besser als 40. Sich vieler Aktien annehmen kann nur, wer auch viel Geld und viel Zeit hat. Alle anderen fahren mit der Devise »Ballast abwerfen« wesentlich besser. Also: Sofort das Depot durchchecken und bei Überzahl einige Titel auf Verkauf stellen. Diese Säuberungsaktion ist notwendig und sollte nach dem Kriterium erfolgen, daß man nur noch die Aktien im Depot behält, die man auch heute wieder kaufen würde – alle anderen wechseln den Besitzer.

Fehler Nr. 2: Zu schnelle Entscheidung

Man erhält einen Tip, eine fundierte Empfehlung, und kauft sofort. Ein typischer Anfängerfehler! Psychologisch verständlich zwar, doch sollte man jede Empfehlung, so gut es geht, selbst noch einmal überprüfen. Zeit dafür bleibt allemal. Eigenes Denken, »Selbstdenken«, wie Schopenhauer es nannte, ist durch nichts zu ersetzen. Die Verantwortung für die Anlageentscheidung trägt stets jeder einzelne für sich.

Fehler Nr. 3: Schlechtes Timing

Timing-Künstler gibt es nur sehr wenige. Im richtigen Timing liegt der Gipfel aller Börsenweisheit.

Aus philosophischer Sicht liegt das Problem auf einem derart hohen Reflexionsniveau, daß Wittgensteins Satz Gültigkeit hat: »Worüber man nicht sprechen kann, soll man schweigen.«

Was aber hilft dem Anfänger ein Rückzug in elitäre Philosophie? Gar nichts, denn er weiß nicht einmal, wovon die Rede ist. Deshalb ein paar Hinweise:

- Niemals die ganze Summe, welche Ihnen zur Verfügung steht, zur gleichen Zeit einsetzen! Weder für eine Aktie noch verteilt auf mehrere. Letzteres ist zwar schon besser, genügt aber nicht professionellen Ansprüchen.
- Folge: Gestaffelt kaufen, in der Fachsprache gelegentlich Pyramidieren genannt. Klappt nach oben wie nach unten.
- Zeitintervalle beachten. Faustregel aus Erfahrung: Zwischen dem ersten Kauf und dem zweiten sollte bei Langfristspekulationen zirka ein halbes Jahr liegen; Ausnahmen im Falle dramatischer Situationen (zum Beispiel Crash) möglich.
- Bei Kauf und Verkauf die eigene Börsenlogik über alles stellen. Anderweitige äußere Faktoren sind sekundär, etwa: »Computer gibt Kaufsignal« – der gibt überhaupt kein Signal, und wenn, bedarf es der Interpretation. Noch schlimmer: Ich kann nicht verkaufen, weil ich noch

in der Steuerfrist bin. Auf durch das Finanzamt bedingte Signale hört man schon gar nicht, sondern trifft die Entscheidung aus der eigenen Börsenlogik heraus.

Fehler Nr. 4: Fehlende Einschätzung der eigenen Börsen-Persönlichkeit

Geduld, Geduld, das dauert seine Zeit. Erfahrung macht den Meister. Spekulieren kann man nicht lernen wie das kleine Einmaleins. Man kauft und verkauft ein oder zwei Jahre lang, und plötzlich weiß man, was spekulieren heißt. Es empfiehlt sich dabei die Beachtung der Einteilung in konservative, dynamische und hochspekulative Anlagen. Eine der drei Säulen prägt die Basis-Persönlichkeit.

Fehler Nr. 5: Man investiert/verkauft ausschließlich prozyklisch

Der am häufigsten gemachte Fehler, begründet durch den mangelnden Mut, einmal etwas anderes zu tun als das, was »man« tut. Wer diesen Fehler vermeidet, oder ihn auch nur etwas korrigiert, wird seine Ergebnisse verbessern und mit der Zeit zum antizyklischen Investment beziehungsweise Verkauf tendieren.

Fehler Nr. 6: Das Experten-Syndrom

Sind Fachleute und Experten die besseren Spekulanten? Ja und nein! Man kann auch unreflektiert überinformiert sein und trägt den Expertendünkel nicht nur vor anderen, sondern auch sich selbst gegenüber zur Schau. Das schlimmste: zuviel Ratio, rein ökonomischer Sachverstand ohne jede Psychologie.

Für den Anfänger gilt die ersten ein, zwei Jahre, daß er permanent unterinformiert ist. Das ist in Ordnung, solange er es weiß, wenn nicht, wird's gefährlich.

Fehler Nr. 7: Fehlende Dynamik

Wem Anlage-Dynamik prinzipiell fehlt, dem rate ich zu soliden Wachstumsaktien, die man langfristig hinlegen kann. Wer in allen Nischen des Marktes zu Hause sein will, kommt nur mit einem dynamischen Anlagekonzept zurecht. Im Extremfall kann das tägliches Cash-Management bedeuten, sonst ist man sein Geld schnell los. Starre, verkrustete Anlagekonzepte müssen in einem hyperdynamischen Aktien- und Finanzmarkt zwangsweise scheitern.

Fehler Nr. 8: Kreditspekulation

Höchstens fünf bis zehn Prozent aller Anleger eignen sich meines Erachtens dafür. Die anderen 90/95 Prozent verweise ich auf das »Buch Jesus Sirach«: »Wer sich gern in Gefahr gibt, der verdirbt darin.« Diese Warnung gilt auch für Profis!

Fehler Nr. 9: Nicht verkaufen können

Aufgrund langjähriger Beobachtung und Erfahrung komme ich zu dem Urteil, daß das der verzeihlichste Fehler ist, denn richtig verkaufen kann eigentlich überhaupt keiner. Das ist und bleibt die höchste Kunst. Und es gibt nur eins: üben, üben und nochmals üben! Ich meine das ohne jegliche Ironie und rate dem Anfänger, so oft wie möglich zu verkaufen, zur Begrenzung der Verluste und um die Gewinne so häufig wie möglich mitzunehmen. Theoretisch kann man Verkaufen nicht lernen, sondern nur in der Börsenpraxis.

Diese Ansicht steht sicher in Widerspruch zu anderen Regeln und Meinungen, verhindert jedoch, daß gerade der Neuling auf Verlustpaketen sitzenbleibt und sich heillos verzettelt (siehe vor allem Fehler Nr. 1 und 7).

Fehler Nr. 10: Zu wenig Geduld

Wer keine Geduld hat, wird eben ein reiner Kurzfrist-Spekulant mit allen Konsequenzen. Dagegen ist nichts einzuwenden, da man ja schlecht gegen seine eigene Persönlichkeit spekulieren kann. Aber wer Anlagen reifen lassen kann, sollte es tun, da die ganz großen Gewinne dem langfristig operierenden Investor zufließen. Nur er ist in der Lage, einen Turn-Around voll bis zum letzten Tropfen auszukosten. Wenigstens einmal im Leben 500 oder 1000 Prozent verdienen, das ist das Ziel. Ohne Geduld jedoch völlig ausgeschlossen.

SPEKULIEREN FRAUEN BESSER?

Diese Frage wird gemeinhin von Frauen mit Ja beantwortet, von Männern hingegen mit Nein. Die Überprüfung dürfte vermutlich an der empirischen Praxis scheitern, so daß weitere Diskussionen müßig sind. Wichtig ist, daß mittlerweile etwa 15 Prozent aller Aktienbesitzer Frauen sind und diese Frauenbewegung damit noch lange nicht an ihr Ende gekommen ist. In einem Buch, das »Alles über Aktien« heißt, kann dieser Sachverhalt nicht einfach ignoriert werden. Und da das Börsenentwicklungsland Deutschland weiter ausgebaut wird, ist von einem deutlichen Anstieg dieser Quote auszugehen.

Es wurden bereits die ersten Investmentclubs gegründet, die ausschließlich Frauen als Mitglieder aufnehmen. Die Frage, ob ein gemischter Club nicht die bessere Alternative wäre, ist verständlich, doch das Phänomen als solches muß psychologisch erschlossen werden. Ganz bewußt wollen die Frauen hier ein Zeichen setzen, und sie kommunizieren deutlich. Die Botschaft lautet ganz einfach: Wir brechen in die von Männern dominierte Finanz- und Börsenwelt ein und zeigen, daß wir davon mindestens genausoviel verstehen. Wie gut die Damen das Börsengeschäft betreiben, wird bald an Ergebnissen abzulesen sein, die den Vergleich mit Resultaten von Investmentclubs zulassen, die ausschließlich von Männern gemanagt werden. Bald wird also die Frage, ob Frauen besser spekulieren, entschieden sein. Akzeptiert man die Ausgangsthese, daß die Aktienkurse auf der Basis von

1/3 rational-ökonomischer Faktoren

+ 2/3 psychologischer Faktoren

entstehen, ergeben sich für Frauen objektiv die gleichen Chancen wie für Männer. Beim ersten Drittel dürften die Männer etwas im Vorteil sein, da die Studiengänge der Betriebs- und Volkswirtschaftslehre mehr zu ihrer Domäne gehören. Ebenso verhält es sich in der kaufmännischen Ausbildungs- und Berufswelt sowie auf der mittleren und höheren Managementebene. Doch auch hier ist vieles in Bewegung geraten. Wie steht es um die anderen beiden Drittel? Vielleicht ist es nur ein Vorurteil, aber man sagt doch Frauen im allgemeinen nach, sie seien emotionaler und träfen ihre Entscheidungen mehr gefühlsorientiert.

Zweifelsohne verlangt die Börse ein Höchstmaß an psychologischer Interpretationskraft, an Einfühlungsvermögen und Intuition. Es ist wirklich kein Geschäft, das nur mit bloßem Handel, mit Kaufen und Verkaufen, zu tun hat, auch wenn es zunächst so aussieht. Natürlich besteht eine Börsenabrechnung aus nichts anderem als aus einem abgewickelten Kauf- und Verkaufsauftrag. Aber der sensible Hintergrund geht nicht daraus hervor. Eine Krämerseele reicht nicht aus, um an der Börse erfolgreich zu sein. Wer ausschließlich Intuition als Anfangskapital mitbringt, hat auch zu wenig Rüstzeug, dennoch sind die Erfolgsaussichten besser. Knallharte Geschäftsleute, in dieser Hinsicht nach ihrem Konzept befragt, geben oft Antworten, die darauf hinauslaufen. Der Stuttgarter Medien-Mogul Rolf Deyhle etwa, ein echter Selfmademan, brachte dies einem Journalisten gegenüber auf folgenden Nenner: »Ein großer Teil des Erfolgs ist Bauchgefühl.« Dies das Bekenntnis eines schlichten schwäbischen Milliardärs.

Entscheiden auf der höheren Ebene der Finanz- und Geschäftswelt Frauen und Männer nicht gleich? Da es inzwischen viele erfolgreiche Unternehmerinnen gibt, läßt sich das leicht für alle Interessierten nachprüfen. Jil Sander verkörpert in idealer Weise den Prototyp des modernen Frauen-Unternehmertums. Unermüdliches Vorwärtsstreben, schöpferische Kraft, voller Einsatz, verbunden mit Intuition und Gespür für modische Extravaganzen, die nicht dem Trend folgen, sondern der Trend sind. Schade nur, daß die Börse das bis jetzt offenbar noch nicht honorierte und den Aktienkurs deutlich abgleiten ließ.

Zieht man jedoch Vergleiche mit Boss und Escada, sieht es noch recht ordentlich aus. Mode-Aktien sind stets schwierig einzuschätzen, ein paar Fehlentscheidungen, und der Kurs ist im Keller. Aber eventuell können uns Frauen besser über derartige Phänomene im Modebereich aufklären. Eines steht fest, würden Frauen mehr Jil-Sander-Aktien kaufen, bekäme das Papier neue Schubkraft:

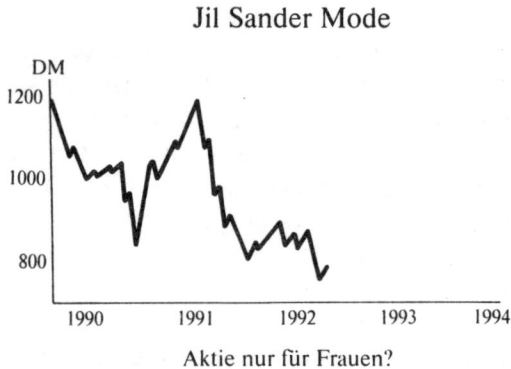

Jil Sander Mode

Aktie nur für Frauen?

Schon einmal, 1990, stürzte diese Aktie drastisch ab, schaffte aber anschließend 50 Prozent Gewinn. Das gibt zu Hoffnung Anlaß, und vielleicht klappt es erneut.

In der internationalen Börsenszene stehen die Deutschen im Ruf, große Angsthasen zu sein, was mit der geringen Anzahl von Aktionären hierzulande begründet wird. Wie es aussieht, steigt diese Zahl demnächst kräftig an, da immer mehr mutige und entscheidungsfreudige Frauen die Börse erobern. Den Börsianern soll es recht sein, denn dadurch steigen die Kurse, und ob sie dies aufgrund von weiblichem oder männlichem Engagement tun, danach hat noch keiner gefragt. Hauptsache, es geht aufwärts! Im übrigen ist *die* Börse auf der ganzen Welt weiblich (la bourse, la borsa und so weiter), also wird es Zeit, daß dem auch durch das Börsenpublikum entsprochen wird.

162

BÖRSENSPIELE –
HART TRAINIERT UND DOCH VERLOREN

Ob Olympiade, Weltmeisterschaft oder Dorf-Sportfest, kein Sportler geht untrainiert in den Wettkampf. Er hätte keine Chance. Anders an der Börse. Hier glaubt jeder an Chancen im Überfluß, die allenthalben hervorsprießen. Man nimmt den Kurszettel zur Hand, zählt sein übriges Bargeld, das brav auf die vorher angekreuzten Aktien verteilt wird. Danach braucht man nur noch zu warten, bis die Kurse steigen, woraufhin die Aktien schließlich mit Gewinn verkauft werden. Daß Aktien auch sinken können, wird erst später bemerkt, oft zu spät.

Börsenspiele erfüllen deshalb eine wichtige Funktion. Natürlich klaffen Welten zwischen Börsentraining und Börsenpraxis. Ob man mit Spielgeld oder echtem Geld operiert, ist schon ein Unterschied. Im Falle des Verlusts mit ersterem ist man erleichtert, daß es nicht wirklich das eigene Geld war. Leider sind Gewinne im umgekehrten Fall genauso imaginär. Jedem erfolgreichen Börsenspielteilnehmer dröhnt es noch in den Ohren, dieses: »Das wäre Ihr Gewinn gewesen!« Allerdings betrifft das nur eine kleine Minderheit, denn im Spiel ist es wie in der Praxis: die meisten verlieren. Doch das ist das Schöne an Börsenspielen, sogar der allergrößte Verlierer gewinnt gratis an Erfahrung. Wo gibt es das schon?

Bliebe zu fragen, welche Ziele die Veranstalter von Börsenspielen verfolgen. Will man nur ins Gespräch kommen, oder steckt mehr dahinter? Ich meine, daß man den Banken und Sparkassen, die mit den Zeitschriften »Capital« und »Wirtschaftswoche« als Hauptakteure in Sachen Börsenspiel fungieren, guten Willen auf keinen Fall absprechen kann, wenn man sich Sinn und Zweck genauer betrachtet:

– Werbung, Prestige, Imagegewinn für die Veranstalter

Daran gibt es nichts zu bekritteln. Es sind dies die zu erwartenden Gegenwerte für den, der viel investiert. Banken und Sparkassen erbringen zum Teil einen wirklich hohen Einsatz. Nicht nur Geld, sondern auch Mitarbeiter werden bereitgestellt, die ihre Arbeitszeit, ihr Know-how Schülern, Auszubildenden und anderen Interessierten zur Verfügung stellen. Teilweise bietet man erstklassigen Service. Die Printmedien sehen in den Börsenspielen einen stofflich interessanten Aspekt und die Möglichkeit, Leser an das jeweilige Blatt zu binden.

– Förderung der Allgemeinbildung

Während es früher in einigen Kreisen als chic galt, wenn jemand von Wirtschaft nichts verstand, haben sich die Dinge inzwischen etwas geändert. Alle Teilnehmer erhalten einen fundierten Einblick in die Börsenwelt und wissen nach dem Börsenspiel in jedem Fall mehr darüber als ein Durchschnittsbürger.

– Spekulation richtig einschätzen können

Wer beim Börsenspiel mitmacht, erkennt den wahren Stellenwert der Spekulation als wichtiges Element der Finanzmärkte. Der ideologische Ballast, mit dem man dieses Wort oft umgarnt, wird als solcher identifiziert.

– Aktie als Finanzierungsinstrument kennenlernen

Eine moderne, marktwirtschaftlich orientierte Gesellschaft braucht die Aktie zur Finanzierung unternehmerischer Vorhaben, von denen alle profitieren.

– Aktien, Optionsscheine, Anleihen unterscheiden lernen

In einigen der Börsenspiele, so zum Beispiel beim »Planspiel Börse« der Sparkassen, sind alle drei Arten vertreten. Die Teilnehmer lernen Funktion und unterschiedliche Chance-Risiko-Relationen kennen.

– Kaufen und verkaufen lernen

Damit lernt man das Wichtigste, was ein echter Börsianer können muß. Da die Spiele nur kurze Zeit dauern, wird man zum öfteren Kaufen und Verkaufen gezwungen. Wer ganz vorne sein will, muß mehrmals sein Depot umschichten.

– Gruppenarbeit

Fast genauso wie Fondsmanager treffen die Teilnehmer ihre Anlageentscheidung in der Gruppe. Der einzelne lernt seine Leistungen (Strategie, Taktik, erarbeitete Kriterien) in das Team zu integrieren. Man diskutiert, hört zu, bringt Alternativen ein, akzeptiert andere Ansichten, muß aber doch zu einer klaren Entscheidung kommen. Dieser Druck ist ungeheuer wichtig, sonst verläuft Gruppenarbeit im Sande.

Insgesamt eine gute Sache, egal, ob Groß-, Volks- und Raiffeisenbanken – die teilweise sogar mit Echtgeld »spielen« lassen – oder Sparkassen als Sponsoren auf den Plan treten. Wie bereits oben erwähnt, währen die meisten Börsenspiele nur kurz, oft zu kurz, um Praxisgehalt zu haben. Wer gewinnen will, muß von Anfang an auf hochspekulative Titel setzen. Der Käufer solider Standardwerte wie etwa RWE, Dresdner Bank oder Thyssen ist chancenlos. Was nützt es, wenn Hoechst oder Commerzbank im Verlauf des Spiels um acht Prozent steigen? Im gleichen Zeitraum sind im Bereich der Optionsscheine Kursbewegungen von 50 Prozent möglich.

Transferiert man die Erfahrungen aus dem Spiel in die Praxis, so stellt man fest, daß sich gerade die Spielgewinner im Börsenalltag ganz anders verhalten. Läßt es sich mit Spielgeld trefflich spekulieren, geht man mit dem eigenen Geld nicht ganz so locker um. Plötzlich erhält das Wort Risiko neues Gewicht, während gleichzeitig der Charme vieler Chancen verblaßt. Für die eigene, individuelle Auseinandersetzung mit sich selbst ist dieser durch den Praxistransfer entstandene Spannungszustand wichtig. Die Fragestellung ändert sich nämlich entscheidend. Sie lautet nicht mehr: »Wieviel kann ich gewinnen?«, sondern: »Wieviel Risiko bin ich bereit in Kauf zu nehmen?« Mit der Antwort darauf prägt der Spekulant seine Börsen-Persönlichkeit und wird zu einem ernsthaften Marktteilnehmer.

Wenn Börsenspiele zu derartigen Reifungsprozessen beitragen, so leisten sie einen positiven Beitrag zur Persönlichkeitsbildung zukünftiger Aktionäre.

INFORMATIONEN RUND UM DIE UHR –
AUCH IN DER URLAUBSZEIT

Für eine ganze Reihe von Börsianern wird die Urlaubszeit zum Alptraum. Im Ausland abgeschnitten von den gewohnten Medien, vor allem der Wirtschaftspresse, fühlen sie sich völlig uninformiert, von der Börsenwelt isoliert. Sich zu erholen, indem sie ausspannen, den üblichen Alltagskram beiseite schieben und auch der Börse wenigstens eine Zeitlang den Rücken kehren, das schaffen diese Vollblutbörsianer nicht. Mögliches Rezept: zu Hause bleiben und weitermachen wie bisher! Doch das führt oft zum Krach mit dem Partner, und schließlich braucht man die Abwechslung.

Wer im Lande bleibt und morgens seinen üblichen Blätterwald durchgehen kann, hat diese Probleme nicht. Die Hotels bieten allen Service inklusive Tele-Börse SAT 1, 3sat-Börse und so weiter. Während sich die meisten in der Presselandschaft und bei den Fernsehsendern recht gut auskennen, wissen viele Börsianer noch nicht, welche Möglichkeiten ihnen ein kleines Radio weltweit bieten kann. Eine stattliche Zahl deutscher Sender liefert rund um die Uhr interessante Fakten und Daten aus Politik, Wirtschaft und Finanzen. Kurzwellenfreaks erliegen unter Umständen der Sucht des totalen Informationsspektakels, da sich aus dem Äther zusätzlich zu den deutschen noch eine Menge ausländischer Programme fischen lassen. Wer eine Weltzeitkarte zur Hand nimmt, erkennt rasch die Gefahren, in die sich ein informationshungriger Investor hineinmanövrieren kann. Was für ein Glück, daß zwischen den Vereinigten Staaten und Japan der Pazifische Ozean liegt. Das verschafft ein paar Stunden Nachtruhe, die sowieso spätestens sechs Uhr früh endet, um die Schlußkurse der Tokioter Börse zu hören.

Gönnen Sie sich also ruhig einen vernünftigen Weltempfänger, mit dem die nachfolgend aufgeführten Sender gut zu empfangen sind.

Ausgewählte Sender und Programme:

Deutschlandfunk	LW 155 kHz, 209 kHz MW 549, 756, 1269 und 1539 kHz	Täglich um 13.35 Uhr, nach den Kurznachrichten, beginnt die Sendung »Wirtschaft am Mittag«. Sehr gute Berichte und im Anschluß die 30 Börsenkurse der DAX-Aktien. Um 17.05 Uhr Börsentendenzen in »Wirtschaft und Gesellschaft«. Um 23.45 Uhr der aktuelle Kurzbericht von der Wall Street.
Deutsche Welle	KW 6075 kHz 9545 kHz	Börsentäglich um 17.05 Uhr beginnt die 20-Minuten-Sendung »Wiso – Wirtschafts- und Sozialpolitik«. Dabei wird die Tendenz auf den Kapitalmärkten erörtert, die Börsenkurse der wichtigsten Standardaktien werden genannt. Diese Sendung wird im Vier-Stunden-Rhythmus wiederholt. Ist überall relativ gut zu empfangen.
Süddeutscher Rundfunk	KW 6030 kHz	Von 13.00–13.15 Uhr erfahren Sie Neues aus der Wirtschaft. Gegen Ende der Sendung gibt Willi Maier direkt von der Stuttgarter Börse die wichtigsten Kurse durch. Guter Empfang in Europa.

168

| *Hessischer Rundfunk* | MW 594 kHz | Jeweils um 11.00 Uhr und um 12.00 Uhr nach den Nachrichten die neueste Börsentendenz, gegen 12.23 Uhr nochmals aktualisiert. Ab 14.05 Uhr ausführliche Börsennachrichten mit Kursen deutscher und internationaler Aktien. Leider ist Deutschlands beste Rundfunk-Börsensendung nur über Mittelwelle und UKW zu empfangen. Deshalb schlechte Hörqualität. |

Sollte Ihr lokaler Sender ein anderer sein, werden Sie dessen jeweilige Sendezeiten ja kennen. Deshalb hier nur noch einige weitere Frequenzangaben für den Empfang außerhalb Deutschlands:

Bayerischer Rundfunk	KW	6085 kHz
RIAS Berlin	KW	6005 kHz
Radio Bremen	KW	6190 kHz
Europawelle Saar	MW	1422 kHz
Südwestfunk	KW	7265 kHz

Falls Sie die Sender nicht klar und störungsfrei empfangen können, denken Sie daran, daß es manchmal viel besser ist, wenn man den aktuellen Kurs seiner Aktien nicht hört. Das schont die Nerven.

TESTEN SIE IHREN BÖRSEN-IQ

Nicht nur in der psychologischen Fachliteratur, sondern auch im Alltagsgespräch ist viel vom Intelligenzquotienten die Rede. Jeder hat einen. Nach eigener Einschätzung selbstverständlich einen hohen. Eine paradoxe Situation, denn während die meisten glauben, in puncto Geld von Anfang an zu kurz gekommen zu sein, ist man beim IQ vom Gegenteil überzeugt. Für wen es wichtig ist und wer fundierte Informationen über seine individuelle Intelligenz haben will, sollte sich an Fachpsychologen oder den Super-Intelligenz-Klub MENSA wenden. Diese internationale Bastion gegen Weltuntergang, Ignoranz und Dummheit nimmt nur Mitglieder mit einem besonders hohen Intelligenzquotienten auf. Immerhin zählt man weltweit bereits 100 000 Mitglieder bei steigender Tendenz. Sitz ist die britische Universitätsstadt Oxford, wo MENSA im Jahre 1946 gegründet wurde. Allerdings kann nur eine extreme Minderheit auf Aufnahme hoffen, da die Testfragen so schwierig sind, daß man eine gute Chance hat, mit dem Befund »ganz normal« entlassen zu werden.

Für Börsenpragmatiker ist das jedoch kein Beinbruch, im Gegenteil, eine zu hohe Ladung beim Faktor formal-logische Intelligenz schadet mehr, als sie nutzt. Wer zuviel weiß oder vermutet, neigt zum Hyperkritizismus, wird schließlich handlungsunfähig und kehrt zum Sparbuch zurück. Über den Börsenerfolg entscheiden neben rationalen Faktoren vor allem emotionale Qualitäten.

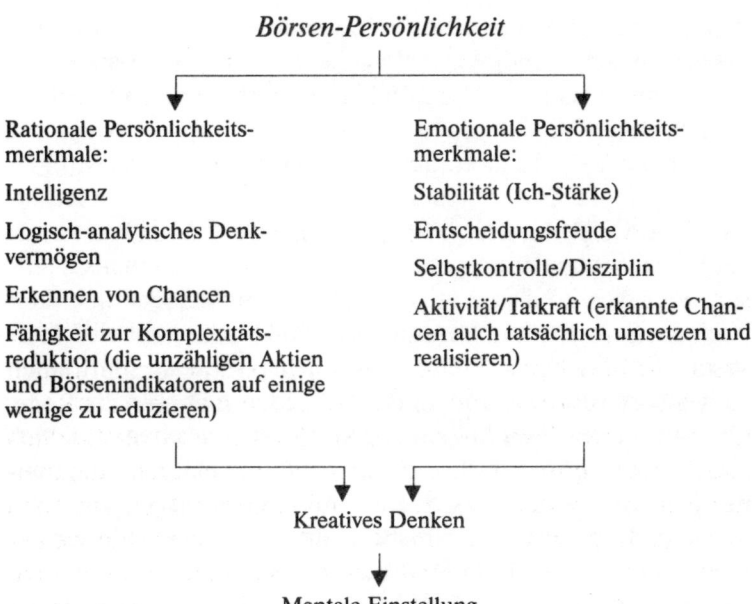

Börsen-Persönlichkeit

Rationale Persönlichkeits-merkmale:

Intelligenz

Logisch-analytisches Denk-vermögen

Erkennen von Chancen

Fähigkeit zur Komplexitäts-reduktion (die unzähligen Aktien und Börsenindikatoren auf einige wenige zu reduzieren)

Emotionale Persönlichkeits-merkmale:

Stabilität (Ich-Stärke)

Entscheidungsfreude

Selbstkontrolle/Disziplin

Aktivität/Tatkraft (erkannte Chancen auch tatsächlich umsetzen und realisieren)

Kreatives Denken

Mentale Einstellung

Den rationalen Persönlichkeitsmerkmalen ist nicht viel hinzuzufügen. Es leuchtet ein, daß sie eine notwendige Voraussetzung erfolgreicher Börsenspekulation sind. Oft vergessen wird das Merkmal »Fähigkeit zur Komplexitätsreduktion«. In der Börsenpraxis ist diese Kompetenz jedoch ausschlaggebend. Das Phänomen Börse ist so hochgradig komplex, daß kein einzelner es jemals umfassend theoretisch beschreiben könnte. Sogar das fähigste Mitglied des Intelligenzclubs MENSA würde an dieser Aufgabe verzweifeln und schließlich scheitern. Wie will man also das, was man nicht einmal theoretisch hundertprozentig in den Griff bekommt, in der Praxis anwenden? Einfache Antwort: Perfekt kann es nicht klappen, sondern nur mit menschlicher Unzulänglichkeit. Mut zur Lücke, das ist die erste Erkenntnis daraus; und das gilt theoretisch wie praktisch.

Höchste logisch-analytische Weihen in Kombination mit der raffiniertesten Anlage-Strategie können in der Praxis versagen. Wenn man sich dessen bewußt ist, kann man an der Börse spekulieren. Also bleibt uns keine andere Wahl, als sämtliche Faktoren auf eine möglichst einfache und überschaubare Ebene zu bringen. Das gilt für die Indikatoren und erst recht für die Aktien, deren Vielfalt einen zu erdrücken droht. Unweigerlich wird man zur Konzentration auf einige wenige gezwungen. Beispiel: Jemand, der tagsüber anderweitig berufstätig ist, hat möglicherweise die Zeit, börsentäglich etwa 40 bis 50 Aktien zu beobachten, von denen er sich ungefähr fünf bis zehn ins Depot legt. Wer dies konsequent so handhabt und gelegentlich auch noch am Samstag und Sonntag »am Ball bleibt«, hat eine realistische Erfolgschance, wenn er sich diszipliniert an seine selbst aufgestellten Regeln und Börsentugenden hält. Wer sich aber übernimmt und den halben Kurszettel überwachen will, wird von dieser Informationslawine überrollt und plattgewälzt; denn mit Kursen alleine ist es, wie Sie mittlerweile ja wissen, noch längst nicht getan; Geschäftsberichte und vieles andere mehr gehören mit dazu. Diese Attitüden eines Investment-Fondsmanagers sollte man schnell ablegen oder, alternativ, seinen Job aufgeben.

Die Persönlichkeitsmerkmale Stabilität und Selbstkontrolle/ Disziplin lassen sich tiefenpsychologisch so erklären:

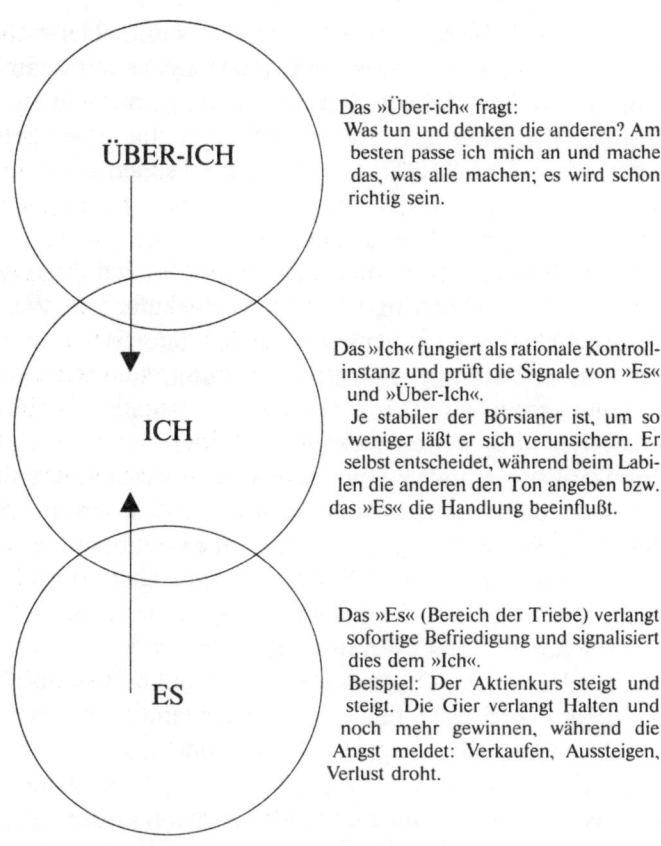

Das »Über-ich« fragt:
Was tun und denken die anderen? Am besten passe ich mich an und mache das, was alle machen; es wird schon richtig sein.

ÜBER-ICH

Das »Ich« fungiert als rationale Kontrollinstanz und prüft die Signale von »Es« und »Über-Ich«.
Je stabiler der Börsianer ist, um so weniger läßt er sich verunsichern. Er selbst entscheidet, während beim Labilen die anderen den Ton angeben bzw. das »Es« die Handlung beeinflußt.

ICH

Das »Es« (Bereich der Triebe) verlangt sofortige Befriedigung und signalisiert dies dem »Ich«.
Beispiel: Der Aktienkurs steigt und steigt. Die Gier verlangt Halten und noch mehr gewinnen, während die Angst meldet: Verkaufen, Aussteigen, Verlust droht.

ES

Natürlich ist dieses Modell wesentlich vereinfacht, erklärt aber dennoch die schwierige Entscheidungsproblematik. Da das »Es« so schlecht dabei wegkommt, hier noch ein positiver Nachtrag: Aktivität und Tatkraft haben ihre Wurzeln ebenfalls dort angelagert – und ist das nicht das wesentliche? Wer erkannte Chancen nicht nutzt, also echt in die Tat umsetzt, wie will der erfolgreich sein? Jeder einzelne Börsianer sollte sich die Frage stellen, wie oft er als sicher erkannte Chancen wirklich auch realisiert hat, oder ob er ein ewiger Zauderer ist, der nie zu Potte kommt. Das ist ein Hauptkriterium des praktischen Börsen-IQ.

Aus beiden Hälften, der rationalen wie der emotionalen, fließen Faktoren ein, die kreatives Denken möglich machen.

173

Nur wer der analytischen Logik ein kreatives und spielerisches Denken zur Seite stellen kann, hat überdurchschnittliche Erfolgsaussichten. Die kleinste Zeitungsmeldung, der minimalste Börsenbericht verlangt nach Interpretation. Ohne einen Schuß kreativ-spielerischen Potentials; das uns zwischen den Zeilen lesen hilft, kommt man über den Stand eines normalen Zeitungslesers nicht hinaus. Und was bringt das schon?

Sämtliche Persönlichkeitsmerkmale finden zuletzt ihren Ausdruck in der mentalen Einstellung des Spekulanten. Was ist damit gemeint? Bringt beispielsweise ein Sportler über eine längere Phase nicht die erwartete Leistung, so wird lapidar davon gesprochen, daß ihm die richtige mentale Einstellung fehlt. Die Leistung, in der Börsensprache der Gewinn, muß so fest im Denken verankert sein, daß alles andere automatisch ausscheidet. Nicht einmal theoretisch denkt man an den Verlust, er ist völlig ausgeschlossen. Kommt er dennoch, was die Börsenpraxis leider allzugern zuläßt, wird er sofort uminterpretiert, damit er in ein neues hochmotiviertes Erfolgsdenken einmündet. Scheitert diese Stimulation in der Praxis, sollte man der Börse eine Zeitlang fernbleiben und Tabula rasa machen.

Aus alledem resultiert, daß Chancen erkennen eine grundlegend andere Geisteshaltung erforderlich macht, als dies bei der üblichen rationalen Denkweise der Fall ist. Hier wird eine neue Ebene beschritten, mit der nicht jeder zurechtkommt. Qualifizierte Beratung kann dabei hilfreich sein. Auf Dauer jedoch ist man immer auf sich selbst gestellt.

Wer sämtliche Persönlichkeitsmerkmale in möglichst hoher Ladung bei sich selbst feststellt, was nicht nur theoretisch getestet werden kann, sondern in mindestens ein- bis zweijähriger Praxis zu überprüfen ist, der hat die Lizenz zum Spekulieren.

GEWINNE FÜR ALLE –
DIE ILLUSION DER MASSE

Die nicht spekulierende Masse, also die braven Sparer und Zinsjäger, ist davon überzeugt, daß alle an der Börse Aktiven ungeheuer reich sind und jeden Tag einen riesigen Batzen dazuverdienen. Nach ihrer Meinung schlafen Börsianer bis neun oder zehn Uhr, frühstücken dann gemütlich, um schließlich zwischen elf und zwölf Uhr langsam zur Börse zu schlendern, wo man ein paar Kurse beobachtet und eventuell einige Aktienpakete hin und her schiebt. Danach ißt man gut, geht spazieren und trifft sich im Café mit anderen Spekulanten, um neue Geschäfte auszubaldowern, die man am nächsten Tag an der Börse tätigt. Das Leben plätschert so dahin, Sorgen hat man keine, man gehört automatisch zur High Society oder zur Leisure Class, wie die Soziologen es gern nennen.

Vorausgesetzt, man hat noch nie etwas von Klein- und Kleinstaktionären gehört, ist diese Denkweise sogar verständlich. Denn bei allen Börsenverlusten, die es gegeben hat und immer wieder geben wird, trifft es den Besitzer großer Aktienpakete zwar auch, doch nach außen merkt das keiner. Der hat so viel Geld, daß der Verlust von ein, zwei Millionen nicht ins Gewicht fällt.

Was selbige Masse so denkt, ist zwar putzig, doch für die Börsenpraxis ohne Belang. Was wiederum für eine andere Masse nicht gilt. Gemeint ist die Mehrheit aller aktiven oder passiven Börsianer. Jeder einzelne, der dazugehört, obwohl er sich selbst vermutlich nicht zur Masse zählt, hat die Absicht, an der Börse Gewinne zu machen. An solchem Vorsatz gibt es nichts auszusetzen, er ist im Gegenteil äußerst lobenswert, läßt er doch auf einen gewissen Ehrgeiz beim Geldverdienen schließen. Das ist aber auch alles. Denn logischerweise läßt sich dieses Vorhaben nicht in die Praxis umsetzen. Solange es Börsen gibt, wird es Gewinner und Verlierer geben.

Von Matthias Claudius stammt die Formulierung: »Alle Wege, die zu etwas Ernsthaftem führen, sind nicht gebahnt und lustig.« Die Masse begreift das nicht und schon gar nicht, daß sie von vornherein auf der Verliererstraße ist. Warum muß das gesetzmäßig so sein? Frage: Wann kauft der durchschnittliche Anleger Aktien? Er kauft sie dann, wenn er der Meinung ist, daß er kein Risiko mehr hat. In dieser Phase läuft die Konjunktur wunderbar, in der Branche stellt man zusätzliche Arbeitskräfte ein, es wird investiert wie nie zuvor, und zu allem Glück sind auch noch die Zinsen niedrig. Ein positiver Faktor stimuliert den nächsten, besser könnte die Stimmung gar nicht sein. Jetzt wagt sich auch der Durchschnittsanleger an die Börse. Seit längerem hat er sie gemieden und sich nach den letzten Verlusten, die immer noch nicht ganz verdaut sind, geschworen, nie mehr Aktien zu kaufen. Doch die Versuchung ist zu groß, und vor allem, was soll bei dieser vorzüglichen wirtschaftlichen Lage schon passieren. Dieses Denken grassiert und entlädt sich in wahren Börsengewittern, die ein Kursfeuerwerk nach dem andern entfachen. Börsenfieber greift um sich. Dachte man früher bei so wichtigen Geldentscheidungen nach, greift man jetzt sofort zum Telefonhörer und gibt den nächsten Auftrag durch. Die Hausse nährt die Hausse. Aufwärts ohne Ende!

In solch stürmischen Börsenzeiten kommt es gelegentlich sogar bei den härtesten Geldprofis zu kognitiven Dissonanzen. Hätte ich doch vor zwei Wochen gekauft, wäre ich jetzt mit 20 Prozent im Gewinn. Ich hab' sie ja wohl nicht alle. Mit derartigen oder ähnlichen Gedanken steht man auf, verbringt den Tag und geht wieder zu Bett mit ihnen. Es ist zum Verzweifeln! In Wirklichkeit aber ist alles nur eine Frage der Zeit. So gewiß, wie jede Seifenblase zerplatzt, geht jeder Höhenrausch zu Ende. Je höher es nach oben geht, desto stärker beschleunigt sich die anschließende Fahrt in die Hölle. In dieser Phase kann man beweisen, wieviel man tatsächlich von der Börse versteht.

Ein praktisches Beispiel, das jedem einleuchtet und viele persönlich berührt. Die Rede ist von Volkswagen. Diese Volksaktie befindet sich in unzähligen Wertpapierdepots. Und zwar immer, wohlgemerkt – auch dann, wenn die Kurse auf Tiefststand sind. Daran soll man stets denken. Irgendein Anleger hat das Papier. Ein Glück, wenn Sie es nicht haben. Die Masse aber hat es, gibt es jedoch unsinnigerweise gerade zu diesen Niedrigstkursen gerne ab. War das nicht in der letzten VW-Baisse genauso?

Volkswagen AG

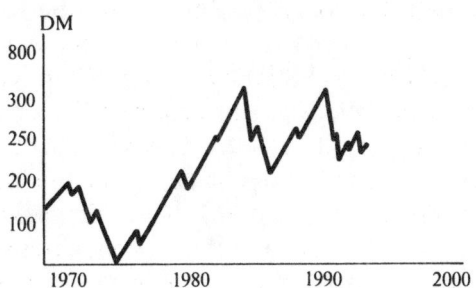

Die Volkswagen-Aktie: Trauma der deutschen Spekulanten.

Ist das Kaufen und Verkaufen eine Sache für Ökonomen, oder ist es besser, wenn man von Wirtschaft nichts versteht? Beides ist schlecht. Am besten ist es, solche Phänomene aus kühler Distanz zu betrachten. Der Philosoph José Ortega y Gasset brachte das Verhalten der Gewinner und Verlierer auf eine einfache Formel: »Die Gesellschaft ist immer eine dynamische Einheit zweier Faktoren, der Eliten und der Massen.«

Mit Bezug auf die Börse bedeutet das nicht zwangsläufig, daß der Intellektuelle am besten spekuliert; Elite ist hier anders zu verstehen. Reine Geistesakrobaten, Theoretiker edelster Schule scheitern sogar besonders oft. Für jene ist es besser, wenn sie bei der Analyse bleiben und den realen Börsenalltag anderen über- lassen. Man kann es auch so erklären: Theoretisch galt die »Titanic« als unsinkbar, in der Praxis ging sie jedoch unter.

Ähnlich ergeht es dem Börsentheoretiker, der genau wie der Konstrukteur der »Titanic« mindestens eine Unwägbarkeit nicht vorhergesehen hat – und die war tödlich. An der Börse ist

177

das natürlich harmloser. Hier führt so etwas nur zum Totalverlust.

Dem Durchschnittsbörsianer nützt auch die technische Analyse wenig. Meist glaubt er fanatisch an konstruierte Widerstandslinien, die oft genug in der Praxis versagen. Typisches Beispiel hierfür ist die Bullenfalle. In ihr werden die Haussiers gefangen, die, statt auf fundamentale Fakten zu achten, ausschließlich Charts analysieren. Tatsächlich kann das Ausbrechen über die Widerstandslinie nach oben genauso das Ende einer vorläufigen Hausse oder Zwischenhausse bedeuten.

Alles chic – aber kein Profit.

Wer bei Unternehmen wie Lufthansa ausschließlich auf die Chartanalyse vertraut, wird scheitern. Der Konkurrenzkampf in der Luftfahrt wird ständig härter, und die Lufthansa schneidet dabei nicht besonders gut ab. Oft hat man Phasen, in denen kein Geld verdient wird. Eine typische Aktie für Trader, ökonomische Realisten, die rasch zugreifen und schnell verkaufen.

Umgekehrt wirkt die Bärenfalle, in der man die Baissiers fängt. Nach dem Durchbruch der letzten Widerstandslinie nach unten sind sie vom weiteren Absinken der Kurse vollkommen überzeugt. Sehr häufig handelt es sich aber um die Ausläufer der Baisse, die mit sehr schwachen Umsätzen allmählich in eine Erholung oder echte Hausse einmündet. Dann ist der Bär gefangen. Trotzdem sollte dann auch der brummigste Bär die Aktie zu einem höheren Kurs kaufen, wenn er von ihr überzeugt ist. Leider wird in der Praxis zu oft gegen diese bewährte Regel

178

verstoßen, was man aus individualpsychologischer Sicht verstehen kann, was aber kein Geld einbringt. Einen der allerschlimmsten Bärendienste erweisen die Banken ihren Wertpapierkunden, wenn sie ihnen sogenannte Beimischungen empfehlen. Aus einer absoluten Verlegenheit heraus kommt es zu solchen monströsen Wortkreationen. Man weiß nicht, ob man die Aktie zum Kauf oder zum Verkauf empfehlen soll, also rät man zur Beimischung. In einem Depot gibt es aber nichts beizumischen, sondern jeder einzelne Titel ist klar auf Kauf, Verkauf oder Halten gestellt. Der »treue« Kunde tappt jedoch in diese Beimischungsfalle und verfügt zum Schluß über einen veritablen Gemischtwarenladen. Also: Wenn Sie irgendwo den Satz lesen: »Zur Beimischung empfohlen«, bitte sofort weiterblättern. Wenden Sie sich ernsthaften Dingen zu.

Neckarwerke AG

Beimischungs-Aktie Neckarwerke:
Hochspannung nur als Stromlieferant.
Ein erstklassiges Unternehmen, aber für Spekulanten sinnlos.

Das psychologische Gegenstück zur langweiligen Beimischung sind blinde Spontankäufe. Man verläßt sich dabei aufs reine Glück. So kann man allerdings weder ein Depot noch eine Spekulantenkarriere aufbauen. Kein Weg führt an der Aktienanalyse vorbei, die stets durch eine Marktanalyse ergänzt werden sollte; erst dann kommt die Anlageentscheidung. Nichts gegen Spontaneität, aber sie sollte wenigstens gut organisiert sein!

Die Dummheit der Spekulanten an sich ist kein Ärgernis, nur

wie sie bisweilen ausgenutzt wird, darüber kann man sich ärgern. Zu den übelsten Tricks, auf die Massen von Anlegern hereinfallen, gehört das »Frontrunning«. Das funktioniert einfach und immer: Ein Händler empfiehlt seiner Kundschaft eine ganz bestimmte Aktie oder, noch besser, einen Optionsschein. Vorher deckt er sich selbst mit diesen Papieren kräftig ein. Wenn dann die Hammelherde kauft, treibt sie dadurch die Kurse ständig in die Höhe. Völlig risikolos stößt der Händler nun seine Titel ab. Es wird höchste Zeit, daß diesem üblen Spiel der Riegel vorgeschoben wird. Während in Deutschland relativ oberflächlich Untersuchungen eingeleitet werden und die Banken aus Imagegründen gelegentlich einen ihrer Abzocker vor die Tür setzen, wird in den Vereinigten Staaten ganz anders durchgegriffen. Man geniert sich dort nicht, Bankdirektoren und schampustrinkende Multimillionäre ins Gefängnis zu schicken. Schon einige sind dort zur Besinnung gekommen.

Wehren sollte sich die Masse der Anleger auch gegen das »Kunden abfischen«. Fast jeder ist schon einmal Opfer geworden. Die Händler nutzen dabei die teilweise erheblichen Kursschwankungen bei Aktien und Optionsscheinen aus. Sie kaufen und verkaufen für sich selbst und für die Kundschaft. Aktien, die man zu einem niedrigen Kurs eingekauft hat, behält man selbst; die teurer eingekauften erhält der Kunde. Beim Verkauf ist es umgekehrt genauso. Viele Börsianer haben sich schon gefragt, weshalb sie ständig zum höchsten Tageskurs ihre Aktien erhalten und warum ihre Abrechnungen beim Verkauf auf den niedrigsten Kurs lauten. Nachfragen, protestieren und dabei nicht nachgeben!

So übel solche Formen der sicheren Geldvernichtung auch sind, es gibt weitaus Schlimmeres. Gemeint sind die Geschäfte mit leichtgläubigen Anlegern, denen Schwindelfirmen regelrechte Schwindelaktien andrehen. Finanzhaie aus allen Ländern der Welt haben bereits ganze Imperien aufgebaut, um die Anlegermassen unter Anwendung eines breit gefächerten Instrumentariums gehörig abzuzocken. Leider gelingt das immer wieder, da jeden Tag ein paar Einfaltspinsel aufstehen und darauf reinfallen. Merkwürdig ist nur, daß die Geldmafia ausge-

180

rechnet bei uns so viele Coups landen kann, wo doch die Deutschen als vorsichtig und konservativ gelten, wenn's ums Geld geht.

Windige Telefonberater verkaufen wertlose Aktien, die es teilweise gar nicht gibt oder die außerbörslich für ein paar Pfennig gehandelt werden. Die OTC-Märkte bieten dafür eine erstklassige Spielwiese. Schnell nach dem ersten Auftrag signalisiert man dem Kunden: »Sie sind bereits im Gewinn! Kaufen Sie nochmals zu, das gibt einen ordentlichen Profit!« Diese Methode wirkt immer, da die Verbrecher einen sicheren Verbündeten auf ihrer Seite haben, und das ist die Gier.

Da man den Menschen offenbar so wenig dabei helfen kann – wer ist schon vor seiner Gier nach Geld zu bewahren? –, muß man die Kriminellen um so härter bekämpfen. Doch meist hat man nur wenig Chancen, wenn man gegen diese Schwindelunternehmen gerichtlich vorgeht. Die Firma löst sich schnell wieder auf, und die Hintermänner sind bereits wieder in einer anderen Gegend aktiv. Mittlerweile werden sogar Profis hereingelegt. Die Geldmafia gründet eigene Aktiengesellschaften und bringt die Aktien in den Börsenhandel. Gemeinsam mit befreundeten Verbrechersyndikaten kauft und verkauft man die eigenen Papiere und die der anderen. Dadurch wird das Kursniveau künstlich nach oben gedrückt. Wiederum sind es Chartisten, die auf derartige Täuschungsmanöver am ehesten hereinfallen. Hat man die Papiere schließlich zu optimalen Kursen verkauft, löst sich das dahinterstehende Unternehmen in Wohlgefallen auf. Der Spekulant steht vor einem Scherbenhaufen.

Aus allen Betrachtungen über die Masse der Anleger resultiert, daß es an der Börse keinen sicheren Weg gibt, schon gar nicht für den Durchschnittsinvestor. Die Börsenpraxis ist voller Paradoxe, ein Phänomen hinterlistigster Logik, zu komplex, um mittels rationaler Analyse erfaßt zu werden.

Wenn nicht der Massenmensch, wer hat dann an der Börse Erfolg? Es sind vor allem zwei Börsianer-Typen, die mit Aktien echt Geld verdienen:

1. der kurz- bis mittelfristig operierende Trader,
2. der disziplinierte Stratege.

Beide Typen sitzen keine Verluste aus, sondern begrenzen sie, während man Gewinne je nach Mentalität laufen läßt. Dem ersten genügt eine mathematisch-technische Auffassung der Börse, dagegen muß der zweite Philosoph und Psychologe sein. Er macht das Geld vor allem wegen der grauenhaften Fehlentscheidungen der Massen. Der massenpsychologische Ansatz ist von allen der erfolgreichste. In der Philosophie hingegen gibt es keinen einzigen allein glückseligmachenden Weg. Sich einem System zu verschreiben wäre Unsinn. Und Börsenphilosophie gibt es sowieso nicht, man muß sie sich selbst zusammenzimmern. Oft helfen eigene Gedanken und Erfahrungen mehr als der Blick in den Philosophen-Olymp. Wer sich zum Beispiel gern an Nietzsche anlehnt, findet viel tiefes und für einen Geistesmenschen lebensnotwendiges Wissen. Doch wehe, ein Börsianer folgt seinem Rat: »Die höchste Tugend ist es, keine Angst zu haben« – der ist schon verloren. Frei von Gier, das ist richtig, doch ein bißchen Angst schützt uns vor den Torheiten, die viel Geld und manchen schon seine Existenz kosteten.

Spekulant zu sein heißt, einen Lebensweg mit ungewissem Ausgang einzuschlagen, wenigstens was das Geld angeht. Wem dies im Innersten zuwiderläuft, sollte sich lieber von der hektischen Börsenwelt verabschieden und mit Alexis Sorbas sagen: »Ich hoffe nichts, ich fürchte nichts, ich bin frei.« Dieser Standpunkt gefällt sogar den hartgesottensten Spekulanten. Bevor sie sich jedoch in dieses Stadium begeben, möchten sie wenigstens eine Million an der Börse machen. Geld, Börse und Philosophie sind wohl nie in Einklang zu bringen, versuchen wir's trotzdem!

DER KÖNIGSWEG:
WIE SIE JEDE AKTIE MIT
GEWINN VERKAUFEN

Es gibt eine Börsen-Strategie, die sich seit Jahrzehnten bewährt hat und die sich vor allem für den konservativen Anleger eignet. Wer sich diszipliniert an diese Regeln hält, der wird künftig jede Aktie wirklich nur noch mit Gewinn verkaufen. Ich nenne diese Strategie den »Königsweg«.

1. *Nur auf Qualität und Stärke setzen*
Für die Strategie des »Königswegs« eignen sich nur Aktien allererster Güte. Von jeder Branche kommt jeweils nur der Branchenführer als Anlagewert in Betracht. An der deutschen Börse ist dies beispielsweise bei den Banken nur die Deutsche Bank. Bei den Kaufhäusern nur Karstadt. Bei den Elektrounternehmen nur Siemens. In Europa zählen dazu Namen wie die holländische Unilever oder der französische Nahrungsmittelkonzern BSN (Gervais-Danone). In den USA denke ich an Unternehmen wie Philip Morris oder Coca Cola. Und in Japan fallen unter diese Kategorie Weltunternehmen wie Canon.

2. *Auf die Mischung kommt es an*
In ein Depot, welches nach der Strategie des Königswegs verwaltet wird, gehören mindestens fünf, aber nicht mehr als zehn verschiedene Aktienwerte. Hierbei ist darauf zu achten, daß sowohl die Mischung zwischen den Ländern als auch zwischen den Branchen stimmt. Entscheidet man sich also in Japan für einen Elektronik-Wert, dann setzt man in Deutschland auf eine andere Branche, zum Beispiel auf den Markenartikelkonzern Beiersdorf (Nivea), in den USA auf den Softdrink-Giganten

183

Coca Cola und in Holland beispielsweise auf die Ölaktie Royal Dutch. Damit hat man schon einmal einen der großen Fehler vieler Anleger vermieden, nämlich alles auf eine Karte zu setzen.

3. *Nur 50 Prozent des Kapitals investieren*
Ein konservativer Anleger, der nach der Strategie des »Königswegs« arbeitet, wartet zunächst einmal eine schwache Börsenphase ab, das heißt, der Aktienkurs sollte mindestens 10 bis 30 Prozent unter dem Höchstkurs notieren. Auch dann investiert der Anleger beim ersten Kauf maximal 50 Prozent seines Anlage-Kapitals in diese ausgesuchten Werte. Eine weitere wichtige Voraussetzung für den Erfolg des Königswegs ist nämlich, stets ein hohes Reservekapital zu halten. Dieses Reservekapital ist deshalb von so großer Bedeutung, weil es die Möglichkeit bietet, Aktien, die nach dem Kauf zunächst weiter gesunken sind, auf niedrigerem Kursniveau nachzukaufen.

4. *Durchhalten, zukaufen und gewinnen*
Kommt es nach dem ersten Aktienkauf statt zu dem erhofften Kursgewinn erst einmal zu einem Kursrückgang, dann zeigt sich, wie wichtig es ist, auf die Auswahl der Titel zu achten. Denn nur bei erstklassigen Unternehmen kann eine Nachkauf-Strategie einsetzen. Bei Aktien zweiter oder dritter Klasse ist ein Nachkauf viel zu riskant, schließlich ist nicht absolut sichergestellt, daß das Unternehmen in jedem Fall jede Krise überlebt. Aktuelles Beispiel ist die Übernahme von Nixdorf durch Siemens. Wer auf die Nummer eins, Siemens, gesetzt hatte, konnte ohne Sorge Aktien zu tiefen Kursen nachkaufen und war über kurz oder lang wieder im Gewinn. Wer auf die schwächere Nixdorf gesetzt hatte, hatte letztlich das Nachsehen, weil Nixdorf von Siemens geschluckt wurde.

5. *Die zwei großen G: Geld und Geduld*
Die Nachkauf-Strategie funktioniert jedoch nur dann perfekt, wenn auch hier gewisse Regeln strikt eingehalten werden. Ein erster Nachkauf darf frühestens erfolgen, wenn die Aktie,

184

vom ursprünglichen Einkaufskurs aus gerechnet, um mindestens 30 Prozent oder mehr im Kurs gefallen ist. Außerdem muß zwischen dem Erstkauf und einem Verbilligungskauf ein Zeitraum von rund sechs Monaten verstrichen sein. Diese Regel wird leider von vielen ungeduldigen Anlegern mißachtet. Dies führt dazu, daß oftmals viel zu schnell nachgekauft wird und daß bei den wirklichen Tiefstkursen dann oftmals kein Kapital mehr zu Verfügung steht.

Genauso ist es bei einem zweiten Nachkauf. Sollte der erste Nachkauf nochmals zu hoch erfolgt sein, dann darf frühestens ein weiterer Nachkauf erfolgen, wenn die Aktie um weitere 30 Prozent gesunken und mindestens ein weiteres halbes Jahr verstrichen ist.

Praktisches Beispiel: Ein Anleger hat sich erstmals im Jahr 1986 zum Kauf von VW-Aktien entschlossen, als diese von 600 DM auf 500 DM gesunken waren, in der Annahme, eine solche Korrektur wäre eine günstige Gelegenheit zum Einstieg.

Die VW-Aktien entwickelten in der Folgezeit auch eine erhebliche Dynamik, leider in die falsche Richtung. Der Kurs sank bis zum Jahresende 1986 um weitere 30 Prozent auf 350 DM. Nach der Strategie des Königswegs war jetzt die erste Stufe für einen Nachkauf eingetreten. Es war mindestens ein halbes Jahr verstrichen, und die Aktie hatte sich um mehr als 30 Prozent im Kurs ermäßigt. Also erwarb unser Anleger zum Kurs von 350 DM weitere VW-Aktien.

Die Fortsetzung der Geschichte ist Ihnen bekannt. Mit VW ging es weiter bergab. Ende 1987 notierte die VW-Aktie nochmals um weitere 30 Prozent tiefer, nämlich bei rund 200 DM. Kursverlust bis dahin somit rund 60 Prozent. Der konservative Anleger läßt sich davon nicht im geringsten beeindrucken, sondern tätigt in aller Seelenruhe den zweiten Nachkauf zum Kurs von rund 200 DM, da beide Kriterien erfüllt waren: Kursrückgang mindestens um weitere 30 Prozent, und es müssen nochmals mindestens sechs Monate verstrichen sein.

Die Rechnung sah zu diesem Zeitpunkt für den Anleger folgendermaßen aus: Erster Kauf für 500 DM, zweiter Kauf für 350 DM, dritter Kauf für 200 DM. Durchschnittskurs somit

350 DM. Ein Blick auf die weitere Entwicklung der VW-Aktie zeigt uns, daß es lediglich rund zehn Monate dauerte, bis der gesamte Verlust aufgeholt war und der Anleger selbst in diesem extremen Beispiel wieder in die Gewinnzone kam.

Diese Beispiele ließen sich genauso übertragen auf die Kursentwicklung der Deutschen Bank, von Allianz oder auch von Siemens. Derartige Kursschwankungen sind nicht die große Ausnahme, sondern Börsen-Alltag. Auch die Aktien der weltbesten Unternehmen können vorübergehend erheblich im Kurs sinken. Sicher ist bei solchen Papieren aber, daß sie eben auch wieder steigen werden.

Wer seine Anlagestrategie strikt nach den Regeln des Königswegs ausrichtet, verkauft letztlich jede Aktie nur mit Gewinn. Wer solche Aktien nicht mit Gewinn verkauft, der kann nicht spekulieren und sollte lieber der Börse fernbleiben.

IV. TEIL
GRENZENLOSER ERFOLG:
Die interessantesten Auslandsmärkte

»Wer den Erfolg liebt,
darf sein Herz
nicht nur an ein Haus binden.«

Alte chinesische Weisheit

ERFOLG KENNT KEINE GRENZEN

Warum ist die Kenntnis der wichtigsten internationalen Börsenplätze so entscheidend? Etwa, weil man dort überall investiert sein sollte? Mitnichten. Es geht ausschließlich darum, dort Chancen wahrzunehmen, die an der deutschen Börse nicht vorhanden sind.

Die meisten Anleger werden beim Aufbau ihres Depots zunächst einmal in Deutschland beginnen, aber rasch erkennen, daß auch andere Aktienmärkte interessant sind. Besonders dann, wenn die DAX-Lokomotive in Richtung Baisse fährt. In solchen grauen Börsenzeiten wenden sich sogar glühende Patrioten vom deutschen Markt ab und gehen entweder begrenzt auf Tauchstation oder gleich ins Ausland.

Grundsätzlich gilt die Maxime: Eine Weltbörse ist immer vorne! Doch keinem Spekulanten gelingt es, stets die Nummer eins zu erwischen. Wer aber gar nicht außer Landes geht, ist bei den Top-Gewinnern nur sehr selten dabei. Was ist zu tun, um langfristig am internationalen Markt erfolgreich zu sein? Geduldige, streng antizyklisch agierende Investoren suchen jene Börsenplätze auf, die sich inmitten tiefster pessimistischer Stimmung befinden. Nur dann besteht eine begründete Aussicht auf überdurchschnittlich hohe Gewinne. Den exakten Einstieg kennt keiner genau. Häufig hat sich ein Engagement jedoch just zu dem Zeitpunkt bewährt, an dem sich die letzten treuen einheimischen Marktteilnehmer bitter enttäuscht von ihrer Börse abwenden. Es gibt ausschließlich negative Nachrichten, eine Verlustprognose jagt die andere. Das Ganze kommt einem philosophischen Lehrstück der Subjekt-Objekt-Debatte nahe:

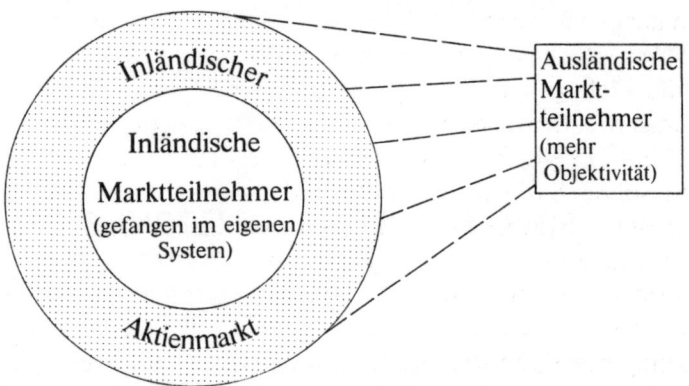

Der inländische Aktionär versagt, da er sich nicht von seiner subjektiven Betrachtungsweise trennen kann. Er identifiziert sich mit der gesamten Wirtschaft seines Landes. Möglicherweise ist er bei einem an der Börse notierten Unternehmen beschäftigt, dann ist sein Denken und Handeln erst recht standortgebunden. Dieses Phänomen beobachte ich mehrmals jährlich beim Besuch von Hauptversammlungen. Spricht man mit Arbeitern und Angestellten, ja selbst mit Managern eines in der Krise befindlichen Unternehmens, so lassen alle die Köpfe hängen. Den meisten gehen nur noch äußerst trübsinnige Gedanken im Kopf herum.

Es muß jemand von außen sein, der den gordischen Knoten durchschlägt und neuen Schwung in die angeschlagene Mannschaft bringt. Oft beschweren sich dabei die Führungskräfte des eigenen Hauses, daß man sie übergangen habe, wo sie doch über alle Erfahrungen und so weiter verfügten. Das mag alles richtig sein, trotzdem sind jene Unternehmen besser gefahren, die statt auf Betriebsblindheit auf den frischen Wind gesetzt haben.

In einer ähnlichen Situation sind wir – in diesem Fall als ausländische Anleger –, wenn wir einen Markt unter die Lupe nehmen. Der Ausländer ist vorurteilslos und eher in der Lage, Sachverhalte objektiv einzuschätzen, vor allem kann er die Zukunft eines Unternehmens aus seiner völlig unbefangenen Situation beurteilen. Das gilt erst recht für den Gesamtmarkt.

Wer sich auf die Weltbörsen einläßt, sollte möglichst viel über den ausgewählten Markt in Erfahrung bringen, sich dabei aber auf Wesentliches beschränken, also nicht in die Breite, sondern in die Tiefe gehen. Häufig sind politische Details mindestens ebenso wichtig wie harte ökonomische Fakten; deshalb lohnt es sich, auf diesem Feld etwas Zeit zu investieren. Wann immer es geht, sollten Sie sich aus erster Hand informieren, das heißt, Sie sprechen mit Menschen, die über primäres Wissen, über ursprüngliche eigene Erfahrung verfügen. Das ist oft mehr wert als Informationen, die durch zahlreiche Medienkanäle gefiltert wurden. Wer wagte zum Beispiel ein Investment in Hongkong? Kaum jemand, da man sich zu sehr auf politisch-ideologische Meldungen verließ, daß die Volksrepublik China nicht vertragstreu sein würde. Bereits in meinem Buch »Börsenfieber« habe ich die gegenteilige Meinung vertreten und hatte bis jetzt recht: Hongkongs Börse wurde die Nummer eins. Die Presse berichtet nicht falsch, aber oft genug einseitig und tendenziös, also brauchen wir zusätzliche Kenntnisse und Interpretationshilfen.

In den folgenden Abschnitten ist es natürlich nur möglich, über einen Teil der internationalen Börsenplätze zu berichten. Die Auswahl wurde bewußt getroffen und berücksichtigt als einziges Kriterium die Größe der Börse, das heißt, die gesamte Marktkapitalisierung. Faßt man sämtliche Aktiengesellschaften zusammen und errechnet ihren aktuellen Börsenwert, so ergibt sich eine klare Rangfolge:

Börsenplatz	Börsenwert in Milliarden US-Dollar
1. USA	2870
2. Japan	1676
3. Großbritannien	777
4. Deutschland	270
5. Frankreich	254
6. Schweiz	119
7. Hongkong	118
8. Niederlande	115
9. Kanada	110
10. Australien	91

Sicher wird die weltweite Wirtschaftsdynamik diese Rangfolge verändern, doch auch wenn es sich immer nur um ein statistisches Moment handeln kann, ist die Darstellung interessant und zeigt auf, wo sich die nächsten Verschiebungen ergeben können. Neue Märkte werden hinzukommen, auf allen Kontinenten spielen sich ungeheure ökonomische Umwälzungen ab. Osteuropa bringt einen Börsenplatz nach dem anderen hervor, doch es wird noch lange dauern, bis man sich in den Top ten etabliert hat; viel wichtiger ist hingegen, daß man endlich den richtigen Weg beschritten hat. Der Kampf zwischen Kapitalismus und Sozialismus ist entschieden. Im Prinzip war er das schon immer, nur einige ideologische Köpfe wollten dies nicht wahrhaben, und ein paar Unbelehrbare sprechen heute immer noch mit glänzenden Augen von sogenannten sozialistischen Errungenschaften. Dafür haben einige Ex-Sozialisten schnell die neue marktwirtschaftliche Lektion gelernt. So sagte beispielsweise einer der russischen Chefökonomen beim International Investment Congress in Frankfurt über die Chancen in Rußland: »Es ist ein guter Zeitpunkt, um einen Anfang zu machen, es ist aber auch ein Zeitpunkt, zu verlieren.« Wer will solchen Anlageperspektiven noch etwas hinzufügen? Besser kann man die Börse nicht beschreiben.

DIE WALL STREET –
ELDORADO DER SPEKULANTEN

»Amerika, du hast es besser!« Gilt dieses berühmte Goethe-Zitat auch noch heute? Erfahrene Langzeit-Spekulanten antworten darauf mit einem klaren Ja. Einige Enttäuschte, die aufgrund ihrer Unerfahrenheit gewaltige Beträge an der New York Stock Exchange verloren haben, wenden sich hingegen aus subjektiven Motiven von dieser Börse ab. Objektiv kommt dies natürlich einer Dummheit gleich, da es nirgendwo auf der Welt solche Chancen gibt. Man muß aber Profi sein, um sie zu nutzen. Wer das nicht sein kann, da er tagsüber anderen Interessen nachgeht, hat aber auch seine Chancen, wenn er sich spezialisiert. Statt der großen Bandbreite von Titeln beobachtet er ausgewählte Aktien bestimmter Branchen und entscheidet sich am besten für Aktien, die auch in Deutschland gehandelt werden. Das ist spesengünstig und spart Geld wie Nerven.

Die unzähligen Spezialwerte, die in den USA gehandelt werden, erfordern eine enorme Übersicht sowie ein Höchstmaß an professioneller Einstellung. Wem es daran mangelt, der muß diese Märkte meiden, ansonsten wird er gnadenlos ausgetrickst. An der Wall Street sind die Profis versierter, smarter, aber auch gerissener. Allzu clever sollte man allerdings nicht sein, denn die Gesetzesmaschinerie greift – anders als in Deutschland – bei dubiosen Börsenangelegenheiten besonders hart. Wer sich aufgrund seines Insiderwissens spekulativ bereichert, wandert in den Knast. Dieses Risiko scheut selbst der Wall-Street-Kannibale.

Zweimal wurden in diesem Jahrhundert gigantische Vermögenswerte vernichtet: 1929 und 1987. Die Goldenen Zwanziger

Jahre oder die Roaring Twenties, wie die Amerikaner sagen, gingen in einem gewaltigen Börsenkrach unter. Das Schlimmste an 1929 war, daß der Crash sich völlig zu Recht ereignete, wie die anschließende Wirtschaftskrise belegte. Ähnliches kann wieder geschehen. Gleiches wird sich jedoch nicht ereignen, da solche Ausgangsbedingungen wie 1929 nie wiederkommen werden. Man sollte deswegen getrost sämtliche darauf aufbauenden Prognosen vergessen. 1987 kam der Crash ohne jede ökonomische Berechtigung. Meine Vermutung ist, daß er von bestimmten Interessenten, die über großen politischen und wirtschaftlichen Einfluß verfügten, künstlich ausgelöst und herbeigeführt wurde. Zur Beweisführung wäre eine umfassende empirische Studie vonnöten, die sämtliche Dispositionen ein Jahr vor dem Crash und ein halbes Jahr nach dem Crash zusammenfaßt, auswertet und interpretiert. Von besonderem Interesse sind dabei die Aufkäufe in der Zeit vom November 1987 bis zum März 1988. Die in diesem Fall uninformierte Masse der Anleger hat in dieser Phase resigniert ihre letzten Stücke auf den Markt geworfen, die von den Vertretern der Aasgeier-Strategie gierig aufgenommen wurden.

Amerika ist Kapitalismus pur. Mehr als 50 Prozent der Bürger besitzen Aktien, viele sind in Investmentfonds engagiert. Das Vertrauen in die Wirtschaftskraft schwankt zwar gelegentlich, ist im Kern jedoch ungebrochen. Inzwischen haben die US-Stocks eine Marktkapitalisierung von zirka 3000 Milliarden Dollar. Damit ist man weltweit die Nummer eins, wird diesen Platz aber möglicherweise noch öfters verteidigen müssen, als es den Amerikanern lieb ist. 1991 waren die Japaner ganz vorne, und dies erneut zu erreichen ist bestimmt ihr Ziel. Aber selbst das würde der Wall Street keinen Abbruch tun, denn die wichtigste Börse der Welt bleibt sie in jedem Fall. Wall Street ist die Leitbörse, und der Dow-Jones-Index ist der weltweit führende Index, der in allen wesentlichen Wirtschafts- und Börsennachrichten seinen Niederschlag findet.

Den 200. Geburtstag feierte die New Yorker Börse am 17. Mai 1992. In das heutige Gebäude, Ecke Wall Street und Broad Street, das jedem Börsianer einen Besuch wert sein sollte, zog

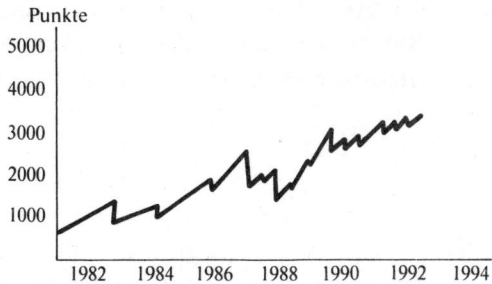

Dow-Jones-Index

Punkte

Dow-Jones-Index: Symbol des US-Börsen-Kapitalismus.

man allerdings erst im Jahre 1903. Der Aktionär interessiert sich selbstverständlich mehr für die Zukunft, und die wird hart, denn Wall Street erhält zunehmend Konkurrenz im eigenen Lande. Zur Zeit werden knapp 60 Prozent aller Aktien an der New York Stock Exchange gehandelt. Immer stärker wird aber das Finanzzentrum Chicago, und auch der amerikanische Freiverkehrsmarkt (Nasdag) wirbt Kunden ab. Für den deutschen Anleger weniger bedeutend sind folgende Regionalbörsen:

die Pacific Stock Exchange,
die Midwest Stock Exchange,
die Cincinnati Stock Exchange,
die Boston Stock Exchange,
die Intermountain Stock Exchange,
die Spokane Stock Exchange.

Welche US-Aktien kann man kaufen? So fragen viele. Dabei ist doch die Frage, wann man kaufen soll, mindestens genauso wichtig. Am besten betreibt man Meinungsforschung unter den Anlegern und kauft bei großem Pessimismus. »Man kann nur jedermann dringend empfehlen: Hände weg von Aktien! ... Mehrere langjährige Aktienkäufer, mit denen ich in den letzten Tagen sprach, haben nunmehr endgültig ›die Schnauze voll‹.« So artikulierte sich 1989 ein Aktionär im *Handelsblatt* und schimpfte dabei besonders auf die Wall Street, die immer mehr zu einer undurchschaubaren Spielhölle verwegener Spekulanten würde. Wenn solche Stimmen verstärkt auftauchen, ist bald

Land in Sicht. Dann greift der konservative Investor nach den besten amerikanischen Aktien, was nicht immer heißt, daß es Coca Cola, Mickey Mouse und MacDonald's sein müssen, obwohl das bislang erstklassige Investments waren.

Walt Disney

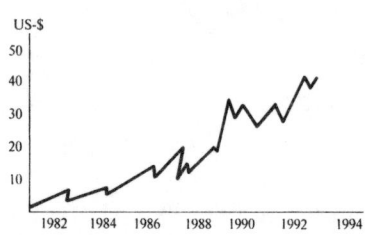

Walt Disney – makellose Performance
Mickey Mouse, Donald und Pluto schlagen IBM und Co.

Wer US-Aktien kauft, darf nie das Dollarkurs-Risiko außer acht lassen. Vor dem Kauf vergleichen Sie die Charts auf DM- und auf Dollar-Basis, so wie hier die Kursentwicklung von General Motors:

General Motors

Anleger, die ihr Depot mit den großen internationalen Wachstums- und Dividendentiteln bestücken, fahren meistens gut. Die langjährige Aufwärtsbewegung des Öl-Multi Exxon, des Nahrungsmittelkonzerns Philip Morris oder des Soft-Drink-Milliardärs Coca Cola spricht eine eindeutige Sprache. Auch Pepsi hat in den letzten zehn Jahren seine Aktionäre glänzend bedient. Wer einen der beiden Cola-Produzenten kaufen will, steht vor keiner einfachen Entscheidung, es sei denn, er erwirbt

196

die Aktien von Pepsi *und* Coke. Mitbedenken sollte man in jedem Fall die Olympischen Spiele von 1996, denn sie finden in Atlanta statt, wo Coca Cola zu Hause ist. Als Sponsor wird man dort so gewaltig auftrumpfen, wie es die Welt noch nicht gesehen hat. Sämtliche bisherigen Superlative werden in den Schatten gestellt, und Coke wird dabei einen guten Schnitt machen.

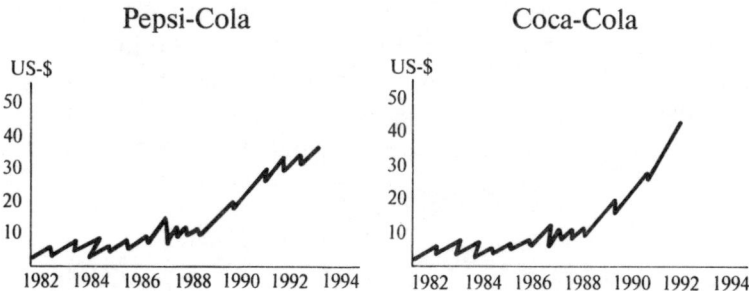

Zu den teuersten Unternehmen der Welt gehören beispielsweise General Electric, die amerikanische Alternative zu Siemens, aber auch Merck. Der Pharma-Riese ist in dieser Spitzengruppe mit vertreten und nimmt gleichzeitig einen Platz unter den zehn ertragsstärksten Unternehmen ein. Der unangefochtene Spitzenreiter in dieser Gruppierung ist Exxon. Wer Turbulenzen und Risiken scheut, ist mit dieser Aktie fein heraus.

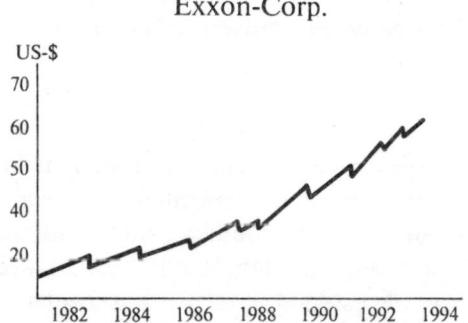

Öl-Multi und Nummer 1 unter den ertragsstärksten Unternehmen der Welt. Die Kursentwicklung spricht Bände.

197

Unter den Gewinnjägern und Börsenjobbern gibt es eine Spezies, die nicht so sehr auf die bisherige exzellente Performance achtet. Sie konzentriert sich im Gegenteil auf Unternehmen, die einen erheblichen Teil ihres Kurswertes eingebüßt haben, deren Image jedoch immer noch gut ist. An der Wall Street nennt man sie die »gefallenen Engel« und zählt inzwischen sogar den Star IBM dazu, dessen Kurs drastisch sank. Womöglich ist der Anleger besser beraten, der sich für die Nummer zwei in der Computerbranche entscheidet: Digital Equipment. Das neue Management reitet eine aussichtsreiche Attacke gegen alle vermeidbaren Kosten des Unternehmens. Zusätzlich bedarf es noch eines Schusses Kreativität in der Produktion, was

Digital-Equipment

Up and down on Wall Street. Investment nur für Mutige!
Glänzender Name – miserable Kurse.

im Hinblick auf eine hochmotivierte Mannschaft möglich sein sollte. Danach geht es wieder aufwärts. Wenn die Konjunktur mitspielt, kann der Kurs in den Bereich von 50 bis 100 Dollar klettern.

In den USA achtet man noch viel stärker auf den Gewinn des Unternehmens als bei uns. Jedes Quartal werden die Ergebnisse ausgewiesen und sofort in eine entsprechende Kursentwicklung umgemünzt. Wer an Boden verloren hat, wird gnadenlos herabgetaxt, wer hinzugewinnt, dessen Stern leuchtet – allerdings wieder nur bis zum nächsten Quartalsbericht. Nicht zuletzt aus diesen Gründen wird die Kursentwicklung an der Wall Street stürmischer ausfallen als an anderen Börsen. Doch ist diese

198

Bewertung nicht gerechter und fairer? Sie beruht zumindest auf viel Ökonomie, was Unternehmen und Anlegern zu verdanken ist, die der Transparenz einen hohen Stellenwert beimessen. Weil es nach Ansicht der Amerikaner bei vielen deutschen Großunternehmen an letzterer mangelt, führt man ihre Aktien nur höchst zögerlich in den US-Handel ein. Doch macht uns das weniger besorgt, Hauptsache ist, wir können möglichst viele amerikanische Aktien an den deutschen Börsen spesengünstig kaufen und verkaufen.

JAPAN:
VON DER MARKTWIRTSCHAFT
ZUR MARKTBEHERRSCHUNGS-
WIRTSCHAFT

Zugegeben, diese Schlagzeile wirkt bedrohlich, doch stimmt sie
etwa nicht? Wie konnte es zu derartigen Erfolgen kommen, vor
denen nun allmählich die ganze westliche Welt zu zittern beginnt? Um das auch nur annähernd zu verstehen, müßte man
einen weiten Weg in die Geschichte dieses erstaunlichen Landes zurückgehen, und selbst dann hätten wir Europäer immer
noch genügend Schwierigkeiten. Ein erster Schritt aber wäre
damit getan, und man hätte einen kleinen Schlüssel in der
Hand.

Die bewundernswerte Arbeitsmoral der 123 Millionen Ein-
wohner kommt nicht aus dem Nichts, sondern beruht auf tiefen
religionsphilosophischen Grundlagen. Traditionsträchtige bud-
dhistische und schintoistische Kult- und Gebetsstätten, Tau-
sende Tempel und Schreine, unnahbare Zen-Klöster sowie un-
zählige religiöse Statuen legen davon Zeugnis ab. Wer als
Reisender nach Japan fährt, muß sich unbedingt vorbereiten,
denn nach dem Motto, »jetzt mach ich mal Kultururlaub«, wird
er dort weder ernst genommen, noch wird er irgend etwas geistig
erfassen.

Ähnlich ergeht es uns mit der japanischen Börse. Daß man
die Hinterlassenschaften der 256 Shogune und Tennos kaum
versteht, damit kann man gerade noch fertig werden. Aber die
Börse ist doch ein rational faßbares ökonomisches Konstrukt,
das jeder Betriebs- und Volkswirt analysieren kann. Ist das in der
westlichen Hemisphäre bereits schwierig genug, erweist es sich
bei der japanischen Börse vollends als aussichtslos. Viele Profis
sind daran bereits gescheitert, wenn nicht verzweifelt. Einer

200

ganzen Reihe von Spekulanten gelang es, mit stattlichen Gewinnen von der Börse am Kabuto Cho nach Hause zu kommen. Die Fans von Optionsscheinen taumelten von einem Höhenrausch zum anderen. Wer in diesen Zeiten des scheinbar endlosen Aufstiegs in einer Spekulantenrunde verlauten ließ, er hätte Siemens oder Deutsche Bank im Depot, erntete Hohn und Spott. Bunte, klangvolle japanische Namen wurden genannt, die mal richtig, mal falsch, aber immer respektvoll ausgesprochen wurden. Falls jemand keinen Respekt vor diesen Titeln hatte, so bekam er ihn spätestens dann, wenn er sich den Kursverlauf der Aktien und Optionsscheine anschaute. Was sind 20 Prozent Gewinn in Deutschland angesichts von 1000 Prozent und mehr in Japan? Die Euphorie war also durchaus begründet.

An bestimmten ökonomisch-psychologischen Gesetzmäßigkeiten kommt aber auch die japanische Börse nicht vorbei, und es ist nun einmal eine Binsenweisheit, daß auf einen steilen Anstieg ein steiler Abstieg folgt. Und der kam – bombensicher!

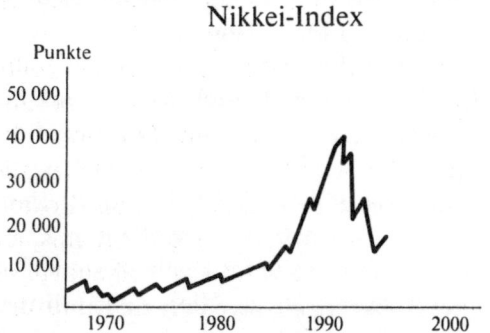

Nikkei-Index

Ein veritabler Börsenkrach historischen Ausmaßes, so muß man das Zerplatzen der japanischen Spekulationsblase wohl bezeichnen. Finanzanalysten sprechen von der größten Kapitalvernichtung seit dem Ende des Zweiten Weltkriegs. Die andere Seite ist, daß man von 1965 bis Ende 1991 durchschnittliche Kursgewinne von 3750 Prozent erzielen konnte. Ein ungeheurer Kursanstieg, der kaum durch Rückschläge gestoppt wurde.

Alle Erfahrungen zeigen, daß gerade nach dramatischen Kurseinbußen ein gewaltiges Erholungspotential besteht, das mit

Sicherheit den nächsten Aufschwung einleiten wird. Für den Anleger ist es eine Frage der Zeit, des Geldes und der Nervenstärke. Die japanischen Aktien waren eben viel zu hoch bewertet, und niemand ist heute bereit, ein Kurs-Gewinn-Verhältnis von 50 oder gar von 100 zu akzeptieren. Was für einen triftigen Grund gibt es denn, daß japanische Papiere wesentlich teurer sein dürfen als Aktien an der Wall Street, in London oder in Frankfurt?

Unabhängig davon, wie sich die kurz- und mittelfristige Börsenszene entwickelt, hat die japanische Wirtschaftswelt eine glänzende Zukunft vor sich. Aufgrund der klugen Wirtschafts- und Finanzpolitik, von der man im gesamten Westen eine Menge lernen könnte, wird sie auf mehreren Feldern eine marktbeherrschende Rolle spielen. Auf dem Gebiet der Elektronikindustrie ist Japan bereits eine Großmacht; für den Westen haben sich bereits erschreckende Abhängigkeiten ergeben. Geschickt versuchen dies die Japaner durch angebotene Kooperationen und durch ihre Niederlassungs- und Standortpolitik zu überspielen. Hinter all ihrem Tun steckt eine Menge strategischer Energie. Die Kriege der Zukunft haben bereits begonnen, sie toben auf dem Feld der Wirtschaft. So, wie es bis jetzt aussieht, werden die Japaner sie gewinnen. Bei der aktuellen Schlachtordnung stehen Verlierer wie Sieger bereits fest. Dabei haben auch die Japaner keine Wunderwaffen, sie setzen nur das, was wir auch haben, wesentlich gezielter ein. Sie bündeln ihre gesamten Kräfte und richten sie auf ein Ziel: die Märkte zu beherrschen. Zur gleichen Zeit, während in Japan Staat, Wirtschaft und Arbeitnehmer zusammenhalten, gibt es in Deutschland/Europa:

- eine falsche, zum Teil dümmliche Wirtschaftspolitik (Steuer- und Subventionspolitik);
- Wirtschaftsunternehmen, die ständig den Staat, also die Regierung, mahnen müssen, sich endlich für die Wirtschaftsförderung einzusetzen;
- Arbeitnehmer, deren Gewerkschaften unsinnige und volkswirtschaftlich schädliche Streiks vom Zaun brechen.

Mit diesem Kampf aller gegen alle braucht man gar nicht erst nach außen anzutreten. Es grenzt fast schon an ein Wunder, daß man überhaupt noch konkurrieren kann; einige Märkte hat man jedoch bereits restlos verloren. Wenn der Westen nicht aufpaßt, wird er die übrigen auch noch preisgeben. Bis jetzt sieht es ganz danach aus.

Der internationale Anleger kann dennoch zufrieden sein, denn Japan verschläft die Zukunft nicht. Also investiert er in japanische Aktien. Dabei bieten sich im Finanzbereich die Banken an; auch Broker-Titel, die während der Korruptionskrise viel an Boden verloren, sind interessant. Und dann natürlich der High-Tech-Sektor, der inzwischen eine riesige Bandbreite umfaßt. Dank der großen Ausgaben für Forschung und Entwicklung werden fast alle Branchen stark voranschreiten. Einige Unternehmen stehen vor Supergewinnen, und es besteht die Möglichkeit von Welt-Monopolstellungen, was eine angenehme Preispolitik erwarten läßt, von der auch Aktionäre profitieren. Mittlerweile hat man in Japan erkannt, daß man mehr für die Grundlagenforschung tun muß, um vorwärts zu kommen. Von diesem Bereich der nicht angewandten Forschung kann man aktuell nichts, später aber möglicherweise sehr viel profitieren. Damit es dazu kam, genügte die bescheidene Kritik einiger renommierter Wissenschaftler. Der Staat reagierte prompt, indem er mehr Geld für die freie Forschung zur Verfügung stellte. Dieses Geld, das im Westen häufig in irgendwelchen Sozialprojekten untergeht, erhalten die Japaner später doppelt zurück – in Form von Gewinnen oder von Lizenzen, die wir bezahlen.

Zu den erstklassigen japanischen Aktien, die endlich auf Normalmaß gestutzt wurden, gehört Ajinomoto. Dieser Nahrungsmittel-, Chemie- und Pharmagigant, der unter anderem auch ein erfolgreiches Aids-Präparat entwickelte, hat langfristig hervorragende unternehmerische Chancen, die sich auch in der Kursentwicklung niederschlagen werden. Nach einem sechsjährigen Kursverfall ist die Aktie interessant. In Japan selbst verfolgt man ehrgeizige Ziele, und im Ausland sind eine Reihe neuer Akquisitionen geplant, auch den EG-Binnenmarkt hat man schon längst anvisiert und ist sehr gut dafür gerüstet.

Ajinomoto

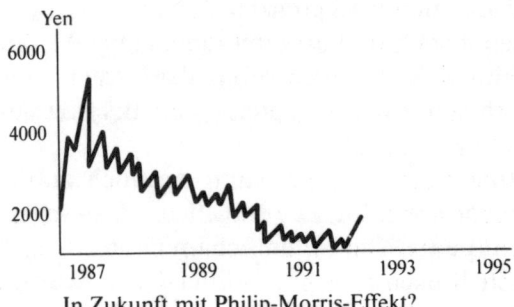

In Zukunft mit Philip-Morris-Effekt?

Infolge der Korruptionsskandale hat die Börse ihren morali-
schen Tiefpunkt schon vor dem tatsächlichen Index-Tiefststand
erreicht. Am stärksten litten die Investment- und Brokerhäuser.
Wer auf alle Kursabenteuer gefaßt ist und viel Geduld mitbringt,
wird mit den beiden Wertpapierhäusern Nomura und Nikko
mittel- und langfristig ein sehr gutes Ergebnis erzielen.

Nikko Securities   Nomura Securities

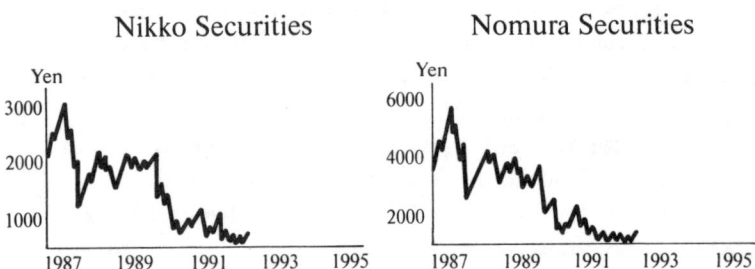

Wer soll in Zukunft Japans Börsenhandel managen, wenn nicht
diese Wertpapierspezialisten? Man wird ohne sie nicht auskom-
men, und wenn sich das Blatt wendet, sind das die größten
Gewinner. Während Ajinomoto sich für dynamische Anleger
eignet, sind Nikko und Nomura hochspekulativ einzustufen.

Diese Beispiele stehen stellvertretend für eine Vielzahl von
Chancen im Land der aufgehenden Sonne. Konservative Anleger sind gut beraten, trotz aller positiven Aspekte die japanische
Börse prinzipiell zu meiden. Nur Investoren, denen die Spekulation in Herz und Blut übergegangen ist, sollten sich am Kabuto

Cho bewegen, alle anderen dürften sich nur blutige Köpfe holen. In ein paar Jahren kann sich das möglicherweise ändern. Falls man es schafft, die Casino-Atmosphäre aus dem ganzen Busineß herauszunehmen, wird Japan auch für konservative Anleger interessant; vorläufig gilt es jedoch besser abzuwarten. Eines müssen wir aber alle akzeptieren: So wie in Deutschland wird diese Börse nie, denn im ostasiatischen Raum denkt man über Geld ganz anders. Das gilt nicht nur für Japan, sondern auch für Hongkong, Taiwan und erst recht für China, wo man noch mehrere Börsen etablieren wird. Hier herrscht eine spekulative Mentalität vor, die wir uns nicht zu eigen machen können. Kursprognosen werden zum Glücksspiel. Sicher ist nur, daß die Volatilität dieser Märkte jene der meisten anderen Weltbörsen weit in den Schatten stellen wird.

EURO-STRATEGIE

Die Länder Großbritannien, Frankreich, Schweiz und die Niederlande finden sich unter den Top ten der Börsenplätze wieder. Viele Aktionäre interessieren sich auch noch für andere europäische Börsen, so etwa für Spanien und Italien. Für andere sind wiederum die Finanzzentren im Norden ein Thema, obwohl diese genau bis jetzt sehr umsatzschwach sind, was beispielsweise auch für Griechenland oder Portugal gilt. Erst allmählich wird sich das ändern. Im Rahmen dieses Buches kann selbstverständlich kein einziges Land in voller Tiefe analysiert und dargestellt werden, weswegen es mein Ziel ist, Impulse und Anregungen für mögliche Investments zu geben und dabei einmal über den deutschen Tellerrand hinauszuschauen. Je kleiner die Umsätze an den Börsen eines Landes sind, um so gründlicher sollte man sich vor einem Investment über die Wirtschaftsstruktur und das einzelne Unternehmen informieren. Wann immer es möglich ist, bevorzugt man Titel, die auch in Deutschland gehandelt werden. Die gesamte Abwicklung erfolgt zügiger und transparenter, vor allem auch kostengünstiger.

Wie immer der einzelne Anleger zu Auslandsaktien steht, mit Beginn des europäischen Binnenmarktes wird sich für umsichtige Aktionäre einiges ändern. Wenn dieser Markt eine große Dynamik entfacht, was erst einmal abzuwarten und zu beobachten sein wird, dann wird das bisherige länderorientierte Denken der meisten Spekulanten in ein neues Denken einmünden. Sehr schnell wird man sich die Euro-Profiteure herauspicken, wobei es eine untergeordnete Rolle spielt, in welchem Land das Unternehmen beheimatet ist.

Die großen Konzerne und Giganten sind in jedem Fall unter den Gewinnern, während vielen Kleinunternehmen eine steife Brise um die Ohren wehen wird. Erst dann lernen einige, was Binnenmarkt bedeutet. Nach den großen Unternehmen sollte man sich zweitrangig auf Aktien von dynamischen, mittelgroßen Gesellschaften konzentrieren, die wendig und schlagkräftig genug sind, sich auf wechselhafte Marktströmungen einzustellen. In ein bis zwei Jahren werden sich aus diesem Feld eine Reihe hochinteressanter Aktiengesellschaften herauskristallisiert haben, die dem Investor einen kräftigen Gewinnschub versprechen.

An dieser Stelle ist die Exklusivität hervorzuheben, mit der Aktionäre vom Wachstum dieser großen oder mittleren Wirtschaftsunternehmen profitieren werden. Wer, um einen Vergleich anzustellen, Euro-Anleihen kauft, erhält mit Sicherheit einen akzeptablen Return in Form von Zinserträgen; mit günstiger Gesamtzinsentwicklung kommen eventuell noch ein paar Prozentpunkte Kursgewinn hinzu. Aber der Anleihen-Fan partizipiert nicht am Zuwachs der Wirtschaft, dies bleibt ausschließlich dem Aktienbesitzer vorbehalten. Wer unter den heutigen Voraussetzungen als Aktionär langfristig disponiert, Substanz- und Wachstumsdenken über Renditeaspekte stellt, wird mit einem überdurchschnittlich hohen Ertrag seines Investments rechnen können. Dazu noch ein Bonbon: Während der Anleihe-Besitzer seine bescheidenen Zinsen versteuern muß oder sich alternativ ein schlechtes Gewissen einhandelt, erhält der Spekulant seinen beträchtlich höheren Gewinn steuerfrei.

Was kaufen Euro-Profiteure? Wenden wir uns zur Beantwortung dieser Frage europäischen Branchenbeobachtungen und den einzelnen Ländern zu:

GROSSBRITANNIEN

Der Größenordnung nach ist das der wichtigste aller europäischen Finanzmärkte, der mit London über ein Zentrum von höchster internationaler Reputation verfügt. Die britischen Börsianer sind weltweit aktiv, und ihre Transaktionen werden überall mit Interesse registriert. In Deutschland sind ihre gezielten Aktienkäufe ebenso beliebt wie gefürchtet. Treiben sie die Kurse in die Höhe, freuen sich die Haussiers und loben die Engländer über alles, doch sobald jene verkaufen, kehrt sich das Ganze ins Gegenteil um.

Aktionäre, die stark in Deutschland engagiert sind, tun gut daran, auch die Londoner Börsenszene intensiv zu beobachten. Vor allem ist die Meinung interessant, die man dort über deutsche Aktien vertritt. Vielen sind die enorm starken Engagements der Briten noch nicht bekannt, und wenn sich dieses in Form einer negativen Tendenz entlädt, dann herrscht depressive Stimmung an den deutschen Börsenplätzen.

Seit jeher ist man in Großbritannien marktwirtschaftlich geschult. Man kennt dort nichts anderes. Auch ist es historisch nur folgerichtig, daß von diesem Land aus der große Adam Smith seine Thesen über die freie Wirtschaft weltweit verbreitete. Hätte man seine Werke intensiver gelesen und studiert, wäre viel Unheil vermieden worden. Inzwischen haben aber sogar einige Unbelehrbare die Lektion verstanden, leider hat es über zweihundert Jahre gedauert. Unvorstellbar, wie lange erstklassige ökonomische Titel in einigen Staaten auf dem Index verbotener Literatur stehen konnten; derzeit ist es mutmaßlich noch in Cuba und Nordkorea so, doch auch diese Bastionen wirtschaftlich drittklassiger Systeme werden fallen – spätestens mit Fidel Castros Tod und der Wiedervereinigung Süd- und Nordkoreas. Dann wird endlich weltweite marktwirtschaftliche Harmonie und Konkurrenz herrschen.

Daß Margaret Thatcher eine eifrige Schülerin von Adam Smith war, ist bekannt, wurde doch unter ihrer Regierung ein gewaltiges Privatisierungsprogramm beschlossen, das über 40 britische Unternehmen aus staatlicher Vorherrschaft entließ. Viele Spekulanten werden sich noch gut an die erstklassigen Geschäfte erinnern, die zum Beispiel mit British Telecom zu machen waren. Als Neuemission brachte die Aktie dem Erstzeichner in den ersten eineinviertel Jahren satte 100 Prozent Gewinn.

British Telecom

Aufwärtstrend immer noch intakt.

Weltweit kennt jeder Anleger, der gerne mit Ölaktien handelt, das Unternehmen British Petroleum (BP). Doch wer hat schon die Aktie von Burmah Castrol im Depot? Dabei ist deren Langzeit-Performance kaum zu überbieten. In Zeiten niedriger Ölpreise ist das First-Class-Investment ein klarer Kauf.

Burmah Castrol

Von Profis seit langem geschätzt.

Nicht immer erfolgreich im klassischen Land des Wirtschaftsliberalismus waren die Bankaktien. Wesentlich besser fuhr man mit den meisten Industrieunternehmen oder den klassischen Misch- und Nahrungsmittelkonzernen B.A.T. Industries und Grand Metropolitan. Aus Sicht der Unternehmens- und Managementqualität sind beide Aktien sehr interessant.

209

Grand Metropolitan   B.A.T. Industries

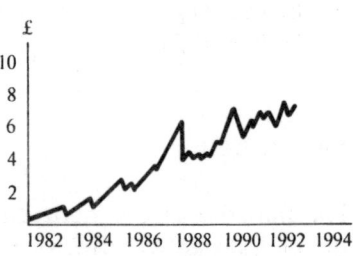

Beide Aktien sind spesengünstig an der
Frankfurter Börse im amtlichen Handel zu ordern.

Wie immer bei Auslandsaktien fällt der Währung, in diesem
Fall dem britischen Pfund, besonderes Gewicht zu. Wenn auch
die Schwankungsbreiten im Rahmen liegen, der Blick auf den
Währungs-Chart lohnt stets. Unabhängig von Währungsfragen
und anderen Rahmenbedingungen kann der Anleger in Großbritannien relativ sicher vor staatlichen Attacken gegen die
Wirtschaft sein, was man von anderen Ländern nicht immer
behaupten kann. Derartige Eingriffe sind unpopulär, und dem
Thatcher-Nachfolger John Major bleibt nichts anderes übrig, als
sich an diese Tradition zu halten. Da das mittlerweile sogar
die Labour Party begriffen hat, stehen die Zukunftsaussichten
Großbritanniens gar nicht schlecht. Auch die Vorbehalte gegenüber den Europa-Verträgen – vom Regierungschef deutlich ge-

Financial Times-Index
– Ordinary Share –

210

genüber den anderen EG-Staaten vorgebracht – nutzen letztendlich der eigenen Wirtschaft. Die britische Finanzwelt wird es zu danken wissen.

FRANKREICH

Die französischen Finanzmärkte sonnen sich in dem Prestige, das eine starke Währung vermittelt. Unversehens gelangte man, durch die deutsche Wiedervereinigung begünstigt, in die Rolle eines währungspolitischen Stabilitäts-Vorreiters. Das dürfte noch einige Zeit anhalten, denn der Wirtschafts- und Währungskonkurrent Deutschland hat seine finanziellen Probleme noch längst nicht gelöst. Zum Leidwesen beider Länder wird das Zinsniveau aus diesen Gründen nicht wesentlich gesenkt werden können. Das macht die Kredite teuer, und die hohen Zinsen auf den Kapitelmärkten machen den Aktienhändlern gehörig Konkurrenz, auch in Frankreich.

Ansonsten sind die Rahmenbedingungen für französische Aktien nicht übel. Die sozialistische Regierung erwies sich als enorm lernfähig. Während man früher den Segen von Verstaatlichungen pries, hält man sich inzwischen mit dem Verkünden derartiger »Heilsbotschaften« zurück. Warum ein Unternehmen verstaatlichen, wenn es doch privat wesentlich besser funktioniert? In puncto Aktienförderung hat man Deutschland weit überholt, so daß in Zukunft verstärkt mit Börsen-Engagements auch kleinerer Anleger zu rechnen sein wird. So richtig klappt das natürlich erst, wenn das Umfeld freundlicher wird. Aber den einen großen Fehler machen die Franzosen genauso wie die Deutschen, denn auch sie kaufen Aktien am liebsten, wenn die Risiken niedrig erscheinen und die Kurse demzufolge bereits hoch sind. Bei der Kursdynamik französischer Aktien kann das gefährlich werden.

Für Großunternehmen ist der vieldiskutierte Binnenmarkt kein Thema, da er für sie schon seit langem Realität ist. Die Handelsbeziehungen reichen quer durch Europa, verdient wird in allen Ländern, am liebsten und am meisten in Deutschland,

211

was umgekehrt ebenso ist. Geschickt streute man seine Investitionen in den einzelnen Ländern des Binnenmarktes. Davon hat auch Deutschland und haben die neuen Bundesländer profitiert. Da aber niemand ganz uneigennützig ist, möchte man dafür schon einen satten Gewinn einkassieren – ganz im Sinne des Managements und der Aktionäre. Rechnet man alle positiven und negativen Faktoren zusammen, so sieht, auf die Zukunft projiziert, das Ergebnis dermaßen gut aus, daß französische Finanz- und Börsenspezialisten nun vom kommenden Jahrzehnt der Aktie sprechen.

Trotz solch erstaunlicher Prophetie, die prinzipiell Musik für Börsianerohren ist, erfreuen sich französische Titel nicht gerade höchster Beliebtheit hierzulande. Was ist der Grund? Kennt man sie zu wenig, oder hält man nichts davon? Die erste Vermutung mag stimmen, die zweite wäre glatt falsch, da viele Aktiengesellschaften aus Frankreich erstklassige Geschäfte machen und in dieser Hinsicht den internationalen Konzernen in nichts nachstehen. Das zeigen nicht zuletzt die vielen, zum Teil überraschenden, aber immer gelungenen und erfolgreichen Übernahmen. Die Konkurrenz einzelner französischer Unternehmen ist gewaltig. Es genügt, den Namen Peugeot zu nennen, und schon heulen die italienischen und deutschen Automobilbauer auf. Der Kunde aber freut sich, daß er aus einer zusätzlichen Angebotspalette solider Benzin- und Dieselfahrzeuge aus-

Peugeot S. A.

Verdienen an der Flexibilität des französischen Autobauers!
Motto: Es muß nicht immer Volkwagen sein.

wählen kann. Mit ihm freut sich der Aktionär, der immer gerne mehrere Eisen im Feuer hat, und die Kursdynamik von Peugeot kann sich wahrlich sehen lassen.

Eng mit der Automobilbranche verbunden ist der Reifenhersteller Michelin. Nur hochspekulativ veranlagte Investoren sollten sich an diesen Titel wagen, andere werden daran wenig Freude haben. Immerhin schaffte man das letzte Mal einen kompletten Turn-Around. Doch nicht immer geht das so gut. Wer nicht verkaufen kann, wandert wieder in die Verlustzone. Solchermaßen Untalentierte fahren wesentlich besser mit dem Kosmetikgiganten l'Oréal. Kann sein, daß jemand die letzten 15 Jahre das Verkaufen vergaß, was sich nicht als unvorteilhaft erwies. Das eingesetzte Kapital wurde in dieser Zeit nur verdreißigfacht; was ist das schon?

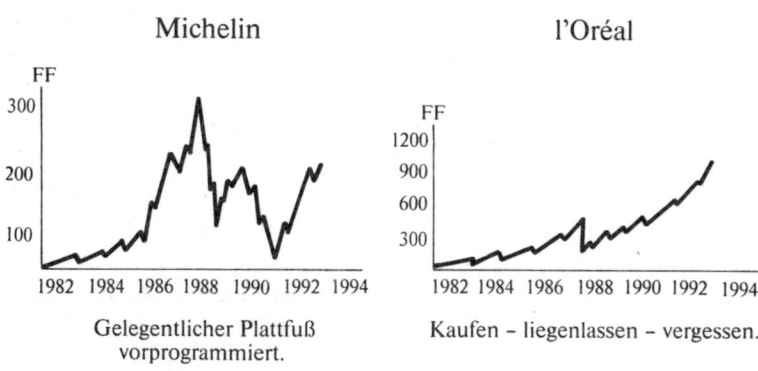

Michelin — Gelegentlicher Plattfuß vorprogrammiert.

l'Oréal — Kaufen – liegenlassen – vergessen.

Daß die Franzosen für Kosmetik und Parfüm etwas übrig haben, weiß jeder. Doch sie haben noch viel mehr auf Lager, beispielsweise eine Reihe von Chemie- und Baustoffunternehmen wie Lafarge Coppée oder feine Bankadressen wie die in Deutschland gehandelten Parisbas. Pernod-Freunde setzen auf Pernod-Ricard – bislang eine glänzende Anlage, bleibt nur noch abzuwarten, inwieweit man Europa noch intensiver damit beglücken kann. Wer den Kurszettel weiter abklopft, wird manch interessantes Papier entdecken. Bei einigen ist es gut, wenn er schnell weiterblättert, andere wiederum werden ihn rasch zu

213

einer echten French Connection verführen. Ich gehe jedoch jede Wette ein, daß bei *einem* Titel jeder hängenbleibt, gleichsam magisch angezogen vom Namen und vom Kursverlauf: Das ist die Eurotunnel-Aktie. »Nur Verrückte kaufen so einen Schwachsinn«, sagte mir ein Franzose, das sei etwas zum Spielen und gehöre nicht an die Börse. Wo aber sollen denn die armen Tunnelbauer sonst ihr Geld hernehmen? Wer gibt schon freiwillig sein Erspartes dafür, daß die Ferryboat-Besitzer in Zukunft kein Geschäft mehr machen? Als Motiv kam da eher schon die Vorstellung in Frage, die *splendid isolation* der Engländer zu durchbrechen. Wer jedoch 120 Francs für die Aktie bezahlte, den tröstet auch das nicht.

Eurotunnel

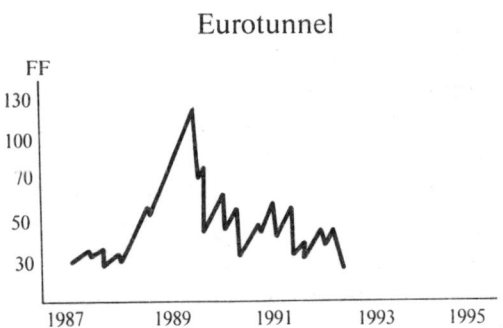

Ein Projekt des Größenwahns. Die Aktie für Spekulanten, Spieler und Hasardeure.

Ein ernsthaftes Trading mit Eurotunnel ist möglich, setzt aber Timing-Geschick sowie raschen Kauf und Verkauf voraus. Größte Vorsicht ist am Platze. Es bedarf nur eines einzigen Unglücks im Tunnel, und die Aktie steht bei Null. Dann ist es aus mit dem Licht am Ende des Tunnels, nicht einmal das des entgegenkommenden Zuges ist dann zu sehen. Ein größeres und wahrscheinlicheres Risiko stellen jedoch eher die immensen und immer überdimensionaleren neuen Geldforderungen dar. Dieser Tunnel wird so teuer, daß man ihn zum Schluß wird gar nicht bezahlen können. Welch ein Glück, daß es noch andere französische Aktien gibt.

CAC 40 Index

SCHWEIZ

Längst ist bekannt, daß die Schweizer mehr können als Alphornblasen und gute Schokolade herstellen. Stets wurde der Name dieses Landes gleichgesetzt mit Wohlstand und Geld. Das hatte seine Berechtigung und lag nicht zuletzt an der klugen schweizerischen Gesellschafts-, Wirtschafts- und Finanzpolitik. Alles schien bestens, bis ein Tropfen Bitternis im weit verzweigten Bankensystem erkennbar wurde. Unsaubere Gelder verschiedenster Provenienz wurden auf Nummernkonten vermutet und teilweise auch nachgewiesen – die Schweiz als große Geldwäscherei für Drogendealer, als Hort für die Besitztümer korrupter Politiker. Für viele ein unerträglicher Gedanke.

Fürs erste hat man diese Geschichte inzwischen bereinigt und Vertrauen zurückgewonnen, doch sehen einige bereits neue dunkle Wolken am Horizont aufziehen. Der europäische Binnenmarkt bringt die Schweizer ganz aus dem Häuschen. Man ist nicht Mitglied der Europäischen Gemeinschaft und fühlt sich ausgegrenzt, was an sich ertragbar wäre, ginge es nicht ums Geld. Und spätestens dann werden die Schweizer hellwach, fürchtet man doch, daß die eigenen Unternehmen bei der internationalen Auftragsvergabe zu kurz kommen könnten. Vermutlich ist das übertrieben, da die Großunternehmen die Märkte längst unter sich aufgeteilt haben und ihr Binnenmarkt, abgesichert durch viele strategische Kooperationen, seit langem Reali-

215

tät ist. Auf jeden Fall aber will man in die Zwölfergemeinschaft aufgenommen werden und diese erweitern. Dabei darf man gespannt sein, wie es die Schweizer dann mit ihrer Währung halten und ob sie wirklich bereit sind, die geliebten Fränkli auf dem europäischen Altar gemeinsamer Glückseligkeiten zu opfern. Dem wird jedoch eine der aufwendigsten und interessantesten Volksabstimmungen der Schweizer Geschichte vorausgehen.

Einen Fehler sollten Anleger nicht begehen und glauben, daß in diesen Zeiten des Wandels Aktien aus der Schweiz links liegengelassen werden können. Ihre Dynamik ist vielmehr ungebrochen und schafft eine Basis für weiteres Wachstum. Mit ABB und Nestlé verfügt man über zwei Giganten, die zu den größten Unternehmen der Welt gehören. Zum Vergleich: Die deutschen Riesen Bayer und Thyssen, die Japaner Sony, Mitsubishi Electric und Fujitsu rangieren im Umsatz deutlich hinter den beiden Alpenland-Konzernen. Insgesamt betrachtet, müssen sich die Deutschen mehr Sorgen um ihren Industrie-Standort machen als die Schweizer. Viele ökonomische und politische Defizite, die uns schwer zusetzen – man braucht dabei bloß an die reale und erst noch kommende Überschuldungslawine zu denken –, kennt man dort überhaupt nicht.

Es sind aber nicht nur die Rahmenbedingungen, die ein Investment in der Schweiz reizvoll erscheinen lassen. Auch die Unternehmensstruktur, das Management der einzelnen Konzerne inklusive eines intensiveren und zeitlich umfassenderen Arbeitskräfteeinsatzes, raten zu einer Anlage.

Wer in den letzten Jahren auf Chemie und dabei auf Sandoz setzte, lag nicht falsch. Trotz jährlicher Kurseinbrüche von 1988 bis 1990 legt die Aktie deutlich zu. Trader, die solche Schwankungen nutzen, verdienen noch mehr.

Der preiswerte, auch in Deutschland gehandelte Partizipationsschein wird einen guten Weg machen, da das Unternehmen für die Konkurrenz auf den Weltmärkten bestens gerüstet ist.

Nichts zeigt die Schwierigkeiten im Finanzgeschäft deutlicher als die Kursentwicklung der CS-Holding. Wenn aber das Kurs-Gewinn-Verhältnis bei etwa zehn liegt und die Dividen-

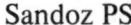

Sandoz PS

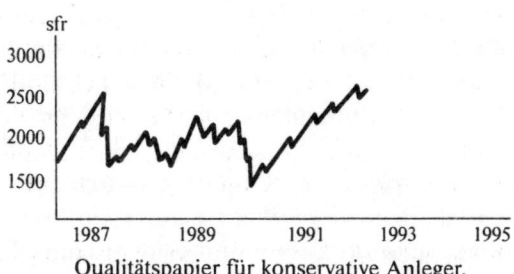

Qualitätspapier für konservative Anleger.

denrendite über vier Prozent, was in der Schweiz als hoch gilt, dann kann man wieder zugreifen.

CS Holding

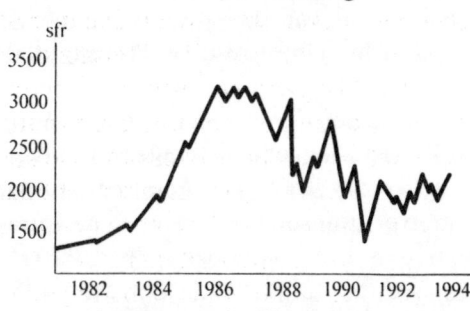

Abwärtstrend signifikant durchbrochen.

Solide Anleger, die ansonsten nicht so gern im Ausland investieren, sollten im Rahmen ihrer Euro-Strategie schweizerische Aktien mit ins Kalkül ziehen. Sie sind zu gut, als daß man einfach an ihnen vorbeigehen kann. In Phasen der Unterbewertung und des Auslaufens der Hochzinspolitik ist eine Anlage empfehlenswert. Möglicherweise heißt der Slogan in Investorkreisen bald wieder:»Man muß nicht nur Geld haben, man muß es auch in der Schweiz haben.«

217

Viel weniger muß man für die Niederlande werben. Gerne treffen sich die Spekulanten am Aktienmarkt in Amsterdam. Historiker wie Börsenromantiker schauen mit Wehmut auf die Zeit zurück, als man mit Tulpenzwiebeln handelte, die Kurse in utopische Höhen trieb und sie dann zusammenkrachen ließ. Inzwischen sind die Niederländer zu clever, um so einen Unfug zu wiederholen. Die Börsianer sind dort in erster Linie Kaufleute, und bei den Managern der niederländischen Wirtschaft braucht man erst gar nicht danach zu fragen. Sie leiten Top-Unternehmen des europäischen und internationalen Marktes und sind in einem Land zu Hause, das traditionell den freien Handel über alles stellt. Mit Rotterdam verfügt man über den größten Hafen der Welt, was bedeutet, daß ein Großteil der für den europäischen Markt bestimmten Waren zunächst einmal hier landet.

Andererseits brauchen die Niederlande den Weltmarkt, denn mit nur 15 Millionen Menschen im eigenen Lande ist der Heimatmarkt zu begrenzt. Doch ihre Fähigkeit zum Handel, die ihnen den Namen »Chinesen des Westens« eingetragen hat, läßt alle diesbezüglichen Sorgen unbegründet erscheinen. Der Exportanteil des Bruttosozialprodukts beträgt 60 Prozent – ein klarer Kompetenzbeweis. Möglicherweise ist man etwas zu stark von den Amerikanern abhängig, mit denen schon immer intensive Beziehungen gepflegt wurden. In Zeiten eines schwachen Dollars und einer schwachen Börse kann das die Aktionäre am Damrak schon zur Verzweiflung bringen. Umgekehrt profitiert man doppelt, wenn Dollar und Dow Jones nach oben tendieren. Allerdings hat sich die Börse in letzter Zeit etwas vom US-Börsenbarometer abgekoppelt, zumindest läuft es nicht mehr unisono, da man starke Positionen in Richtung Europa aufgebaut hat.

Finanzpolitisch leistete man beispielhaft eine bahnbrechende Bankenkooperation. Große Zusammenschlüsse wie NMB-Postbank Nationale Nederlanden oder ABN-Amro-Bank machten von sich reden. Dadurch wurde der Grundstein für die Geldprojekte zur Jahrtausendwende gelegt. Ähnlich wie bei der Schweiz zeigt sich der Vorteil eines kleinen überschaubaren Landes. Während die Schweiz mehr im politisch-konservativen Denken verwurzelt ist, verbinden die Niederländer freiheitliche und konservative Traditionen, letzteres zeigt sich besonders beim Welthandel.

Während die weltbekannten Unternehmen dem Anleger nichts Neues bedeuten, gibt es auch einige ausgewählte Spezialaktien, Beteiligungsmöglichkeiten an einer Perle aus dem Verlagssektor. Wer kennt schon die Aktie von Elsevier? Holland-Experten bestimmt, aber auch für andere ist der Titel interessant.

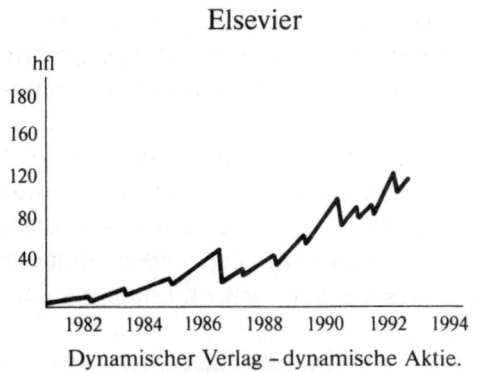

Elsevier

Dynamischer Verlag – dynamische Aktie.

Traditionell hat das Transportwesen einen großen Anteil an der niederländischen Wirtschaft. Auch die Pakhoed-Holding ist hieran beteiligt. Eine Aktie für Spekulanten, auch wenn man den Eindruck hat, daß hier dringend einmal eine Pause erforderlich ist. Kaufkriterien unter anderem: Kurs-Gewinn-Verhältnis unbedingt unter zehn und Rendite über fünf Prozent. Trading ist Pflicht, wer Aktien lieber lange festhält, liegt hier falsch.

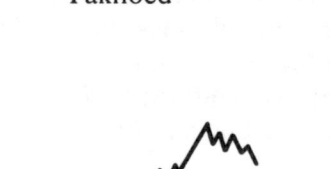

Pakhoed

Spekulanten-Aktie.

Konservative Anleger schätzen die Giganten der Wirtschaft. Zu ihnen gehört der niederländisch-britische Mineralöl-Konzern Royal Dutch/Shell, der trotz einer Umsatzeinbuße weltweit den zweiten Rang einnimmt. Die Kursschwankungen der Aktie halten sich in engen Grenzen, was solide Investoren besonders schätzen. In stürmischen Börsenzeiten oder mitten im Crash wäre schon mancher Spekulant froh gewesen, wenn er wenigstens ein paar dieser Aktien, die er sonst als langweilig charakterisiert, im Depot gehabt hätte. Zugegeben, in der Hausse gibt es dynamischere Papiere, dennoch sollte niemand auf eine Absicherung verzichten.

Royal Dutch

Das schwarze Gold bringt über 170 Mrd. Jahresumsatz.

Zum Vergleich: Deutschlands größtes Industrie-Unternehmen, die Daimler-Benz AG, schafft keine 100 Milliarden DM. Doch

220

nicht nur die Industriegiganten reizen in den Niederlanden zum Kauf, auch die bestens ausgestatteten Banken werden von defensiv eingestellten Anlegern favorisiert. Mag sein, daß der Langfrist-Chart der ABN-AMRO-Holding niemanden vom Sitz reißt, eine erstklassige Wahl bleibt die Aktie dennoch. Seit 1990 ist der Aufwärtstrend intakt, die Fusion zeigt Wirkung, und das übrige besorgt ein gutes Management, das nur noch etwas Unterstützung von der Zinsfront braucht. Selbstverständlich muß diese Qualitätsaktie kein unbedingtes Dauerinvestment sein; ich persönlich schätzte das Trading mit ABN-AMRO außerordentlich. Man kann mit größeren Summen operieren, ohne gleichzeitig Kopf- und Bauchschmerzen zu bekommen, wenn der Markt eine Korrektur einläutet. Zudem besteht die Möglichkeit des Nachkaufens, falls der Kurs im Zuge eines möglichen Massen-Psycho-Schocks auf Grundeis geht. Eines ist klar: So ein Papier verkauft man nicht mit Verlust, sondern hält sich strikt an seine konservativ-strategischen Vorgaben.

ABN AMRO Holding

Eine Quelle der Lust für konservative Strategen.

Der niederländische Aktien-Index »CBS-Algemeen-Index« hat das historische Hoch von 200 mehrmals getestet, ist leicht ausgebrochen, wieder gekippt und tendiert jetzt stark nach oben. Chartisten, die gerne in die Vergangenheit schauen, sehen natürlich mit großer Sorge die lange Phase zwischen 1974 und 1982, in der sich wirklich nicht viel bewegte. Doch das wird sich nicht wiederholen, denn dazu ist die niederländische und europäische Wirtschaft mittlerweile viel zu dynamisch. In den ersten

221

acht Monaten des Jahres 1992 hatte der Index sein Hoch bei 212 und sein Tief bei 189, was auf eine beruhigende Festigkeit des Kursniveaus hinweist. Es genügen ein paar neue Impulse, um dem Markt neue Schubkraft zu geben.

CBS-Algemeen-Index

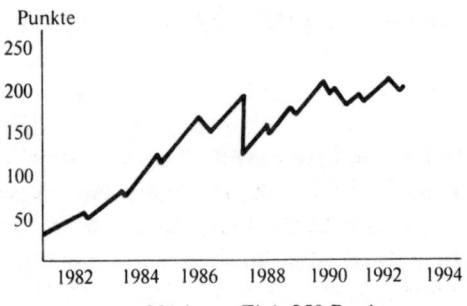

Nächstes Ziel: 250 Punkte.

Spekulanten, die auf eine ausgeklügelte Euro-Strategie Wert legen, kommen an der niederländischen Börse nicht vorbei. Bei entsprechender Entwicklung ist es durchaus denkbar, den Anteil bis auf 40 Prozent des Wertpapierdepots hochzufahren. Für Trader, die ebenso rasch verkaufen wie einkaufen, ist das überhaupt kein Problem. Wer vorher die Chance-Risiko-Relation auslotet und gemäß seiner Persönlichkeit auf konservative, dynamische oder hochspekulative Titel setzt, wird, täglich kontrolliertes Investment vorausgesetzt, an den Niederlanden viel Freude haben.

HONGKONG: KAPITALISMUS AUF CHINESISCH

Schnell hat sich diese Börse nach oben gekämpft und hat, falls keine unfähigen Politiker dazwischenfunken, eine glänzende Zukunft vor sich. Die kurze kapitalistische Geschichte Hongkongs begann jedoch alles andere als glänzend. Spuren des Blutes schrieben das erste Kapitel. Im Jahre 1841 machte ein Londoner Handelsbeauftragter mit dem chinesischen Vizekaiser das Geschäft seines Lebens. Hongkong sollte von nun an für alle Zeiten zu Großbritannien gehören. Beide Unterhändler hatten nach diesem Deal nichts mehr zu lachen. London hielt von dieser Neuerwerbung überhaupt nichts. Der britische Abgesandte wurde strafversetzt. Weniger glimpflich kam der chinesische Vizekaiser davon, denn auch dort betrachtete man den Hongkong-Handel als schädlich und veranlaßte die sofortige Hinrichtung des Urhebers. Chinas Ehre war wiederhergestellt, der Besitz Hongkongs jedoch endgültig verloren.

Doch was ist in der Geschichte schon endgültig? 1984 einigten sich Großbritannien und China über die Rückgabe Hongkongs zum 20. Juni 1997 – für Spekulanten ein denkwürdiges Datum. Aus juristischer Sicht betrachtet, verschenkt Großbritannien sein Eigentum ohne Not, einzig politische Gründe waren dafür ausschlaggebend. Für die Stabilität der Weltpolitik ist der Abschluß dieses Handels eher glücklich zu nennen. Gut, daß solche Köpfe wie der damalige britische Außenminister Palmerston heute nichts mehr zu sagen haben, denn er vertrat die Meinung: »Die einzig richtige Art, mit China umzugehen, ist, erst einmal kräftig zuzuschlagen und dann vielleicht in Verhandlungen zu treten.« Leider blieb es nicht bei Worten. Der

223

vom Zaun gebrochene blutige Konflikt ging als Opiumkrieg in die Annalen ein.

Da sind mir die Kriege der Haussiers und Baissiers schon viel lieber, und die sind in Hongkong an der Tagesordnung. Börsenfieber ist für das Geschehen am dortigen Aktienmarkt gar kein Ausdruck. Man muß einfach dabei sein, es ist fast wie ein Zwang, der die Spekulanten scharenweise in Richtung Börse treibt. Ausdrücke wie Sparer, Anleger oder Investor sind dort gänzlich unangebracht, denn es agieren pure Spekulanten, deren Gebaren mit dem solider Kaufleute wenig zu tun hat und mehr dem von Spielern ähnelt. Der totale Kontrast zur Amsterdamer Börse.

Ganz analog zur leidenschaftlich-spielerischen Haltung entwickelt sich auch die Börse, deren Pulsschlag am Kursbarometer des Hang-Seng-Index abzulesen ist. Stürmische Haussen und dramatische Baissen wechseln sich ab. Da man tief im Innersten seine optimistische Haltung beibehält – wie auch anders könnte es bei einem echten Spekulanten sein –, ist der Kurstrend stets nach oben gerichtet. Von 1981 bis Ende 1982 ging der Index von 1800 bis auf unter 700 zurück. Welch ein gewaltiger Rückschlag! In Deutschland hätte man in ähnlicher Situation »Land unter« geschrien, und an der Wall Street wäre man zum nächsten Fenster hinausgesprungen. Nicht so die Hongkong-Chinesen. Nach drei Anläufen, während deren man noch kräftig auf die Nase fallen konnte, war das Börsenschiff wieder flott. Danach wurde so viel Geld verdient, daß man es kaum mehr zählen konnte. Hongkongs Haussen sind ungeheuer. Es gibt dafür keinen Maßstab, kein System, keine Logik, jeder noch so komplizierte börsentechnologische Ansatz ist von vornherein zum Scheitern verurteilt.

Als zu Beginn des 87er Crashs die emotionale Wucht der Spekulanten sich dermaßen auflud, daß die Börse zu bersten drohte, schloß man sie einfach. In keinem anderen Land der Welt war dies nötig gewesen, doch in Hongkong blieb dem Börsenvorstand gar nichts anderes übrig. Immerhin hat man durch diese weise Entscheidung ein menschliches Chaos und weitere Kursstürze verhindert.

Hang-Seng-Index

Karl Marx und Mao sind tot – es lebe Konfuzius!

Inzwischen vertraut man in Hongkong auf den zwischen Großbritannien und China geschlossenen Vertrag, in welchem festgehalten ist, daß nach der Übergabe für mindestens weitere 50 Jahre sämtliche Geschäfte auf marktwirtschaftlicher Basis abgewickelt werden. Jedem europäischen Anleger muß aber klar sein, daß sich das Blatt eines Tages wenden kann. Auf absehbare Zeit jedoch stehen die Zeichen gut, da man auch in China selbst den sozialistischen Unfug als solchen erkannt hat und mit Karl Marx und Mao nicht mehr viel zu tun haben will. Statt dessen setzt man auf Konfuzius. Nichts Neues unter der Sonne, ist man versucht zu sagen. Für China ist es aber doch neu, da dieser Philosoph den meisten bislang vorenthalten wurde. Nur einige mutige Intellektuelle waren im Besitz seiner Texte, die der große Weise vor über 2500 Jahren aufschrieb. Den daraus hervorgehenden freiheitlichen Geist und die optimistische Grundhaltung übernimmt man heute gerne. Es handelt sich um eine sehr weltliche, materialistische Philosophie, die sich auf das Leben vor dem Tod konzentriert und jegliche Spekulationen über das Jenseits ausschließt. Das kommt den Chinesen sehr zupaß, weshalb sie es auch an der Börse um so bunter treiben.

Falls die politische Einschätzung positiv aufgeht, werden sämtliche Branchen Hongkongs in den nächsten Jahren auf einer Woge des Erfolges schwimmen. Alles, was mit Geld zu tun hat, erfreut sich allergrößter Beliebtheit. Aus diesem Grund spricht vieles für die Hongkong & Shanghai Banking Corporation, deren Kursanstieg bereits einiges vorweggenommen hat.

Hongkong & Shanghai Banking Corp.

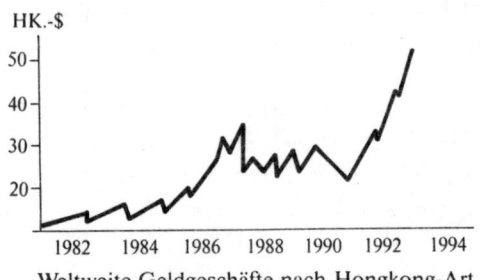

Weltweite Geldgeschäfte nach Hongkong-Art.

In prosperierenden Gesellschaften steigen die Immobilienpreise. Das ist eine ständige Gesetzmäßigkeit. Hongkong steht bereits mitten im Boom dieser Entwicklung, die sich auch auf das Umfeld der Stadt ausbreiten dürfte. Dabei ist die Hongkong Land Holdings mit von der Partie. Eine spekulative Aktie, die in den letzten zehn Jahren 100 Prozent, aufs Jahr gerechnet, an Gewinn ergab. Günstigen politischen Wind vorausgesetzt, dürfte dieses Papier seine Glanzzeiten aber noch vor sich haben.

Hongkong Land Holdings

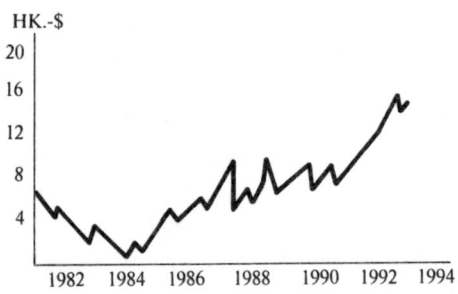

Schöner Wohnen – der Wunsch von einer Milliarde Chinesen.

Es genügte, wenn Hongkong Land einen kleinen Teil dieses verständlichen Wunsches erfüllte – unermeßliche Profite wären die Folge.

226

Schon der kurze Einblick zeigt, daß kaum eine Börse reizvoller als diejenige Hongkongs ist. Wer sich darauf einläßt, bleibt oft lange im Banne des Drachen. Zuversicht und Mut sind jedoch eine unabdingbare Voraussetzung für dieses reale Börsenspiel, da zu viele Imponderabilien ein insgesamt unkalkulierbares Wagnis schaffen. Überprüfen Sie vor dem Investment zuerst Ihren politischen Scharfsinn, danach Ihren ökonomischen und philosophisch-psychologischen. Sind die Würfel gefallen, und Ihr Geld ist im Spiel, lesen Sie möglichst keine Berichte mehr über Hongkong. Falls Sie es aber nicht lassen können, abstrahieren Sie wenigstens 90 Prozent davon.

KANADA: AUFSCHWUNG DURCH
FREIEN HANDEL
MIT USA UND MEXIKO

Die meisten verbinden mit dem Land Weite und Abenteuer,
doch niemand denkt dabei an Börsenabenteuer. Wälder, Berge,
Seen und Tiere, vor allem die Bären, haben es den meisten
angetan. Aber in Kanada ist man auch stolz auf seine Börse.
Wenn man schon nicht mit der Wall Street konkurrieren kann,
gehört man immerhin zu den Top ten der Finanzmärkte. Und
das liegt bestimmt nicht nur an den paar Trappern und Fallen-
stellern oder an einigen unverbesserlich optimistischen Goldsu-
chern, die irgendwo in der Wildnis ihre Claims abgesteckt haben. Eine starke Wirtschaft mit einer gesunden Struktur ist
vielmehr der Grund für den Wohlstand, der unter anderem auch
an der Börse sichtbar wird.

Schwerfällig, behäbig, aber stetig nach oben tendiert der
TSE-300-Composite-Index an der Börse Toronto. In den letzten
drei Jahren wollte nichts richtig klappen, und man wartet ge-
duldig auf den kommenden Konjunkturaufschwung. Alleine
schafft den Kanada nicht, deshalb schauen alle ständig über die
Grenze, um zu sehen, wie es den US-Boys und -Girls geht. Die
US-Amerikaner haben es in der Hand. Im Vergleich zu Kanada
sind sie der Achtzylinder-Motor, während die Kanadier mehr
einem Zweitakter ähneln. Doch das stört den nördlichen Kom-
pagnon nicht, denn man lebt dort recht ordentlich, räumt aber
freimütig ein, daß man noch besser leben würde, falls in den
Vereinigten Staaten auf Power gemacht wird.

Kommt der Aufschwung in Gang, setzen Kenner auf Rohstoffaktien. Diese Aktien haben schon lange keine große Freude
mehr gemacht, also wird ihr Wiedererstarken um so sehnsüchti-

228

ger erwartet und desto kräftiger ausfallen. Im Index sind natürlich auch alle anderen Branchen enthalten.

TSE-300-Composite-Index

Mit Inco, der International Nickel Corporation, verfügt man über den größten Nickelproduzenten der Welt. In Spekulantenkreisen ist diese Aktie sehr beliebt, da sie selten Langeweile ausstrahlt.

Inco Ltd.

Kanadische Aktie mit hohen Wall-Street-Umsätzen.

Deutsche Spekulanten kaufen Inco im Frankfurter Freiverkehr, am besten per Limit, das sich in etwa an den New Yorker Vortageskurs anlehnen kann. Es ist ein Paradebeispiel für einen klassischen zyklischen Titel, der extrem von der erwarteten konjunkturellen Entwicklung abhängt. Mit einer Verdreifachung des Kurses auf DM-Basis, innerhalb von einem halben Jahr, machte Inco nach dem 87er Debakel von sich reden. Die Aktie ist ein Kauf, wenn folgende Bedingungen zusammenfallen:

229

- generell niedriger Indexstand;
- schlechte Konjunktureinschätzung;
- niedriger Dollarkurs;
- Metallaktien am Tiefpunkt.

Zum Jahresende 1987/88 war dies so – die Entwicklung spricht für sich.

Noch kanadischer geht es nicht, wenn Sie die Aktie von Canadian Pacific kaufen. Sobald dieser Mischkonzern einen Gewinneinbruch erleidet, wird er an der Börse scharf nach unten taxiert. Mutige Anleger sollten einsteigen, wenn sich das Kurs-Gewinn-Verhältnis wenigstens wieder bei 20 einpendelt.

Canadian Pacific Ltd.

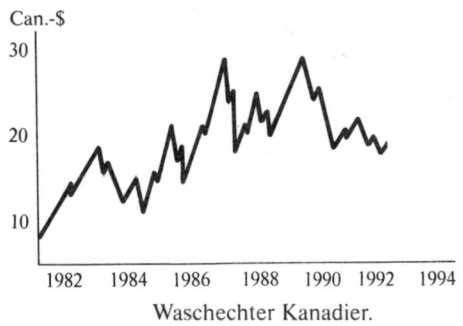

Waschechter Kanadier.

Kauf und Verkauf sollten stets mit Limits versehen werden. Auf Umsätze achten!

Aus Kanada treffen in Deutschland regelmäßig Aktien-Angebote völlig unbekannter Minengesellschaften ein, die im Freiverkehr von Toronto oder Vancouver gehandelt werden beziehungsweise vor der dortigen Einführung stehen und deshalb noch keine aktuelle Kursnotiz vorweisen können. Das ist an sich nichts Unseriöses, sondern ein ganz normaler wirtschaftlicher und börsentechnischer Vorgang. Dennoch ist die Brisanz eines derartigen Geschäfts offensichtlich. Darauf eingehen sollte nur, wer die Unternehmensgründung und Börseneinführung auf Herz und Nieren geprüft hat. Im anderen Fall kein einziges Stück zeichnen, wenn das Angebot auch noch so verlockend sein sollte. Ganz Naive werden meistens mit Gewinnaussichten

230

von 1000 Prozent und mehr geködert. Was für ein Glück, daß man nur 100 Prozent verlieren kann!

Wer sich auf solche Probleme erst gar nicht einlassen will, liegt mit Seagram richtig. Alle, die amerikanischen Bourbon schätzen, kennen diese Whiskey-Marke. Was soll man mit so einer Aktie schon falsch machen? Nichts, wie der Chart beweist!

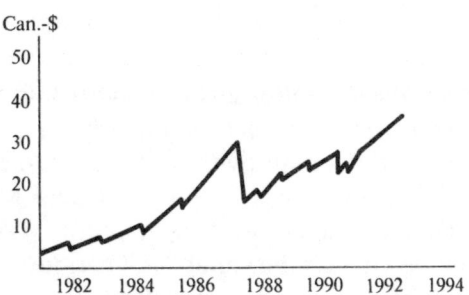

Seagram Corp.

Kanadisches Edelpapier an der Münchner Börse.

Bei nie ganz auszuschließenden Kursstürzen ist diese Aktie ein klarer Nachkaufkandidat, da der Kurs mit Sicherheit wieder nach oben marschiert. Whiskey wird immer getrunken – je schlimmer die Krise, um so mehr.

Typischerweise wendet sich die Spekulation bei kanadischen Aktien meistens den Rohstofftiteln zu. Nickel, Aluminium und Gold stehen in vorderster Front, aber auch Ölaktien sind gefragt. Im Zweifel sollte man jedoch nicht auf die Junior-Minen setzen, sondern lieber die alten, fundamental abgesicherten Unternehmen auswählen. Schließlich ist eine langweilige Aktienphase mit kleinem Gewinn einer spannenden Kursbewegung, die im Totalverlust endet, vorzuziehen. Aber selbst darüber soll in Aktionärskreisen keine Einigkeit bestehen.

AUSTRALIEN:
IN DER HITZE VON SYDNEY

Ein Aufzug, zwar mit Krawatte, ansonsten aber nur aus kurzen
Hosen und Kurzarm-Hemden bestehend, wäre in London und
Frankfurt undenkbar, doch an Sydneys Börse ist das möglich.
Wer sich im Stadtgebiet umsieht, entdeckt jede Menge Geschäftsleute, Manager, Banker in diesem Outfit. Was soll man
denn tun, wenn die Quecksilbersäule des Thermometers selbst
bei 40 Grad im Schatten noch weiter klettert? Klimaanlage ein-
schalten und zu Hause bleiben oder an den Strand fahren sind
zwar akzeptable Alternativen, nur für Australiens Wirtschaft
eben nicht. Im Gegenteil, man benötigt dringend mehr Power.

Von all den Pionierländern, in die Deutsche schon immer
gern ausgewandert sind, ist Australien als interessantestes üb-
riggeblieben. Der fünfte Kontinent bietet deutschen Unterneh-
mern das, was sie lange gesucht haben und zu Hause nicht mehr
finden können: echte unternehmerische Freiheit. Während ein
Firmengründer in Deutschland erst einmal kiloweise Formulare
ausfüllen muß und Beschränkungen jeder Art erfährt, geht das
in Australien wesentlich zügiger vor sich. Nicht ohne Auflagen,
da man auch hier einen staatlichen Ordnungsrahmen schätzt,
aber alles geschieht wesentlich freier. Das ist für den Newcomer
besonders wichtig, da er rasch losstarten und sich aufs Geldverdienen konzentrieren kann.

Geld wiederum ist für die Australier eine natürliche Bedin-
gung zur Einwanderung. Doch auch wer keines hat, ist willkom-
men, falls er Know-how mitbringt. Fehlt beides, hat er schlechte
Karten. Da man dieses Prinzip im Kern beibehalten will, sieht es
für die Zukunft des Kontinents gut aus. Die ökonomische Lei-

stungsfähigkeit wird weiter gesteigert, was nach einer fünfjährigen Phase der Stagnation auch notwendig ist. Realistisch wie sonst nirgendwo drückt das der All-Ordinaries-Index aus. Die Börse Sydney zählt zu den wenigen, die das Vorcrash-Niveau nicht wieder eingeholt haben. It's time for change, sagt man hier zu Recht.

All-Ordinaries-Index

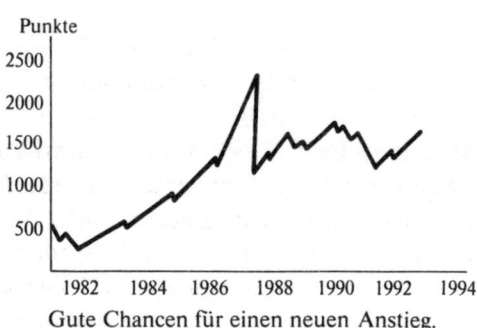

Gute Chancen für einen neuen Anstieg.

Wer die Kursentwicklung anschaut, versteht auf den ersten Blick, weshalb man sich nach dem Anstieg von 1982 bis 1987 zurücksehnt. Aber wer kauft schon den ganzen Index-Bestand? Einzelne Aktien sind es, die interessieren. Und nur wenn deren Umsätze neu belebt werden und weitere Unternehmen an die Börse herangeführt werden, hat man eine reelle Chance, Platz zehn unter den Weltbörsen zu verteidigen, denn schon längst stehen junge, dynamische Finanzzentren bereit, um in die Phalanx der Giganten einzubrechen. Enorme Anstrengungen sind gefragt, ansonsten wird man überholt.

Broken Hill, als Eisen- und Stahlkonzern das größte Unternehmen des Landes, hat sich von der allgemeinen Entwicklung abgekoppelt und in den letzten fünf Jahren eine gute Performance gezeigt. Der DM-Chart weist einen überdurchschnittlichen jährlichen Gewinn nach.

233

Broken Hill Proprietary

Im Zweifel stets auf Größe setzen.

Wer Mut hat und kleinere Unternehmen bevorzugt, braucht Glück, wenn er alles auf eine Karte setzt. Das hatten Spekulanten, die Woodside Petroleum kauften.

Woodside Petroleum

Das Glück des Tüchtigen?

In kaum einem anderen Land hat die Exploration einen so hohen Stellenwert wie in Australien. Auf dem Ölsektor hat Woodside diese Aufgabe übernommen und war bisher sehr erfolgreich. Die Frage, wie es weitergeht, kann kein Mensch beantworten. Wer kleinere Unternehmen größeren vorzieht, muß streuen, alles andere wäre Übermut. Daß nicht alle Ölaktien Erfolge brachten, beweist die Kursentwicklung von Santos. Erst allmählich wird der langfristige Abwärtstrend gestoppt, und es zeigt sich eine Erholungstendenz auf niedrigem Niveau.

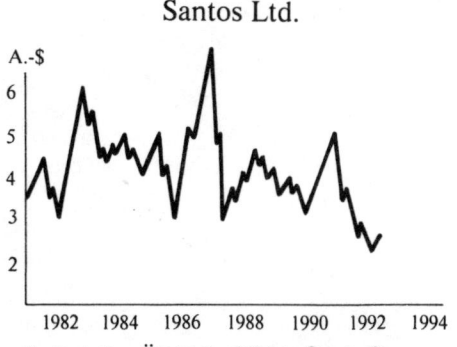

Santos Ltd.

Spekulative Öl-Aktie: Nichts für Anfänger.

Aktien wie Santos fordern den ganzen Spekulanten. Diszipliniert mit zehn Prozent Verlust aus dem Markt gehen oder 90 Prozent Verlust akzeptieren. Das war die Alternative, die ein Käufer hatte, der das Papier vor Jahren für 21 DM erwarb. Geduldsproben dieser Art sind zu vermeiden. Sicher schmerzt auch der kleine Verlust, doch er macht frei und ermöglicht neue Geschäfte. Im anderen Fall bleibt das Geld jahrelang tiefgefroren.

Nach einer langjährigen Durststrecke stehen die Chancen auf eine Erholung der Kurse insgesamt gut. Da viele australische Aktien inzwischen auch in Deutschland gehandelt werden, sollte man diesen Vorteil nutzen. Ein Kauf in Sydney wäre viel zu teuer. Fans von Rohstoffaktien kommen ganz besonders auf ihre Kosten. Sie sollten vor einem Investment die Weltkonjunktur gut studieren. Erst wenn sich eine deutliche Wende zum Besseren abzeichnet, stehen die Börsenampeln auf grün. Der Trendwende muß man natürlich ein bißchen zuvorkommen, denn im Rohstoffbereich geht die Post schneller ab als gewöhnlich. Rohstofftitel sind die Kursraketen an den Weltbörsen. Wenn es nicht so viele Fehlstarts gäbe, wären das für jedermann die idealen Papiere.

V. TEIL
NUR FÜR SPEZIALISTEN

»Ein Bär, der Honig sucht,
ist mit Essig nicht zufrieden.«

Russisches Sprichwort

OPTIONSSCHEINE –
ABSTURZ ODER HÖHENFLUG

Dynamische und spekulative Anleger, denen die Kursbewegungen am Aktienmarkt nicht genügen, liegen beim Handel mit Optionsscheinen richtig. In turbulenten Börsenzeiten sind bereits die kurzfristigen Gewinnchancen abenteuerlich. Aber auch in moderaten Phasen ist mit einer überdurchschnittlichen Volatilität zu rechnen. Woher stammt diese Kraft, die einen Spekulanten schnell zum Millionär macht oder ihn an den Bettelstab bringt, wenn er nicht aufpaßt? Hat das noch mit ökonomischer Vernunft zu tun, oder befinden wir uns bereits mitten im Spielcasino? Kann ein normaler, solider Anleger auch Optionsscheine kaufen, oder ist das nur etwas für Börsenzocker? Die Entscheidung, was für ihn richtig ist, muß jeder einzelne für sich treffen. Glücklicherweise gibt es jedoch ausreichend viele Risiko-Abstufungen, so daß jeder seiner Persönlichkeit gemäß zugreifen kann. Eine erste Vorentscheidung wird bereits getroffen, indem man sich zunächst für eine ganz bestimmte Art von Optionsscheinen interessiert, was bei den meisten die Kategorie der Aktienscheine sein wird. Außerdem gibt es noch Covered Warrants (gedeckte Optionsscheine) und Indexscheine, die im folgenden erörtert werden.

AKTIENSCHEINE

Diese Optionsscheine berechtigen den Inhaber zum Bezug von einer oder mehreren Aktien eines ganz bestimmten Unternehmens. Für den Bezug sind eine exakte Frist und ein ebenso exakter Bezugspreis festgesetzt worden. Bei der Frist interessiert das Jahr und der Tag des Auslaufens, da der Optionsschein nach diesem Datum wertlos ist. Damit wird klar, daß der Aktienschein um so wertvoller ist, je länger seine Laufzeit dauert. Extrem kurze Laufzeiten sollten vermieden werden; diese Scheine eignen sich ausschließlich für Spekulanten, die über besonders viel Geld und Nerven verfügen. Von genauso großer Bedeutung ist der Bezugspreis, da er sofort signalisiert, ob ein Aktienschein preiswert ist oder nicht. Liegt der Bezugspreis über dem aktuellen Aktienkurs, so ist Vorsicht angebracht, liegt er darunter, lohnt es sich, genauere Berechnungen anzustellen.

Überhaupt sind Optionsscheine in erster Linie eine Angelegenheit für kühle Rechner. Wer diesen Standpunkt übernimmt und seine Emotionen im Zaum hält, wird in den meisten Fällen als Gewinner aus dem Markt gehen. Für die ganz großen Geschäfte bedarf es, wie immer im Leben, noch etwas mehr. Wie Ernst Jünger es formulierte, brauchen solche »Planungen zugleich phantastische und realistische Züge – das ist eine Kombination, die große Treffer möglich macht«. Das ist richtig und macht das Ganze so schwierig, denn wer hat schon Phantasie? Beim Aufspüren von Chancen, für das Erkennen der Ein- und Ausstiegssignale oder zur Einschätzung der Situation am Gesamtmarkt ist Phantasie erforderlich. Wir alle werden darin zu wenig trainiert und fördern zu einseitig die rationale, realitätsbezogene Seite. Philosophische Studien und die Lektüre geeigneter Werke können weiterhelfen; empfehlen kann ich das Buch »Chancen – Das Trainingsmodell für erfolgreiche Ideensuche« von Edward de Bono. Für besonders wichtig erachte ich aber das Führen eines ausführlichen Börsentagebuchs, in dem die aktuellen Chancen und Möglichkeiten festgehalten und interpretiert werden. Selbst Jahre später liest man noch gern darin, erkennt die wirklichen Ursachen für seine Gewinne und Mißerfolge wieder und hat eine Menge zu lachen.

Warum Optionsscheine statt Aktien kaufen? Der größeren Hebelwirkung wegen, lautet die einfache Antwort. Die Grundidee hatte Archimedes schon vor 2500 Jahren: Kleine Kraft, große Hebelwirkung – fertig ist das Hebelgesetz.

Das Prinzip, schwere Gewichte mit Leichtigkeit zu bewegen, gilt auch an der Börse, besonders bei Optionsscheinen. Wie stark der Hebel wirken kann, zeigt das folgende Beispiel:

Commerzbank-Optionsschein 1991/95

Laufzeit bis 2. 10. 1995
Bezugskurs der Aktie = 280 DM

		bei Kurs- anstieg auf:	Anstieg in Prozent:
Aktueller Aktienkurs:	290	319	10 %
abzüglich Bezugskurs der Aktie	280	280	
Wert des Optionsscheins	10	39	290 %
Hebelwirkung		29	

Sollte die Kursentwicklung so verlaufen, wie im Beispiel angegeben, dürfte der Optionsschein kaum 10 DM kosten. Am besten rechnen Sie nach diesem Modell den aktuellen Hebel selbst aus.
Dazu verwenden Sie in Zukunft die Kurzformel:

$$\frac{\text{Aktienkurs}}{\text{Kurs des Optionsscheins}} = \text{Hebelwirkung}$$

Steigt der Commerzbank-Kurs auf 300 DM und kostet der Optionsschein 60 DM, ergibt das einen Hebel von fünf. Das ist realistisch und kann sich immer noch sehen lassen. Bei einem weiteren Kursanstieg von 300 DM auf 360 DM verdient der Aktionär 20 Prozent. Im gleichen Zeitraum erzielt der Optionsschein-Inhaber 100 Prozent Gewinn.
Sowohl fiktive wie realistische Berechnung haben ihren Sinn. Oft läuft die Praxis jedoch ganz anders und hält sich an keinerlei

Hebelberechnungen, zumal wenn die Börse stagniert. Da gibt es Zeiten, in denen der Aktienkurs steigt, der dazugehörige Optionsschein aber sinkt, was theoretisch nicht sein dürfte. Viele Unwägbarkeiten, besonders Stimmung und Laufzeit, beeinflussen die Kurse. Die Hebelwirkung sollte deshalb nur als Anhaltspunkt dienen und auf gar keinen Fall verabsolutiert werden. Wichtiger ist die Berechnung des Aufgeldes.

VIAG-Optionsschein 1987/97

Laufzeit bis 5. 9. 1997
Bezugskurs der Aktie = 114 DM

Aktueller Aktienkurs	370	
abzüglich Bezugskurs der Aktie	114	
Wert des Optionsscheins	256	ergibt ein Aufgeld in
		Aufgeld von Prozent:
Aktueller Kurs des Optionsscheins	268	12 DM 3,2 %

Das prozentuale Aufgeld berechnet sich nach der Formel:

$$\frac{\text{Aufgeld} \times 100}{\text{Aktienkurs}}$$

Dieses Beispiel zeigt einen sehr preiswerten Optionsschein, den auch konservative Anleger kaufen können. Je nach Laufzeit kann man ein Aufgeld von 10, 20 oder 30 Prozent akzeptieren. Höhere Aufgelder sind suspekt. Häufig operiert man mit jährlichem Aufgeld, das heißt, es wird durch die Zahl der Jahre (Restlaufzeit) dividiert; oder man errechnet den sogenannten fairen Preis. Theoretisch ergibt das alles Sinn, in der Praxis ist es oft nicht hilfreich. Der Zusammenbruch vieler Optionsschein-Spekulationen unterstreicht das nachhaltig.

Wichtig: Optionsscheine sind reine Hausse-Instrumente. Wenn man die Meinung vertritt, daß eine Hausse nicht unmittelbar bevorsteht, soll man auch keinen Optionsschein kaufen.

242

Beispiele:

Krones-Vz.-Aktie

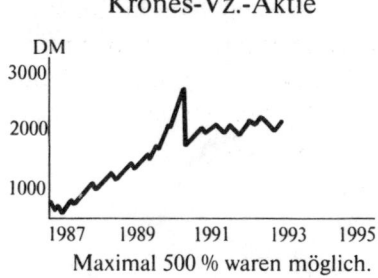

Maximal 500 % waren möglich.

Krones-Vz.-Optionsschein 1987

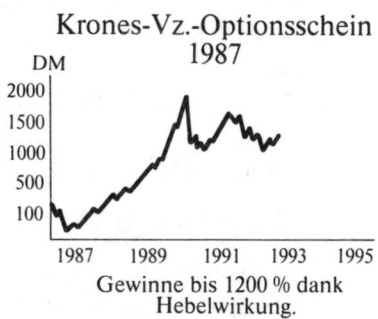

Gewinne bis 1200 % dank Hebelwirkung.

Dresdner-Bank-Aktie

Hebelwirkung auch nach unten.

Dresdner-Bank-Optionsschein 1986/1987

Beispiele japanischer Optionsscheine:

Nomura-Optionsschein 1988/1993

243

Zwei interessante Optionsscheine mit langer Laufzeit:

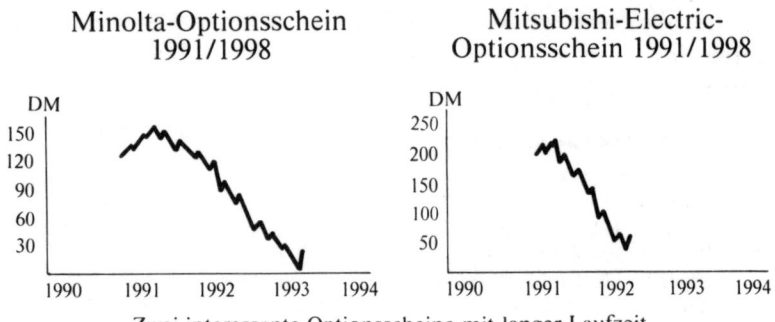

Minolta-Optionsschein
1991/1998

Mitsubishi-Electric-
Optionsschein 1991/1998

Zwei interessante Optionsscheine mit langer Laufzeit.

Wer so einen Optionsschein kauft, hat den Vorteil der langen Laufzeit. Es genügt eine kräftige Hausse, und die Gewinne sprudeln. Nach jahrelangem Kursverfall japanischer Aktien und Optionsscheine rückt der Aufschwung immer näher. Jedenfalls sollte die Zeit bis 1998 dafür ausreichen. Dennoch ist das nichts für konservative Investoren oder zimperliche Anleger.

COVERED WARRANTS

Vielen Spekulanten sind Aktien zu teuer, und auch Optionsscheine haben teilweise noch stolze Preise. Zur Abhilfe erfand man Covered Warrants (gedeckte Optionsscheine). Banken, die selber große Bestände einer Aktie halten, geben mit den Covered Warrants das Recht aus, diese Aktien innerhalb einer bestimmten Frist zu einem ganz bestimmten Kurs zu erwerben. Die Bank darf innerhalb dieser Zeitspanne die Aktien natürlich nicht verkaufen, sie handelt wie ein Stillhalter.

Das Ganze funktioniert nur in der Hausse, außerdem erweckt es den Anschein, als würde der Käufer hereingelegt, weil die Bank eigentlich davon ausgehen müßte, daß die Kurse sinken werden, denn im anderen Fall würde die Option ausgeübt. Auch sind die Fristen meistens kürzer als bei normalen Optionsscheinen, was wiederum darauf schließen läßt, daß sie auf einen

244

möglichst schnellen Verfall angelegt sind. Das Geschäft hat die Bank gemacht, weil sie die Optionsprämie kassiert, während der Käufer alles verloren hat. In der Tat waren Covered Warrants seit ihrer Erfindung im Jahre 1989 eine große Anlagepleite. Man vermutet, daß knapp eine Milliarde DM vernichtet wurden.

Covered Warrants

ATB Austria/M. Ly. 91/92	0.01 G	0.01 G
Autos K. 1548/M. Stan. 02/93	25.00 b	25.50 b
Autos V. 1710/M. Stan. 02/93	26.50 G	26.25 b
Bayer K. 300/Ditibk. 06/94	24.00 b	23.00 b
Bayer K. 320/Citibk. 06/94	16.00 b	15.00 b
Bayer/CSFB 91/92	1.00 T	0.50 T
Bayer/T&B 90/93	91.00 b	87.00 b
Bayer/T&B 91/94	71.00 b	70.80 b
Bayer/T&B 92 10/94	22.50 b	18.90 b
Bayer/Soc. Gen. 91/92	41.50 b	38.60 b
Bay.Hyp./Bay.Hyp. 07/99	41.80 b	41.00 b
BBC/M. Lynch 91/93	5.00 G	4.00 G
BHF Bk./DG Bk. 90/95	–	26.12 b
BMW/Goldman S. 06/93	64.50 b	63.50 b
BMW 575/SBV 09/93	11.20 b	11.50 b
BMW 625/SBV 09/93	6.70 b	6.70 b
BMW 575/SBV 04/94	18.80 b	18.50 b
BMW 625/SBV 09/94	14.00 b	14.00 b
Canon/M. Stan. 89/92	4.80 T	5.00 bB
Co. Bank/M. Ly. 91/93	8.20 b	7.50 b
Co. Bank/CSFB 92/93	8.50 b	6.10 b
Daido S./M. Stan. 89/92	6.00 T	6.50 T
Daimler/DB 90/93	3.60 b	3.50 bG
Daimler/Sal. Br. 10/93	24.00 b	23.40 b
Daimler 800/SBV 09/93	5.00 b	5.00 b
Daimler 900/SBV 09/93	1.60 b	2.00 b
Daimler 800/SBV 09/94	12.80 b	13.00 b
Daimler 900/SBV 09/94	7.00 b	7.20 b
Daimler Cap. K./T&B 91/96	42.50 b	43.20 b
Daimler Cap. V./T&B 91/96	32.00 b	30.60 b
Deutsche Bk./Sal. Br. 01/94	23.50 b	24.25 b
Deutsche Bk./SBV 06/94	11.20 b	10.60 b
Deutsche Bk./Soc. Gen. 06/93	6.80 b	6.50 b
Douglas/B. Trust 91/93	1.50 G	1.50 G
Euro Recov./R. Fleming 01/94	70.00 T	77.00 T
Godo Steel/M. Stan. 90/93	7.50 Br	7.50 bG
Jap. Top 10 K./Citibk. 07/93	18.50 b	19.00 b
Jap. Top 10 V./Citibk. 07/93	13.00 b	12.75 b
Jap. Top 10 K./Citibk. 08/94	27.50 b	27.00 b
Jap. Top 10 V./Citibk. 08/94	15.75 b	16.00 b

Kamigumi/M. Stan. 89/92	0.50 G	0.50 G
Kaufhalle/BT Eff. 91/92	1.30 b	1.40 b
Kaufhof StA/Paribas 93/93	65.60 G	60.60 G
Kaufhof StA./Sal. Br. 11/93	40.50 b	37.00 b
Mannesmann/CSFB 06/93	20.50 b	20.00 G
Metallges./B. Trust 91/92	0.30 b	0.30 T
Metallges./M. Ly. 11/93	17.00 b	17.00 b
Metallges./Soc. Gen. 10/93	17.00 b	16.10 b
Mit. Heavy/M. Ly 89/95	10.50 b	11.00 T
Mitsui Eng./M. Stan. 90/94	6.50 Br	6.50 T
Obk. Portl. Mix/Obk. 94 (M)	3.00 G	3.00 G
Pip.-Heids./Remy Fl. 89/96 (M)	13.50 B	13.50 B
Preussag/Paribas 91/93	73.50 bG	73.00 T
Preussag/Soc. Gen. 10/93	46.50 b	46.20 b

(Die Kurse dienen lediglich Demonstrationszwecken und sind daher nicht aktuell.)

Ein Auszug von Covered Warrants aus dem *Handelsblatt.*

Auf den ersten Blick sieht das interessant aus, doch genaues Berechnen des Aufgeldes ist zwingend notwendig.

Die erste Angabe bezieht sich auf die Aktie, die zweite auf die herausgebende Bank. So bedeutet zum Beispiel Bayer/ T&B91/94 einen Warrant auf Bayer-Aktien, die bis 1994 beim Bankhaus Trinkaus & Burkhardt hinterlegt sind.

Von der Laufzeit und vom Institut her interessant erscheint der Bayerische-Hypo-Warrant, der vom gleichnamigen Bankhaus herausgegeben wird und bis 1999 läuft. Eine solide Konstellation.

Weitere Besonderheiten: Mittlerweile werden auch Covered Warrants als Verkaufs-Optionsscheine angeboten, das heißt, zu einem vorher vereinbarten Kurs kann man Aktien an die Bank verkaufen.

Seien Sie besonders vorsichtig beim Erwerb sogenannter Turbo-Optionsscheine, die zum Bezug von anderen Optionsscheinen berechtigen. Vom Top-Gewinn bis zum Totalverlust ist alles drin.

Verstärkt werden wieder Basket-Warrants herausgegeben, die auf mehrere verschiedene Unternehmen lauten. Das Kleingedruckte muß besonders intensiv gelesen werden. Häufig haben die Scheine ein hohes Aufgeld, so daß man nicht unbedingt gleich am ersten Handelstag dabeisein muß. Fairerweise muß man anerkennen, daß die Banken sämtliche Bedingungen von Anfang an klar vorgeben.

Covered Warrants werden immer öfter auch als sogenannte amerikanische Option ausgegeben, was besagt, daß sie jederzeit während der gesamten Laufzeit ausgeübt werden kann. Anders funktioniert die europäische – bei uns übliche – Option. Hier ist die Ausübung auf den vorher festgelegten letzten Handelstag begrenzt.

INDEXSCHEINE

Wer eine Kursprognose hinsichtlich einzelner Aktien scheut, kann sich auf Indizes spezialisieren. In der Annahme, daß die Kurse in Frankfurt, London oder New York sinken werden, erwirbt man einen entsprechenden Indexschein.

Die meisten deutschen Indexscheine lauten auf den Deutschen Aktien-Index (DAX). Herausgegeben werden die Scheine wiederum von einer Bank, die einen exakt fixierten Indexstand als Basispreis festlegt. Mit Kauf-Optionsscheinen (Calls) setzt man auf steigende Kurse, mit Verkaufs-Optionsscheinen (Puts) auf das genaue Gegenteil.

Wiederum macht das sichere Geschäft zunächst einmal die Bank, während der Kunde zittert. Der Käufer eines Indexscheins verfolgt in erster Linie das Ziel, seinen Schein während der Laufzeit an einen anderen Spekulanten zu einem höheren Kurs zu verkaufen. Wenn die Spekulation erst einmal in der richtigen Richtung läuft, achtet kaum mehr jemand auf die Ausgabebedingungen, dennoch sollte das jeder Investor dringend tun. Nur so kann man ermitteln, was der Schein wert ist. Aufgeld und Hebelwirkung werden genauso wie beim normalen Optionsschein berechnet. Am besten betrachtet man die eingesetzte Summe gleich als Spielgeld. Wenn man sich die einzelnen Umsätze ansieht, ist diese Sichtweise gerechtfertigt.

Eine Ausnahme bildet der Anleger, der hohe Aktienbestände hat und sein Depot gegen eine Baisse absichern will. Mit einem

Put-Indexschein kann er das tun. Bekanntermaßen kostet jede Versicherung eine Prämie, in diesem Fall den Preis des Indexscheines. Wenn die Aktienkurse fallen, verliert sein Aktiendepot an Wert, dafür steigt der Kurs seines Indexscheines. Steigen die Aktienkurse, freut sich der Anleger an seinem Depot, hat das Geld für die Indexscheine aber umsonst ausgegeben.

GOLD – FASZINATION UND MYTHOS

»Gold ist out! Die guten Zeiten für dieses Edelmetall sind vorbei und kehren nicht mehr wieder.« So rief ein Börsianer dem anderen zu – geschehen bei einer Messe für Kapitalanleger. Wenn selbst die Profis dieser Meinung sind, dann muß es doch stimmen, so denkt inzwischen manch einer, der sich bislang für Gold interessierte. Im Vergleich zu seinen historischen Höchstständen ist der Goldpreis tatsächlich stark abgesunken. Je stärker ab 1982 die Renaissance der deutschen und internationalen Aktien in eine gewaltige Hausse mündete, um so drastischer driftete der Preis des gelben Metalls nach unten. Während man zwei Jahre zuvor den Topstand von 1 000 US-Dollar anvisierte und auch prognostizierte, meinen nun die Pessimisten, die Tendenz bewege sich auf 100 bis 200 Dollar pro Feinunze zu.

Es ist wie meist an der Börse, weder behalten die Gurus noch die Pessimisten recht. Gold wird jedenfalls niemals out sein, es ist ein faszinierendes Metall, das seinen Mythos nicht verlieren wird. In fast allen Kulturen hat es eine überragende Rolle gespielt, und so sehr sich die einzelnen Völker zum Teil sogar bekriegt haben, in ihrem Drang zum Gold waren sie sich einig. Es ist, als ob alle Welt nach einem Wert sucht, auf den sich alle einigen können. Offenbar hat man ihn im Gold gefunden. Und hatte dieses Metall nicht im wahrsten Sinne des Wortes als ein glänzender Schutz gegen Inflationen gedient? Galten nicht Währungen, die auf dem Goldstandard basierten, als besonders gefragt? Statt dessen hat man nun das freie Spiel der Kräfte eingeführt, was den Außenwert der Währungen teilweise sogar täglich erheblich verändert. Solange die Notenbanken verantwortungsvoll handeln, geht das gut. Doch wehe, die Notenpressen werden angekurbelt, spätestens dann sehnen sich viele wieder nach dem Goldstandard zurück.

Da richtige Spekulanten mehr oder weniger Pragmatiker sind, ist ihnen diese Geschichte nicht so wichtig. Es ist auch gar nicht so sehr das Gold, das sie reizt, sondern sie interessieren sich für die Aktien der Goldminengesellschaften. Seit Ende der 70er Jahre haben sich viele Börsianer regelrecht auf Goldminen-Aktien spezialisiert, wobei man nicht verschweigen darf, daß einigen der Hang zum gelben Metall gehörig ausgetrieben wurde. Das sind jetzt diejenigen, die am stärksten gegen Gold eingestellt sind. Aber das macht nichts, denn diese vereinzelten subjektiven Ansichten bewirken überhaupt nichts – und schon gar nicht am Goldmarkt, wo es immerhin um viele Tonnen jährlich geht.

Auch wenn sich der Spekulant nur für die Minen-Aktien interessiert, muß er dennoch den Goldpreis beachten, wobei die Welt besonders gebannt auf das Londoner Gold-Fixing schaut. Börsentäglich wird der Preis für eine Unze Feingold ermittelt. Seine Entwicklung in den letzten Jahren:

Gold · London

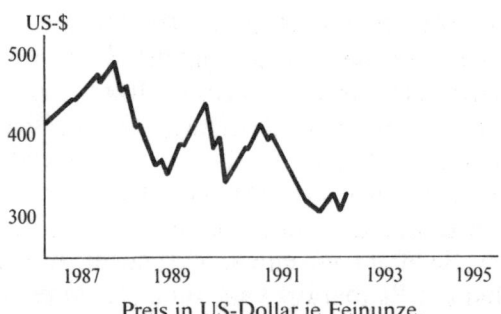

Preis in US-Dollar je Feinunze.

Diesen Chart sollte man als Basis für die Spekulation mit Goldminen-Aktien verwenden. Selbstverständlich weicht die DM-Entwicklung davon ab, da der US-Dollar während dieser Zeitspanne erheblichen Schwankungen ausgesetzt war. Doch die Welt rechnet in Dollars, auch wenn sie ihn nicht immer liebt.

250

Es ist selbstverständlich, daß die Minen-Aktien unmittelbar vom Goldpreis abhängen. Steigt der Goldpreis, verdienen die Unternehmen mehr, ohne dafür irgendeine zusätzliche Leistung oder Anstrengung zu erbringen – genauso wie umgekehrt die Gewinne sinken, wenn der Goldpreis fällt. Es gibt jedoch Sondersituationen, bei denen die Goldminenaktien eine vermutete künftige Richtung vorwegnehmen. So fällt auf, daß die Papiere steigen, während mit dem Goldpreis selbst überhaupt nichts passiert. Man setzt auf die Zukunft und erwartet bereits deutlich höhere Preise und damit höhere Gewinne! Diese Diagnose kann nur stellen, wer börsentäglich Goldpreis und Minen-Aktien kontrolliert und entsprechende Wechselbeziehungen herstellt.

Der nächste Schritt ist rein kaufmännischer Natur. Wie jeder weiß, wird ein Preis durch Nachfrage und Angebot gebildet. Weshalb sollte das beim Goldpreis anders sein? Es sind also die Nachfrage- und Angebotskonstellationen zu prüfen, was für die jeweils aktuelle Lage problemlos ist, da die Wirtschaftspresse laufend darüber informiert. Schwieriger sind die Einschätzungen der künftigen Entwicklung, dennoch wage ich die Prognose, daß ab den Jahren 1994/95 die Nachfrage das Goldangebot übersteigen wird. Auf welche Höhe der Preis dann klettern wird, weiß keiner, doch ein Investment dürfte sich lohnen.

Woraus resultiert diese positive Beurteilung? Ich achte fast nie auf kurzfristige Schwankungen, sondern ziehe langfristige Trends heran. Wenn man feststellt, daß 1985 lediglich 37 Millionen Unzen für die Schmuckverarbeitung verbraucht wurden, es aber sieben Jahre später bereits 70 Millionen Unzen waren, dann ist eine deutliche Aufwärtsbewegung unverkennbar. Unglücklicherweise bleibt die industrielle Nachfrage ziemlich konstant und hat sich mittlerweile bei zirka acht Millionen Unzen jährlich eingependelt. Verbleibt also die Schmucknachfrage als dynamisches Element. Nächster Pluspunkt, den Sie aber bitte nicht zu hoch einschätzen sollten: Die US-Regierung plant für die Olympischen Spiele von 1996 die Prägung von Goldmünzen, die den Goldpreis jedenfalls mehr beeinflussen werden als die paar Goldmedaillen, die an Olympiasieger verteilt werden.

251

Für den Spekulanten stellt sich nun die entscheidende Frage, aus welchem Land er Goldminen-Aktien erwerben soll. Der Bedeutung nach steht Südafrika an erster Stelle. Aus Gründen der politischen Unsicherheit ist das aber nicht jedermanns Sache, obwohl man dort jetzt die Parole ausgegeben hat, Südafrika solle ein Japan Afrikas werden. Die Regierung sieht es so und will ausländische Investoren verstärkt ins Land locken. Weitere Staaten mit Goldproduzenten, von denen Aktien erworben werden können, sind Australien, Kanada und die USA. Zu den vielen anderen Ländern, in denen man Gold fördert, zählen China und Rußland. Bis jetzt gibt es jedoch noch keine Minen-Aktiengesellschaften.

Wer sich pro Südafrika entscheidet, kommt am wichtigsten Unternehmen dieses Landes nicht vorbei: der Anglo American Corporation (AAC). Zweifelsohne ist das eine dynamische Goldminen-Aktie, die das Spekulantenherz höher schlagen läßt. Mit diesem Titel erwirbt man Anteile an einer Holding, die über 50 Prozent des südafrikanischen Goldes kontrolliert und weltweit an Industrie- und Bergbauunternehmen beteiligt ist. Ein erstklassiges Management, das auch in der Vergangenheit oft genug auf kritische Distanz zur Regierung ging, sorgt für eine positive künftige Entwicklung. Die bisherige ist am Kursverlauf abzulesen:

Anglo American Corp. (AAC)

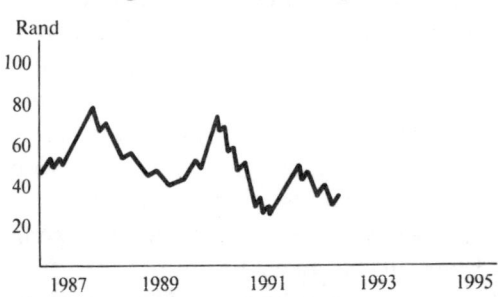

Der größte Bergbaukonzern der Welt:
Seit Jahren im amtlichen Handel an der Frankfurter Börse.

252

Kleinanleger können bei der Aktie auf Limits verzichten, da ausreichende Mengen gehandelt werden. Falls politische Turbulenzen ausbleiben, was allen potentiell Beteiligten zu wünschen ist, wird diese Aktie erfolgreich sein. Nur risikobewußte Anleger, am besten Trader, sollten ein Engagement eingehen. Die vielen kleineren Goldminen Südafrikas eignen sich nur für hochspekulative Investments. Auch leuchtet ein, daß ein hohes Risiko eingeht, wer dabei nur auf eine Gesellschaft setzt. In diesem Fall genügt ein Grubenunglück, um das ganze Kapital zu halbieren oder zu vernichten.

Immer noch ist die Goldindustrie das Herz der südafrikanischen Wirtschaft. Kein anderer Wirtschaftszweig beeinflußt das ökonomische Leben derart stark. Ein Anstieg des Goldpreises auf 500 Dollar je Unze Mitte der 90er Jahre würde dem Land einen gewaltigen Antrieb geben und den Abbau in bisher unrentablen Minen gestatten. Von dieser Entwicklung würde unter anderem auch der Gencor-Konzern enorm profitieren.

Eine weitere Möglichkeit, von der Einmaligkeit dieses Landes nicht nur fasziniert zu sein, sondern auch Gewinne mitzunehmen, besteht in der Anlage von Diamanten-Aktien. Damit kann nur De Beers gemeint sein, dieser internationale Konzern, der aus strategischen Gründen seinen Sitz nach Luzern in der Schweiz verlagert hat. Gleichzeitig legte man sich einen neuen Namen zu: De Beers Centenary AG. Dennoch ist es weiter die Central Selling Organization in London, die den Preis für Diamanten festlegt. Da man sich in der angenehmen Lage eines

De Beers

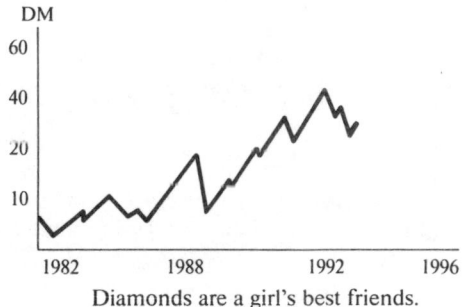

Diamonds are a girl's best friends.

Monopolisten befindet, bereitet das keine sonderlichen Probleme, zumal man mit der früheren Sowjetunion, dem jetzigen Rußland, ein Zusatzabkommen abgeschlossen hat. Dadurch sind Störmanöver von dieser Seite ausgeschaltet. Vor anderen Attacken, die das Monopol durchbrechen wollen, kann De Beers nie sicher sein. Doch wird man die Tiefschläge verkraften können, wenn sie auch schmerzhaft sind.

Die Zukunft dieses Unternehmens ist ungefährdet, denn nur der echte Diamant ist das Nonplusultra. Wenn auch die meisten Diamanten inzwischen synthetisch hergestellt werden, erkennt die Industrie zunehmend, daß für bestimmte Arbeitsausführungen nur der echte Diamant geeignet ist. Das gilt etwa für Gravurarbeiten, die einen hohen Qualitätsstandard verlangen. Und beim Schmuck ist sowieso alles klar. Welche Frau möchte schon mit einem synthetischen Diamanten brillieren?

Doch zurück zum Gold und auf nach Australien, das ebenfalls über Goldreserven verfügt, aus denen man Profit schlagen kann. Der größte Goldproduzent ist Western Mining, von der zusätzlich noch Nickel, Aluminium, Kupfer und Uran abgebaut werden. Bislang hat diese Aktie enttäuscht, was auch an den verfallenen Rohstoffpreisen lag. Kommt es zur konjunkturellen Wende, dann sorgen folgende Faktoren für einen Kursaufschwung:

- lange Lebensdauer der Minen;
- relativ niedriges Kurs-Gewinn-Verhältnis;
- niedrige Verschuldungsquote;

Western Mining

Warten auf Aufschwung.

- zusätzliche Aktivitäten außerhalb des Kontinents (z. B. in Nordamerika);
- stabile politische Situation Australiens.

Eine der solidesten und interessantesten Goldminen-Aktien kommt aus Kanada. American Barrick heißt dieses Goldstück, das selbst für konservative Anleger eine echte Alternative darstellt. Das Unternehmen verfügt über große Areale Land mit erheblichen Reserven und wird aufgrund der günstigen Förderkosten auch bei niedrigen Goldpreisen gut verdienen. Die Kursentwicklung der Aktie zeigt, daß das Management die richtige Strategie für den Verkauf ihrer Schätze gefunden hat.

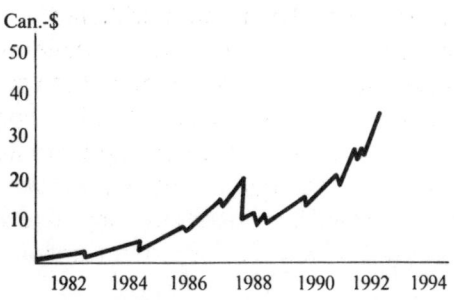

American Barrick Res.

Eine der weltweit besten Goldminen- Aktien.

Unabhängig davon, wie der einzelne Anleger zum Gold eingestellt ist, sollte man den Preis dieses Edelmetalls wenigstens gelegentlich beobachten. Auch wenn es manchmal so scheint, als hätte es seine Funktion als Inflationsschutz und Krisenmetall verloren, kann sich das in Zukunft ändern. 350 Dollar und 300 Dollar je Feinunze stellen wichtige Grenzen nach unten dar. Werden sie unterschritten, sollte man sich allmählich auf Kauf einstellen. Aus momentaner Sicht sind die alten Höchstkurse von einst auf lange Zeit nicht mehr erreichbar; niemand darf sich hier Illusionen hingeben.

Insgesamt betrachtet, ist die Welt nicht sicherer, sondern unsicher geworden. So negativ der Kalte Krieg vielen erschien, so

255

wichtig war seine Rolle als Stabilisator der Weltpolitik. Bei einer stattlichen Anzahl kleinerer potentieller Konfliktherde kann es quasi jeden Tag zu einer neuen Eskalation kommen. Sehr große politische Krisen, die noch dazu zum Produktionsausfall eines wichtigen Förderlandes führen, könnten völlig neue Maßstäbe setzen. Doch wie stets sind an der Börse Realismus und Nüchternheit gefragt. Euphorische Phantasten werden auch mit Goldminen-Aktien keinen Erfolg haben.

PLATIN ODER SILBER?

Nüchtern betrachtet, sind beides Industriemetalle. Platin-schmuck ist zwar Mode, hat sich bei uns aber noch längst nicht durchgesetzt. Anders in Japan, dort gibt man Platin den Vorzug gegenüber Gold. Die Nachfrage aus dem Schmuckbereich ge-nügt allerdings nicht, um den Preis dieses kühlen Edelmetalls wieder in alte Höhen hinaufzukatapultieren. Dafür ist ein sicht-barer konjunktureller Aufschwung erforderlich, der die Ange-bot-Nachfrage-Konstellation anregt und den Platinproduzenten mehr Geschäft und höhere Umsätze beschert.

Für die Aktionäre sind die Hintergründe nicht so wichtig. Sie müssen lediglich den Platinpreis im Auge behalten, da er als Basis zur Aktien-Spekulation dient.

Platin · New York

Preis in US-Dollar je Feinunze.

Wie man sieht, kommt bei Platin ebensowenig Langeweile auf wie bei den anderen Metallen. Entscheidend für die weitere Entwicklung des Preises ist ausschließlich die industrielle Nachfrage. Niemand sollte sich Illusionen hingeben, etwa derart, daß auch Platin zu einem Krisenmetall werden könne. Diese Funktion ist allein dem Gold vorbehalten. Eine große Chance besteht in der Verwendung im High-Tech-Sektor, wo ungeahnte Möglichkeiten schlummern, die über Nacht zu Preisexplosionen führen können.

Leider hat der Spekulant bei Platin-Aktien wenig Auswahl. Auf dem Kurszettel finden sich nur zwei Papiere, noch dazu beide aus Südafrika: Impala und Rustenburg. An letzterer ist die Degussa beteiligt, was das Risiko dieser Aktien aber auch nicht mindert. Es kommt gelegentlich vor Ort zu Streiks, was bedeutet, daß 10 000 Beschäftigte der Impala-Mine Bafokeng South in Bophuthatswana einfach nicht zur Arbeit erscheinen. Durch solche Ausfälle ergaben sich bereits Produktionsverluste von rund 100 000 Feinunzen Platin, die einerseits Impala fehlen, andererseits auf dem Weltmarkt das Angebot verknappen, was preistreibend wirkt.

Die Teilnehmer am Platinmarkt achten besonders auf folgende drei Faktoren, die jeweils einzeln, besonders aber in ihrer Wechselwirkung für Furore sorgen können:

1. Die industrielle Nachfrage (Aufschwung oder Rezession? Problematik der zunehmenden Substitution des Platins unter anderem beim Katalysatorbau).
2. Wie sieht die politische Zukunft Südafrikas aus?
3. Die Produktion Rußlands und der anderen Länder der ehemaligen Sowjetunion (zusätzliche oder rückläufige Platinlieferungen?).

An die wechselnden Begriffe »Platinverknappung« und »Platinschwemme« werden sich die Spekulanten gewöhnen müssen und ihr Kauf- und Verkaufsverhalten danach ausrichten, wobei die Minen-Aktien der Zeit stets vorauseilen. Sehr empfehlenswert ist es, die Platin-Terminkontrakte zu beobachten; anhand von *FAZ* oder *Handelsblatt* etwa ist dies möglich. Die Kursbeobachtung von Impala und Rustenburg ist natürlich tägliche Pflicht.

Impala Platinum　　　　　　　Rustenburg

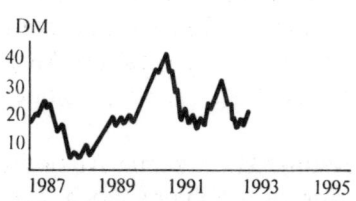

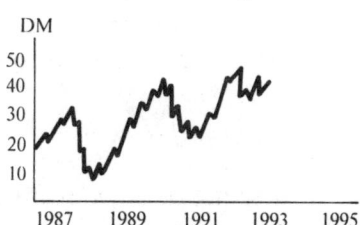

Angesichts solcher Charts schlägt das Spekulantenherz höher. Hier gibt es keine Stetigkeit im Kurs. Am besten wäre es, wenn die Bank gleichzeitig mit der Abrechnung einen Herzschrittmacher ins Haus schickte.

Silberspekulanten haben den übrigens schon längst, denn was sich auf dem Sektor abspielt, sprengt alle bisherigen Maßstäbe. Vielleicht ist das sogar die größte Baisse aller Zeiten. Doch bevor man sich auf die Marktsituation einläßt, sollte selbst der hartgesottenste Spekulant erst einmal einen Blick auf die grauenhaften Arbeitsbedingungen bolivianischer Minenarbeiter richten. Die Lebenserwartung dieser *mineros*, die noch dazu froh über ihren Arbeitsplatz sind, liegt bei knapp 45 Jahren. Sie verdienen umgerechnet 30 DM pro Woche und können sich dafür Zuckerrohrschnaps leisten, den sie zusammen mit ein paar schwarzen Zigaretten und den unverzichtbaren Kokablättern zur Arbeit in den Stollen mitnehmen. Anders kann man so eine Fron nicht durchstehen.

Was nichts daran ändert, daß die Industrie und die gesamte Welt nach Silber verlangt, und es gibt reichlich davon. Offenbar zuviel, wenn man die Angebots- und Nachfrage-Konstellation vergleicht. So etwas muß sich im Preis ausdrücken.

Welch ungeheure Baisse? Wer wagt sich überhaupt in so einen Markt? Dazu gehört ein enormes psychisches Stehvermögen, vom Geld einmal ganz abgesehen. Am meisten Lehrgeld haben vermutlich die Gebrüder Hunt bezahlt. Mit ihrer unsinnigen Motivation, den gesamten Silbermarkt kontrollieren zu wollen, haben sie die Rakete zu einer rasenden Hausse gezündet, die unvermeidlich in sich zusammenbrechen mußte. Zu

Silber · Chicago

Preis in US-Dollar je Feinunze.

den aktuellen Preisen wäre es aber in jedem Fall gekommen.
Man kann solche großen Märkte nicht kontrollieren, ebensowenig kann man sie austricksen. Sämtliche Ansinnen dieser Art
zeugen von ökonomischem Unfug. Das einzige, was man kann,
ist mitspekulieren.

Das Angebot an Silber ist riesengroß. Diese Ausgangsbedin-
gung muß jeder Minenspekulant zunächst einmal zur Kenntnis
nehmen. Gott sei Dank braucht die moderne Technologie dieses
Edelmetall, und der Bedarf wird in den nächsten Jahren weiter
wachsen. So fliegen beispielsweise in jeder C-17-Transportma-
schine von McDonnell Douglas 318 Kilogramm Silber mit – in
Form einer Silber-Aluminium-Legierung. Wenn sich die Solar-
Energie weiterhin durchsetzt, was zu wünschen ist, wird der
Silberbedarf stark steigen. Viele andere Einsatzmöglichkeiten
kommen hinzu, so daß für Nachfrage gesorgt ist. Auf der Ange-
botsseite gibt es natürlich nicht nur die armen Bolivianer, es
kommen vielmehr eine Menge weiterer Förderländer hinzu,
unter anderem auch Deutschland. Alle jetzigen Anzeichen sprechen für einen langfristigen Preisanstieg, von dem der ner-
venstarke Silberspekulant profitieren wird. Allerdings ist die
Aktienauswahl schwierig, da die meisten Titel nur an ausländischen Börsenplätzen gehandelt werden. Doch auch in Deutschland sind dank der Börsen in München und Stuttgart zwei
Aktien auf dem Markt:

260

Asarco

Solider Rohstoff-Gigant.

Sunshine Mining

Explosiv: Spekulation in der Nähe des Roulette-Tisches.

An Asarco können sich auch dynamische Anleger heranwagen. Sie werden von einem Konjunkturaufschwung überdurchschnittlich profitieren. Außer an einem großen Silberproduzenten erwirbt man mit dieser Aktie zugleich auch Anteile eines riesigen Rohstoffkonzerns. Anders bei Sunshine Mining, da fast ausschließlich mit Silber befaßt und deshalb immer in unmittelbarer Abhängigkeit vom Silberpreis. Auch der Totalverlust ist bei Aktien dieser Spezies nicht auszuschließen. Wer allerdings die bisherigen harten Zeiten überstanden hat, sollte eigentlich auch in der Lage sein, noch eine Weile durchzuhalten, um vom nächsten Boom zu profitieren. Somit wird klar, welche Sorte von Spekulanten hier gefragt ist. »Alles oder nichts« lautet das Spiel, an dessen Ende man jedoch in jedem Fall gewonnen hat: Entweder viel Geld oder viel Erfahrung.

261

EXOTIC-COCKTAIL

Es gibt Zeiten, da herrscht an den großen Weltbörsen absolute Flaute. Nichts geht mehr, die Börsianer verharren lustlos in ihren Sesseln, sitzen auf ihren Aktienbeständen, grübeln über neue Wege nach und warten auf bessere Zeiten. Das muß nicht unbedingt falsch sein, doch vorteilhafter ist die Suche nach neuen Chancen. Dabei ist der Vergleich vom Angeln und Fischen angebracht: Der Angler sitzt gelassen da und wartet, bis etwas passiert. Das kann von morgens bis abends dauern, eventuell eine ganze Woche lang. Dem Fischer ist das zu langweilig, ihm liegt es nicht, passiv zu bleiben und auf das große Ereignis zu warten. Statt dessen wechselt er das Gebiet und wirft seine Netze woanders aus, und zwar so lange, bis sich der Erfolg einstellt. Dieser gebührt nur dem Aktiven, der sich durch keinerlei Rückschläge oder ereignislose Börsenphasen von seiner Zielsetzung abbringen läßt. Es kommt dabei weniger auf vereinzelte spontane Glanzleistungen an, als vielmehr auf das absolute Festhalten an einer auf den Dauererfolg angelegten Strategie.

Wem diese profitorientierte Grundhaltung in Fleisch und Blut übergegangen ist, dem sind außergewöhnliche Schritte nicht fremd. Im konkreten Fall bedeutet dies den Weg in exotische Gegenden, die man im allgemeinen eher mit einer Urlaubsplanung als mit einem Börseninvestment in Verbindung bringt. Damit der einzelne unerfahrene Spekulant nicht allzu sehr im Dunst des galaktischen Nebels umherirrt, haben internationale Geldexperten schon längst die letzten Winkel unseres Planeten durchleuchtet und ihre Claims abgesteckt. Es geht um nichts anderes als um die Welt der Funds, die es jedem mutigen Anleger ermöglichen, sein Geld chancenreich auch in solchen Ländern zu investieren, die sich aus Gründen mangelnden Bescheidwissens den meisten verschließen.

Dabei handelt es sich zum Teil um Entwicklungsländer, denen in Zukunft gewaltige ökonomische Wachstumsraten ins Haus stehen. Einige, deren Infrastruktur bereits besser entwikkelt ist, bezeichnen sich selbst gerne als Schwellenländer. Zur strategisch geschickteren Interessenvertretung haben sie sich in der »Gruppe der 15« zusammengeschlossen. Damit betrieb man auch eine bewußte Abgrenzung gegenüber den Big Seven, der Gruppe der sieben mächtigsten Industrienationen. Eine gigantische G 7 steht einer kleinen, aber selbstbewußten G 15 gegenüber, was beim listenreichen Spekulanten sofort alle Sensoren seines Geld-Such-Systems aufleuchten läßt und in die Frage mündet: Auf welcher dieser zwei Seiten wird in Zukunft mehr zu verdienen sein? Antwort: Normalerweise in wirtschaftlich prosperierenden Ländern, die über starke Zuwachsraten verfügen. Diese werden zweifelsohne bei den G 15 höher sein als bei den G 7. Daran wird auch die Tatsache nichts ändern, daß die G 15 aufgrund der politischen Entwicklung auf dem Balkan auf G 14 geschrumpft sind. Das Mitglied Jugoslawien existiert nicht mehr. Das wird aber den anderen wie beispielsweise Mexiko, Brasilien, Venezuela, Jamaica oder Indien in ihren Bemühungen keinen Abbruch tun.

Investments in Mittel- oder Südamerika haben möglicherweise die größten Chancen. Erfahrene Finanzmanager haben deshalb Länderfonds aufgelegt, die es auch dem Kleinanleger ermöglichen, sein Geld in Argentinien, Brasilien, Chile oder Mexiko zu investieren. An der Stuttgarter Börse werden gleich drei dieser lateinamerikanischen Spezialitäten im Freiverkehr gehandelt, was bei den vorsichtigen und sparsamen Schwaben natürlich nicht sofort zu explosiven Umsätzen führt, wobei sich aber eine immer stärker werdende Nachfrage erkennen läßt.

Im einzelnen sind das: Argentina Fund; Brazil Fund; Mexico Fund; GT Chile Growth Fund (Börsenplatz: Berlin).

Aufgrund der im August 1992 geschaffenen Freihandelszone

(NAFTA), die Kanada, USA und Mexiko umfaßt, geben viele Spezialisten Mexiko den Vorzug. Bereits jetzt haben die Mittelamerikaner eine atemberaubende Performance hinter sich. Innerhalb von nur wenigen Monaten konnten clevere Börsianer ihren Einsatz verdoppeln.

Angesichts der deutlichen Kurssprünge kann man gut verstehen, daß immer mehr Spekulanten, die vom Latino-Börsenfieber infiziert wurden, nichts mehr von Veba oder Siemens wissen wollen. Die Chancen der Mexico Funds sind weiterhin sehr gut. Als Mitglied des größten Binnenmarktes der Welt fühlt man sich zu Recht erstklassig für die Zukunft gerüstet.

Risikoreicher, aber nicht minder interessant sind Geldanlagen in Brasilien, Argentinien und Chile. Selbst in Chile spricht heute kein Mensch mehr vom Sozialismus; von diesen verunglückten Experimenten hat man für alle Zeiten die Nase voll. In sämtlichen Ländern wurde glaubwürdig auf Marktwirtschaft umgeschaltet, die teilweise sogar übertrieben praktiziert wird wie beispielsweise in Brasilien. Dort drückt das Bevölkerungswachstum derart, daß man sich kaum in der Lage sieht, auf eine soziale Marktwirtschaft umzustellen.

Trotz aller Pluspunkte muß ein zweites Minus deutlich artikuliert werden, ich meine die Überschuldung. Sie hat sich in den letzten zehn Jahren verdoppelt. Es ist eine Unverschämtheit, wenn deutsche Banker vollmundig erklären, die Krise sei vorbei. Vielleicht für einige Großbanken, die ihre Kredite durch Hermes-Bürgschaften abgesichert vergaben. Der Rest jedoch muß abgeschrieben werden, und für die Dummheit der Kreditvergabe bezahlen die Aktionäre und die Steuerzahler. Dennoch sehen das die betroffenen Länder und die Industriestaaten gelassen, manchmal zu gelassen, und stellen das ganze Schuldendebakel mehr als ein psychologisches Problem dar, so, als sei es kein rein finanzielles mehr. Lassen wir klare Fakten sprechen und zeigen auf, wie hoch die Schuldenlast wirklich ist:

Brasilien	= knapp	120 Milliarden Dollar
Mexiko	= knapp	100 Milliarden Dollar
Argentinien	= zirka	60 Milliarden Dollar
Chile	= zirka	15 Milliarden Dollar

Nach meiner Meinung darf es keinen Erlaß von Schulden geben, da dies jegliche internationale Finanz-Moral zerstört. Außerdem gleicht es einer beispiellosen Unverfrorenheit gegenüber dem eigenen Steuerzahler.

Wer nach diesen Zahlen immer noch optimistisch ist, darf weiterlesen. Spekulant sein bedeutet Realist sein, und Realisten haben weder etwas für Pessimismus noch für übertriebenen Optimismus übrig. So negativ die Schuldenproblematik ist, so positiv klingen die Fakten über den Rohstoffreichtum dieser Länder. Wenn ein Land über Rohstoffe verfügt, kann es mit den Pfunden dieser ungehobenen Schätze durchaus wuchern, und das tun diese Länder zu Recht. Zudem ist die Infrastruktur inzwischen so weit gediehen, daß Hoffnungen auf weiteres Wirtschaftswachstum berechtigt sind.

In einen heißen Samba-Rhythmus verfielen Brazil-Fund-Anleger als ihr Fund innerhalb eines halben Jahres von 9 DM auf 27 DM stieg. 200 Prozent Gewinn in sechs Monaten sind selbst bei diesen Titeln nicht die Regel. Hätte sich dafür nicht auch eine längere Wartezeit gelohnt? Bis ein deutscher Standardwert sich solchen Zonen nähert, vergehen möglicherweise zehn Jahre. Wem diese Kursschwankungen gefallen, der schätzt auch Argentina Fund und den GT Chile Growth Fund.

Prinzipiell dürfen die Funds nicht mit einem Investmentfonds verwechselt werden. Sie sind zwar bezüglich ihrer Streuung so angelegt, werden aber wie eine einzelne Aktie an der Börse behandelt. Es wird also kein Aufschlag bezahlt. Was man bezahlen muß, ist eventuell das sogenannte Aufgeld, das in Fachzeitschriften aktuell berechnet wird. Sämtliche in dem Fund zusammengefaßten Werte repräsentieren eine börsentäglich feststellbare Summe. Der darüber hinausgehende Betrag wird als Aufgeld bezeichnet und prozentual berechnet. Bedenklich für den Anleger wird es, wenn die Aufgelder über 50 Prozent betragen. Erstklassig hingegen sind Investments in Baisse-Phasen, wenn die Funds unter ihrem ökonomischen Wert gehandelt werden. Wer bei Abgeldern von 20 Prozent nicht zugreift, dem ist nicht zu helfen. Sollten sich diese Chancen bei den oben zitierten Titeln ergeben, ist das ein klares Kaufsignal.

Man muß kein Asien-Experte sein, um die wirtschaftlichen Möglichkeiten dieses Kontinents zu erkennen. Wachsamkeit gilt allerdings gegenüber politischen Unruheherden, die es leider zuhauf gibt. Das betrifft einige Länder der ehemaligen Sowjetunion sowie Staaten im Süden und Südosten. Politische Stabilität lautet also das erste Anlage-Kriterium. Leider zeigt die Analyse, daß negativ davon auch einige der Länder berührt sind, für die Aktien-Funds ausgegeben und gehandelt werden. So zum Beispiel Indien und Korea, die zwar weder hinsichtlich ihrer Bevölkerungsstruktur noch in ihrer Wirtschaftskraft vergleichbar sind, doch treten in beiden Staaten politische Konflikte offen zutage, wobei zu vermuten ist, daß untergründig, besonders was Indien angeht, ein richtiger Schwelbrand vorhanden ist. Mit kluger und umsichtiger Politik wird er zu beherrschen sein, gefährlich daran ist allerdings die religiös motivierte Gewaltbereitschaft.

Ähnlich wie beim India Growth Fund, hinter dem die Wirtschaftskraft einer aufstrebenden Nation steht, verhält es sich mit dem Korea Fund. Wie in Deutschland vor 1989 bewegt man sich dort in einem künstlich gespaltenen Land, das nach einer Wiedervereinigung strebt. Wie in Deutschland ist der eine Teil reich, der andere nicht gerade arm, aber in den meisten ökonomischen Bereichen zurückgeblieben. Den Kostenfaktor haben die Südkoreaner am Modell Deutschland intensiv studiert, sie wissen also, was auf sie zukommt. Das nächste Problem stellt der ins Stocken geratene Demokratisierungsprozeß dar. Es gibt keine Alternative zur Demokratie – das sollten die Koreaner endlich lernen. Auf diesem Feld haben beide, der Süden wie der Norden, großen Nachholbedarf.

Wer von diesen Problemen abstrahieren kann und sich ganz auf die gigantische Industriemacht Südkorea konzentriert, dem sei der Korea-Fund wärmstens empfohlen.

Länderfunds, die an den Börsen als Aktien gehandelt werden, erregen immer mehr Interesse. Die Vorteile:
- Investments mit kleinen Summen sind möglich.
- Man erhält Zugang zu Ländern, deren Markt einem ansonsten verschlossen bleibt.

266

- Es entstehen keine Auswahlprobleme, da der Fund die besten Aktien des Landes enthält.
- Die großen Kursschwankungen begeistern Spekulanten.
- Im Gegensatz zu anderen hochspekulativen Anlagen, etwa Optionsscheinen, hat man nicht auf eine zeitliche Frist zu achten.

Gerade der letzte Punkt ist für viele Spekulanten entscheidend. Wem bei hochspekulativen Investments nicht die Zeit im Nacken sitzt, der kann eventuell einmal einen Verlust aussitzen. Durch eine geschickte Nachkaufstrategie wird daraus sogar Gewinn. Läuft jedoch die Frist beim Optionsschein ab, ist Ebbe, und zwar endgültig.

Inzwischen sind viele neue Funds an der Börse, die zum Teil auch in Deutschland gehandelt werden. Die meisten werden an der Wall Street gekauft und verkauft, was für den deutschen Anleger den Vorteil bringt, daß er den Kurs im voraus berechnen kann. Als nachteilig wirkt sich hingegen dieser Faktor aus, wenn Kursrückschläge der US-Börsen manchmal völlig zu Unrecht auf die Länderfunds durchschlagen. So kann es beispielsweise sein, daß koreanische Aktien an der Börse Seoul nach oben gehen, während der Korea-Fund an der Wall-Street nach unten getaxt wird. Aber wir Börsianer sind viel gewohnt und wissen längst, daß man von der Börse alles erwarten kann, nur keine Logik.

Falls politische Desaster ausbleiben, wird in den nächsten fünf Jahren mit Länderfunds mehr Geld verdient werden als mit Blue Chips der westlichen Industriestaaten. Das Problem liegt in der richtigen Auswahl.

Ratschlag: Suchen Sie drei der Funds aus und konzentrieren Sie sich darauf. So hat man zum Beispiel mit dem Mexico Fund, dem India Growth Fund und dem Korea Fund in grundsätzlich unterschiedlichen Kontinenten und Regionen investiert. Es ist fast ausgeschlossen, daß sich alle drei gleichzeitig nach unten in die Börsenhölle entwickeln. Und selbst wenn dem so wäre, die Industrie eines ganzen Landes kann nicht untergehen.

HISTORISCHE AKTIEN

Jeder kennt historische Aktien, viele sammeln sie, und manche haben welche, ohne es zu ahnen. Bestimmt erinnern sich einige an hochgelobte und vielfach empfohlene Unternehmen, bei denen plötzlich das Aus kam. Um nicht zu schmerzhafte Erinnerungen hervorzurufen, lassen wir die Namen lieber weg. Jedenfalls haben diese Aktionäre alles verloren bis auf ein Stück Papier, das sie nun als historische Aktie einrahmen und später eventuell wieder verkaufen können.

Ein trauriges Anlegerschicksal, aber wer weiß, vielleicht gelingt es den Erben, die Aktien als historisches Wertpapier eines Tages zu Höchstpreisen an einen Fan dieses Unternehmens zu verkaufen. Viel Zeit wird in jedem Fall vergehen müssen, denn interessant wird es erst, wenn nur noch wenige Papiere auf dem Markt sind.

Der Handel mit historischen Wertpapieren boomt. Selbstverständlich werden diese nicht an den offiziellen Börsen gehandelt, sondern auf speziellen Auktionen. Meistens ist die tatsächlich vorhandene Stückzahl einer Aktie oder Anleihe nicht genau bekannt, und darin liegt das Hauptproblem. Was nützt das schönste Motiv eines historischen Papiers, wenn ein Jahr später mehrere tausend Exemplare davon auftauchen? Der Sammler oder Liebhaber ist deshalb gezwungen, sich tief in diese Materie einzuarbeiten. Spezielle Literatur gibt es inzwischen, doch sollte man sich auch vor Ort umsehen, Auktionen besuchen und an Messeständen oder Aktionärsveranstaltungen die entsprechenden Kontakte knüpfen. Die eigene praktische Erfahrung ist durch nichts zu ersetzen. Wer Profi in diesem Metier

werden will, soll von Anfang an Tagebuch über alle wichtigen
Daten und Ereignisse führen und umfassende Preislisten erstellen, da er wahrscheinlich nicht nur an schönen Motiven interessiert ist.

Doch es gibt auch den Käufer, der historische Wertpapiere
vorwiegend unter ästhetischen Gesichtspunkten auswählt. Ihm
ist es zunächst einmal gleichgültig, ob es sich um eine Aktie
oder Anleihe handelt, sondern Priorität hat das Design. Wer
anspruchsvoller ist und wem bloße Ästhetik nicht genügt, kann
Ausschau nach echter Kunst halten. Jedoch wird ein Erwerb
unter 5 000 DM dabei kaum möglich sein. Ein preiswertes Objekt, das künstlerischen Ansprüchen genügt, ist die österreichi-
sche Fünftausend-Kronen-Aktie der A. Gerngross AG. Die Aktie wurde vom Jugendstil-Künstler Josef Hoffmann gestaltet
und kostet zur Zeit 6 000 DM – mit steigender Tendenz.

Schwieriger wird es für Käufer, die Aktien eines ganz bestimmten Unternehmens erwerben wollen, weil sie sich mit ihm
besonders identifizieren. Wenn sie Glück haben, erhalten sie
diese Papiere noch billig. Doch Vorsicht, es gibt bereits Aufkäu-

fer, die beliebte Altaktien gezielt horten, um später ihren Profit einzufahren.

Große Gewinne wurden bereits mit historischen Papieren gemacht, die nur noch in begrenzter Stückzahl im Umlauf sind. Knappheit macht den Preis! Wenn es Briefmarken gibt, die zu astronomischen Summen den Besitzer wechseln, warum sollte das bei alten Aktien und Anleihen anders sein? Aus heutiger Sicht ist vorstellbar, daß wir erst am Anfang einer gigantischen Preislawine stehen. Glücklich, wer sich rechtzeitig mit den richtigen Papieren eingedeckt hat.

Charts für die Kurse von Altaktien gibt es bis jetzt noch nicht, aber vielleicht wird das auf Wunsch von Fans auch noch eingeführt. Wer eine Erbschaft aus der Schweiz angetreten hat, sollte nachsehen, ob nicht auch ein paar Anteilscheine der Aktienbrauerei Thun von 1897 dabei sind. Ein einziges Stück erzielte 1992 bei einer Auktion 25 800 DM. Von solchen Kursen können die Aktionäre von DAX & Co. nur träumen. Bleibt schließlich nur noch der Wunsch, daß aus Ihrem aktuellen echten Aktienbestand nicht allzu rasch historische Wertpapiere werden.

STICHWORTVERZEICHNIS

273

274

277

Lieber Leser,

ich mache Ihnen hiermit ein ganz besonderes Angebot. Schreiben Sie mir, wenn Sie persönliche Fragen zur Börse allgemein oder zu einer Einzelaktie im besonderen haben. Ich bin gerne bereit, Ihnen mit einem Ratschlag zu helfen.

Außerdem schicke ich Ihnen eine aktuelle Aufstellung meiner acht verschiedenen Aktien-Favoriten, bei denen die Mischung stimmt und die in den nächsten sechs bis zwölf Monaten die höchsten Gewinne versprechen.

Sie erreichen mich unter folgender Adresse:

> Franz Rapf
> Stuttgarter Aktien-Club e. V.
> Martinstraße 4
> 7300 Esslingen
> Tel. 07 11 – 35 47 11
> Fax: 07 11 – 35 92 06